8°R
18958

DIRECTOIRE PÉDAGOGIQUE

A L'USAGE DES

ÉCOLES CHRÉTIENNES

ENSEIGNEMENT PRIMAIRE ÉLÉMENTAIRE

DIRECTOIRE PÉDAGOGIQUE

A L'USAGE DES

ÉCOLES CHRÉTIENNES

PARIS
PROCURE GÉNÉRALE
27, RUE OUDINOT, 27
1903

AVANT-PROPOS

En composant la *Conduite des Écoles*, saint Jean-Baptiste de la Salle voulut donner à ses disciples un directoire qui les guidât dans leurs fonctions d'éducateurs. On sait comment il y a réussi. Depuis plus de deux siècles, ce livre précieux maintient l'uniformité générale des méthodes dans les écoles primaires dirigées par les Frères des Écoles chrétiennes, et il y assure à l'enseignement religieux la priorité qui lui revient de droit.

Mais, ni le saint Fondateur, ni les continuateurs de son œuvre, n'ont regardé comme immuable et définitif le texte de ce manuel pédagogique. Ce qu'on pourrait appeler « l'esprit » de la *Conduite*, c'est-à-dire la pratique de l'enseignement simultané, le souci d'occuper en même temps tous les élèves d'une même classe ou d'une même section, l'art de les stimuler par un système d'encouragements efficaces et variés, la préoccupation constante d'éclairer les esprits et de fortifier les cœurs par la doctrine et la morale chrétiennes, cela n'a pas changé. Il en est autrement de l'organisation des classes et de la méthodologie.

En 1717, la rédaction primitive de la *Conduite* est déjà modifiée à la demande de l'Assemblée générale des Frères, par leur pieux Instituteur lui-même. De 1720, date de la première édition imprimée, à 1877, où parut la dernière, des changements successifs et notables y furent introduits, dans le but d'en améliorer prudemment certaines parties. Les reviseurs avaient compris que si les facultés intellectuelles et morales des enfants, leurs inclinations bonnes ou mauvaises, ne varient pas d'une génération à l'autre, au contraire, le milieu social où ils vivent et en vue duquel il faut les élever, tend sans cesse à se modifier. Ils n'ignoraient pas non plus que la méthodologie, science tout expérimentale, s'est beaucoup perfectionnée à la suite de multiples essais. Enfin ils avaient vu les programmes primaires subir d'importantes transformations, se compléter en accueillant des spécialités dont on n'avait pas, jusqu'alors, cru devoir s'occuper dans les écoles populaires.

Ces diverses considérations, qui expliquent et justifient les modifications apportées à la rédaction primitive de la *Conduite*, rendent aujourd'hui nécessaire une nouvelle revision de cet ouvrage. Mais rien n'est aussi délicat qu'un travail de ce genre, où doivent se concilier un sage esprit de progrès et le respect raisonné de nos traditions. Nous croyons même que cette nouvelle *Conduite* ne peut être rédigée qu'après plusieurs essais, de sérieuses discussions, et avec la collaboration des maîtres les plus expérimentés. Le présent *Directoire pédagogique* est un de ces essais.

Il a exclusivement pour objet l'enseignement primaire élémentaire, et il se divise en cinq parties :

1re Partie : *L'école chrétienne et son règlement intérieur.*

2e Partie : *L'initiation de l'enfant à la vie chrétienne.*

3e Partie : *L'organisation pédagogique et les principes généraux d'enseignement.*

4e Partie : *L'enseignement des diverses spécialités inscrites au programme.*

5e Partie : *La discipline.*

Cet ouvrage n'est pas un « manuel de pédagogie » ; le plan est tout autre et un certain nombre de questions importantes n'y sont pas traitées. Ainsi, l'on n'y trouvera pas ce qui concerne les facultés de l'enfant et les principes généraux d'éducation. Au lieu de redire, en le résumant, ce qui a été exposé dans les *Éléments de pédagogie pratique*, publiés récemment par notre Institut, on a préféré y renvoyer les professeurs, et conserver au nouvel ouvrage son caractère de *Vade-mecum de classe.*

Puissions-nous atteindre le double but que nous nous sommes proposé en publiant ce *Directoire :* aider les jeunes religieux dans les débuts de leur professorat, et provoquer, de la part des maîtres compétents, l'envoi de notes dont profitera la rédaction ultérieure d'une *Conduite des Écoles.*

Paris, 1er octobre 1903.

DIRECTOIRE PÉDAGOGIQUE

A L'USAGE DES ÉCOLES CHRÉTIENNES

Ire PARTIE

L'ÉCOLE CHRÉTIENNE

ET SON RÈGLEMENT INTÉRIEUR

Pour que des enfants groupés dans une école y reçoivent avec profit l'éducation et l'instruction, il est d'abord nécessaire que cette école soit convenablement installée; les élèves devront la fréquenter avec assiduité, et se soumettre à un ensemble de prescriptions qui assurent le bon ordre. Cette première Partie traite donc de l'organisation matérielle des écoles et des classes, de la fréquentation scolaire et de quelques mesures d'ordre général.

CHAPITRE I

ORGANISATION MATÉRIELLE

I. **Disposition des locaux scolaires :** Situation des écoles. Dimensions des classes, et autres conditions auxquelles on doit avoir égard. Services divers. — II. **Mobilier des classes :** Objets de piété. Matériel d'enseignement. Tables-bancs. Tableaux noirs.

I. — DISPOSITION DES LOCAUX SCOLAIRES.

L'organisation matérielle des locaux scolaires est d'une grande importance. Elle doit satisfaire aux multiples exigences de l'hygiène, de l'enseignement et de la surveillance

Les écoles et les classes. — Les écoles seront construites en un lieu très sain, bien aéré, assez rapproché de l'église paroissiale, et suffisamment éloigné de tout voisinage bruyant, dangereux ou insalubre. Pour l'orientation des bâtiments, on tiendra compte de l'éclairage et des vents dominants.

Autant que possible, les classes doivent être au rez-de-chaussée, entre cour et jardin, et de plain-pied. Chacune aura son entrée particulière. Il serait désirable qu'elles fussent alignées sur un couloir vitré qui les garantirait des bruits du dehors, et pourrait en même temps servir de vestiaire.

Si l'on a été obligé d'installer des classes au premier ou au second étage, les rampes d'escaliers seront munies de boutons de métal formant saillie, et distants entre eux d'environ un mètre. On devra établir une surveillance très particulière au moment de l'entrée et de la sortie.

Lorsque les classes donnent sur la rue ou sur une cour commune, on fera usage, autant qu'il en sera utile, de vitres cannelées ou striées, et les fenêtres s'ouvriront à un mètre soixante centimètres de terre. Dans le cas contraire, il suffit que les hauteurs d'appui soient à environ un mètre vingt. Toutes les croisées seront munies d'impostes ouvrantes, ce qui permet d'aérer la salle sans incommoder les enfants.

Les classes seront rectangulaires. On leur donnera une hauteur minimum de quatre mètres sous plafond, et une longueur ne différant pas trop de la largeur. La surface sera calculée à raison d'un mètre carré et demi environ par élève. Il est indispensable qu'elles aient un beau jour et un bon air; qu'elles soient contiguës au moins deux à deux, et séparées par des cloisons et des portes vitrées. Aucune classe ne doit être isolée.

Services divers. — Une pièce vitrée pourrait être disposée à l'entrée de l'école, pour servir à la fois de parloir et de musée scolaire. Dans les écoles d'une certaine importance, il serait utile d'affecter une salle spéciale à l'enseignement du dessin.

Il ne convient pas que les élèves se rassemblent et jouent dans les endroits publics : une cour de récréation, dans l'intérieur de l'école, est donc indispensable. On y établit un préau couvert, pouvant servir au besoin pour les exercices de gymnastique, et pour y réunir tous les élèves lorsque le frère Directeur veut leur donner quelques avis.

La cour de récréation, dont la surface sera calculée à raison de cinq mètres carrés au moins par élève, sera plantée d'arbres et sablée. Seuls, les passages et les trottoirs pourront être faits en pavage, bitume ou ciment; mais ils ne feront jamais une brusque saillie au-dessus du niveau de la cour.

Les lieux d'aisances et les urinoirs, en nombre suffisant, seront placés de telle manière que les maîtres puissent facilement exercer la surveillance, et assez éloignés des classes pour qu'elles n'en soient pas incommodées. On donne généralement aux privés soixante-dix centimètres de largeur sur un mètre d'enfoncement. Les enduits ou les revêtements en seront tels, qu'ils ne se prêtent pas aux inscriptions que les élèves sont généralement enclins à tracer.

II. — MOBILIER DES CLASSES.

Objets de piété. — Dans chacune des classes de l'école, il y aura un crucifix, un bénitier, et quelques images pieuses représentant le Sacré-Cœur, la très sainte Vierge, saint Joseph, l'Ange gardien, saint Jean-Baptiste de la Salle et saint Nicolas.

Mobilier et matériel d'enseignement. — Le mobilier scolaire et le matériel d'enseignement comprennent :

1° un bureau avec estrade, pour les maîtres ;

2° des tables-bancs pour les élèves ;

3° plusieurs tableaux noirs ;

4° un tableau du système métrique, ou mieux encore un nécessaire métrique ;

5° des cartes géographiques ;

6° le matériel exigé par les services de chauffage, d'éclairage et de propreté.

Les premières classes auront de plus : un globe terrestre ; un compas et une équerre de grandes dimensions ; des modèles en plâtre et des objets usuels, pour l'enseignement du dessin ; des solides en bois ou en zinc, pour les démonstrations géométriques ; des gravures pour l'enseignement de l'histoire ; les appareils élémentaires et les spécimens utiles pour l'étude des premières notions des sciences ; un diapason pour les leçons de chant ; une armoire à placard et une horloge sonnante. Les modèles, gravures et appareils seront déposés au musée scolaire, où les maîtres iront les prendre avant la leçon, pour les y replacer après.

Les petites classes seront pourvues d'un livre-tableau monté sur chevalet, pour servir à l'enseignement de la lecture ; d'un boulier-compteur pour le calcul, et d'une collection d'images pour les leçons de choses, et pour les leçons d'histoire sainte et d'histoire nationale.

Tables-bancs. — Il existe plusieurs systèmes de tables-bancs, et ils ont chacun leurs avantages et leurs inconvénients. On adoptera dans nos écoles celui qui semble le mieux favoriser la bonne tenue des élèves, et faciliter les divers mouvements qu'ils ont à exécuter.

La hauteur des tables-bancs sera proportionnée à la taille des enfants. La largeur du banc et l'éloignement de la table doivent être calculés de manière à éviter à l'élève toute fatigue inutile, et à prévenir les déformations physiques que peut produire la persistance d'une position gênante. Les tables seront faites de telle manière que le bord inférieur de la tablette et le bord antérieur du banc se trouvent à peu près sur une même verticale. A la droite de chaque élève, un encrier en verre ou en porcelaine, à couvercle coulissant, sera enchâssé dans l'épaisseur de la table.

Pour la disposition des tables dans la classe, il faut tenir compte : 1° de la lumière, qu'il est préférable de recevoir de gauche à droite, si l'éclairage est unilatéral ; 2° de la surveillance à exercer sur les élèves.

Tableaux noirs. — Les tableaux noirs ne sont jamais trop nombreux dans une classe ; d'ordinaire, ils seront fixés aux murs. Ils auront un ton mat. Comme les surfaces vitrées sont relativement considérables dans les écoles, on établira aux angles de la classe un tableau à charnières et à double face, où puisse se conserver facilement le plan d'une leçon sur laquelle on doit revenir ; on aura soin qu'il tourne à frottement dur, afin de prévenir les accidents qui pourraient résulter d'un mouvement brusque et rapide.

CHAPITRE II

FRÉQUENTATION SCOLAIRE

I. **Admission des élèves** : Age de l'admission. Comment on y procède. — II. **Entrée en classe** : Entrée des élèves. Entrée des maîtres. — III. **Sortie des classes** : Deux procédés pour la sortie des élèves. Surveillance après la sortie. Sortie des maîtres. — IV. **Assiduité et absences** : Obligations légales françaises relativement à l'assiduité et aux absences. Dispositions particulières aux écoles chrétiennes. Moyens de prévenir les absences. — V. **Précautions contre les maladies** : Mesures à prendre pour prévenir les indispositions ; pour empêcher la propagation des maladies des enfants. — VI. **Congés et vacances** : Congés ordinaires et congés extraordinaires. Vacances annuelles et avis à donner aux élèves. Rentrée des classes.

I. — ADMISSION DES ÉLÈVES.

Les enfants peuvent être admis dans nos classes dès l'âge de six ans révolus. On n'y recevra pas ceux qui n'auraient pas été vaccinés, ou qui seraient atteints d'une maladie contagieuse.

Les pièces à fournir par les parents, pour l'admission d'un élève, sont : 1° le bulletin de naissance, portant les nom et prénoms de l'enfant, la date de sa naissance, le domicile et la profession de ses parents ; 2° le certificat de vaccination ou de revaccination, suivant les exigences locales ; 3° si l'élève vient d'une autre école, un certificat de bonne conduite, indiquant de plus à quel cours il appartenait [1].

Les nouveaux élèves seront admis par le frère Directeur

[1] Le bulletin de naissance est fourni gratuitement par la mairie. — Le certificat de bonne conduite n'est pas exigé des tout jeunes enfants.

ou par le maître qu'il aura désigné. Ils subiront ensuite un examen, puis seront classés suivant leur capacité et leur âge.

On tiendra dans chaque école un *registre d'admission*, où seront indiqués les nom et prénoms de chacun des élèves ; le nom, la profession et le domicile du père, de la mère ou du tuteur ; la date de la naissance de l'enfant, l'époque de son entrée à l'école et celle de sa sortie.

Pour le bon ordre, il convient que l'admission des élèves se fasse à une heure déterminée : le matin et le soir, un quart d'heure avant la classe.

Après avoir fait connaître aux parents l'heure du commencement de la classe, celle de la sortie des élèves et les principaux points du règlement, on les avertira que leur enfant n'est reçu qu'à la condition d'être très assidu.

Grouper un trop grand nombre d'élèves dans une même classe risque de compromettre la santé des Frères, la discipline, la marche des études et la formation des caractères. Quarante à cinquante écoliers dans les grand'classes, et soixante à soixante-dix dans les petites, constituent un maximum qu'il conviendrait de ne pas dépasser.

II. — ENTRÉE EN CLASSE.

Entrée des élèves. — Les élèves doivent arriver pour le commencement de la classe, mais on ne leur permettra pas de se présenter trop tôt à l'école. Ceux qui arriveront avant le maître garderont un grand ordre, sous la surveillance d'un élève désigné à cet effet.

Ils seront avertis qu'on exigera d'eux une conduite très convenable dans le voisinage de l'école, afin qu'ils ne soient pour personne un sujet de dérangement et une occasion de plainte fondée.

A leur entrée en classe, ils marcheront posément et sans bruit. Après avoir pris de l'eau bénite et fait le signe de la croix, ils salueront le crucifix, l'image de la très sainte Vierge, et le maître s'il est présent. Ils se rendront ensuite à leur place[1]. Pendant tout le temps qui précède le com-

[1] Les Frères et les élèves qui, le matin et le soir, en entrant dans la classe, salueront l'image de Notre-Seigneur Jésus-Christ et celle de la très sainte Vierge, en disant quelque oraison jaculatoire, gagneront une indulgence de cent jours. (Léon XII, septembre 1827.)

mencement de la classe, les élèves garderont le silence, et s'occuperont selon les prescriptions du règlement.

Il serait bien à désirer que le maître se trouvât en classe au moment de l'arrivée des élèves; du moins, il les excitera à se conduire en son absence aussi parfaitement que s'il était présent, et cela par un sentiment de soumission au devoir. Les enfants seront d'ailleurs prévenus que les fautes commises en ces circonstances ne demeureront pas impunies. Pour les engager à se bien comporter pendant ce temps, le maître donnera chaque jour quelques bons points à ceux qui, avant son entrée en classe, auront été les plus studieux.

Entrée des maîtres. — De leur côté, les Frères seront très exacts à se rendre à leur classe au moment et de la manière que la Règle le prescrit. En y entrant, ils se découvriront, prendront de l'eau bénite, feront avec dignité une inclination au crucifix et à l'image de la très sainte Vierge. Après avoir récité une courte prière[1], ils prendront place sur leur siège, puis, en attendant le commencement de la classe, ils s'occuperont à lire dans le Nouveau Testament, sans toutefois négliger la surveillance qui seule maintient le bon ordre.

Dès que le maître paraîtra dans la classe, les élèves se lèveront, le salueront lorsqu'il passera devant eux, et ne s'assiéront que lorsqu'il leur en fera signe. Il en sera de même quand le frère Directeur ou quelque personne de considération viendra les visiter.

On commencera la classe exactement à l'heure prescrite. Aussitôt que la cloche en donne le signal, les élèves se mettent à genoux et récitent la prière indiquée dans le règlement journalier; ensuite le maître leur fait signe de s'asseoir, et il commence sans retard le premier exercice.

---

[1] *Prière du Maître avant l'école.* — C'est vous, Seigneur, qui êtes ma force et ma patience, ma lumière et mon conseil; c'est vous qui me soumettez les enfants que vous avez confiés à mes soins. Ne m'abandonnez pas à moi-même un seul moment. Donnez-moi, pour la conduite des autres et pour mon propre salut, l'esprit de sagesse et d'intelligence, l'esprit de conseil et de force, l'esprit de science et de piété, et surtout l'esprit de votre sainte crainte et un zèle ardent pour procurer votre gloire. J'unis mes travaux à ceux de Jésus-Christ; et je prie la très sainte Vierge, les anges et les saints, de me protéger dans l'exercice de mon emploi. Ainsi soit-il.

III. — SORTIE DES CLASSES.

On peut procéder de diverses manières, pour maintenir parmi les élèves un grand ordre à la sortie des classes.

Premier procédé. — Il consiste à congédier isolément chacune des classes de l'école. Les élèves des classes inférieures font des prières moins longues, ou les commencent quelques minutes plus tôt : ils sortent donc les premiers. Viennent ensuite ceux des troisièmes et des secondes, puis ceux des premières. On prend les précautions utiles pour qu'une classe ait entièrement défilé, lorsque celle qui doit la suivre termine la prière.

Sur un signe du maître, les élèves d'une classe sortent banc par banc, en silence et découverts. Ils font, en passant, une inclination au crucifix, saluent le maître, et vont prendre place à leur *rang de quartier*. Lorsqu'ils sont tous rangés avec ordre et en silence, le maître frappe deux fois dans les mains : au premier coup, les élèves saluent en se découvrant; au second, ils défilent pour quitter l'école.

Les maîtres ont soin que les écoliers marchent deux à deux, les uns derrière les autres à environ un pas de distance ; qu'ils aient une bonne tenue, sans contrainte néanmoins ni affectation dans le maintien ; qu'ils ne jettent pas de pierres, qu'ils ne courent ni ne crient, et qu'ils se montrent toujours très polis.

Second procédé. — On peut aussi congédier ensemble tous les enfants d'une école. A un signal convenu, les élèves sortent et s'alignent en silence devant leur classe respective. Un second signal, donné par le frère Directeur ou le premier maître, fait constituer les *rangs de quartier*, où chacun va prendre sa place. (Ces rangs auront été organisés dès le commencement de l'année scolaire.) Les élèves demeurant dans la même rue forment une sorte de section qui se détache en temps voulu, sans désorganiser le rang principal. Les différentes sections peuvent conserver entre elles, pendant la marche, un certain intervalle.

Dans les rangs, on échelonne des moniteurs choisis parmi les élèves les plus sérieux des premières classes, pour exercer la surveillance avec sagesse et modération. Pendant que l'un des maîtres préside au départ des élèves, un autre veille sur ceux qui sont déjà dehors.

Quand elle est faite avec ordre et silence, cette sortie donne au public une idée avantageuse de l'école. Elle suppose une forte discipline, beaucoup d'ensemble pour terminer les classes, et une grande autorité de la part du premier maître.

Surveillance après la sortie. — Pour assurer le bon ordre dans les rues, le frère Directeur, conjointement avec les maîtres, a chargé quelques élèves de veiller sur les rangs et de lui rendre compte des infractions à la discipline : d'après les rapports de ces moniteurs, contrôlés au besoin près d'autres écoliers, on donnera quelques bonnes notes aux plus méritants et, s'il y a lieu, quelques pénitences aux délinquants. On fera remarquer aux enfants que s'ils sont ainsi surveillés dans les rues, c'est pour les mettre en garde contre leur légèreté et contre l'oubli des recommandations faites à l'école, mais nullement pour favoriser entre eux l'esprit de défiance et de délation.

Si un ecclésiastique, ou quelque personne de considération connue des élèves, rencontrait le rang, tous devraient saluer poliment.

Sortie des maîtres. — Lorsque tous les écoliers sont sortis, les Frères se réunissent dans l'une des classes ou dans un autre endroit désigné par le frère Directeur, et ils se mettent à genoux devant le crucifix. Si l'école est attenante à la communauté, le frère Inspecteur ou le premier maître dit : *Vive Jésus dans nos cœurs!* les autres répondent : *A jamais;* puis, tous vont réciter le *Sub tuum* à la chapelle. Dans les écoles formant *quartier*, l'Inspecteur ou le premier maître dit : *Dignare me laudare te*, etc.; et les autres répondent : *Da mihi virtutem*, etc.; puis, tous sortent de l'école en silence, et disent le chapelet jusqu'à la communauté. Là, ils se rendent à l'oratoire et récitent la prière *O Domina mea*.

Le soir, après le *Sub tuum* ou l'*O Domina mea*, les Frères font un petit examen sur leur conduite dans l'école, c'est-à-dire sur la manière dont ils ont rempli leurs fonctions de professeurs et d'éducateurs religieux.

IV. — ASSIDUITÉ ET ABSENCES.

Obligations légales. — Relativement à l'obligation scolaire, c'est-à-dire à la fréquentation et à l'assiduité, la législation de plusieurs pays renferme diverses dispositions : il faut s'y conformer, ainsi qu'aux règlements administratifs qui s'y rapportent[1].

Dispositions spéciales aux écoles chrétiennes. — Les élèves devront être arrivés à l'école un quart d'heure environ avant le commencement de la classe. Une fois entrés, ils ne peuvent quitter l'école qu'aux heures réglementaires, à moins d'une autorisation spéciale du frère Directeur.

On ne leur donnera la permission de s'absenter d'une classe, ou d'une partie de classe, qu'à la demande des parents et pour de justes raisons. Non seulement les écoliers qui ne sont pas assidus n'apprennent que peu de chose, mais ils occasionnent souvent des dérangements et des pertes de temps pour leurs condisciples.

On ne permettra pas qu'un élève s'absente pendant le catéchisme, sinon très rarement, et pour des motifs réels et sérieux. Ceux mêmes qui, pour des raisons valables et pour une période restreinte, seraient autorisés à ne fréquenter la classe qu'une partie de la journée, devraient assister au catéchisme et à la prière du soir.

Toute absence non motivée est signalée le jour même aux parents par un billet spécial ; ceux-ci, après y avoir indiqué le motif, doivent signer le billet et le renvoyer au

---

[1] En France, l'assiduité à l'école est légalement obligatoire pour tous les enfants de six à treize ans. La loi du 28 mars 1882, art. 10, oblige tout directeur d'école, publique ou privée, d'envoyer à la fin de chaque mois, au maire et à l'inspecteur primaire, un extrait du registre d'appel indiquant le motif des absences qui s'y trouvent relevées.

Les absences reconnues légitimes par la loi sont : la maladie, les événements de famille (décès, mariage, etc.), les empêchements résultant de la difficulté momentanée des communications, enfin quelques circonstances exceptionnelles.

Une commission scolaire, instituée par la même loi, statue sur le cas des enfants qui se sont absentés quatre fois, c'est-à-dire qui ont manqué quatre classes pendant le même mois.

Il y a deux *classes* par jour : celle du matin et celle du soir. Au commencement de chacune, les absences sont contrôlées au moyen de l'appel.

maître. Lorsqu'il revient en classe après une absence non excusée, l'enfant attend, dans un endroit désigné, qu'on l'autorise à reprendre sa place. S'il a fait plusieurs absences de cette nature, on peut exiger qu'il soit accompagné au retour par ses parents.

Moyen de prévenir les absences. — Que les maîtres en soient persuadés : le grand moyen de prévenir les absences injustifiées est de faire aimer l'école par les enfants et leurs parents. En général, les absences sont rares dans les classes bien tenues, où l'enseignement est pratique, méthodique et intéressant.

Pour rendre assidu un enfant qui, par dégoût de l'étude ou par amour du jeu, s'absente de l'école ou vient tard, il est très avantageux de l'encourager, soit en lui donnant quelque emploi qui exige l'assiduité et l'exactitude, soit en lui promettant quelque récompense. Si l'on est obligé de recourir aux punitions, il faut engager les parents à les infliger eux-mêmes, car celles qu'on imposerait en classe ne feraient qu'augmenter le dégoût de l'enfant pour l'école.

Quelle que soit la cause des absences, le moyen d'y mettre un terme est de s'assurer le concours des parents. Il faut donc :

1° Les faire avertir de l'absence de l'élève, et les prier de le ramener eux-mêmes à l'école.

2° Leur représenter le tort que le manque d'assiduité peut causer à l'enfant, et qu'il lui a déjà fait.

3° Leur rappeler l'obligation où l'on est de signaler les absences à l'autorité académique et à l'autorité communale.

4° Ne pas accepter trop facilement les excuses qui seront présentées, mais se rendre compte de leur valeur réelle.

5° Pour toute permission d'absence, renvoyer au frère Directeur, à l'Inspecteur ou au premier maître. De leur côté, quand ceux-ci auront donné une permission, ils en informeront le maître de la classe à laquelle appartient l'élève dont il s'agit.

Le frère Directeur ou son suppléant recevra, avant le commencement de la classe, les excuses relatives aux absences ; puis il signalera aux maîtres les motifs invoqués par les parents.

Le Frère qui, à défaut du frère Directeur ou de l'Inspecteur, sera chargé de répondre aux parents, laissera entr'ouverte la porte de sa classe, en sorte que, pendant la conversation, il puisse voir ses élèves et exercer sur eux une surveillance convenable. Lorsqu'il recevra quelque plainte, il excusera les maîtres autant que possible, puis avertira le frère Directeur.

V. — PRÉCAUTIONS CONTRE LES MALADIES DES ÉCOLIERS.

Précautions d'hygiène préventive. — 1° Veiller à ce que chaque élève ait, selon le règlement, cinq mètres cubes d'air dans la classe. Si, pour un temps, le nombre des élèves réduisait cette proportion, il faudrait recourir à une aération plus fréquente.

2° Aérer complètement la classe, en hiver et en été, chaque fois que les élèves la quittent pour se rendre dans la cour ou retourner dans leurs familles. Durant les leçons, combattre l'altération de l'air, soit en ouvrant dans les fenêtres des panneaux mobiles ou des impostes, soit en ouvrant les fenêtres d'un seul côté de la classe; mais on se gardera de jamais établir des courants d'air.

3° Pour l'hiver : faire choix d'appareils de chauffage qui vicient l'air le moins possible et qui le renouvellent avec le plus d'activité; — ne pas laisser la température s'élever au-dessus de 14 à 16 degrés; — affaiblir la chaleur du poêle vers la fin de l'école, afin qu'en sortant, les élèves n'aient pas à souffrir d'un brusque écart de température.

4° Entretenir une très grande propreté dans les classes : sur le sol, par un balayage quotidien, des lavages fréquents et l'emploi périodique de désinfectants ; sur les lambris, les murs et les plafonds, par des époussetages fréquents et des lavages renouvelés deux ou trois fois chaque année.

5° Maintenir les cabinets d'aisances dans un état constant de propreté, par l'emploi de l'eau et des désinfectants.

6° Reprendre les élèves s'ils s'appuient contre la table, se penchent trop ou se tiennent de travers en écrivant. Ne pas les laisser longtemps dans la même position, et ne pas les obliger à croiser les bras sur la poitrine.

7° Ne pas retenir d'élèves en classe pendant les récréations.

8° Ne pas se montrer exigeant à l'égard des enfants malades ou infirmes.

9° Ne pas recevoir d'élève qui ne justifie avoir été vacciné.

10° Ne pas refuser imprudemment la permission de sortir pour satisfaire aux besoins naturels.

11° Faire déposer au vestiaire, hors de la classe, les coiffures, manteaux, cache-nez, et tous autres vêtements que les enfants quittent à leur entrée à l'école.

Mesures contre les maladies contagieuses. — S'il arrive qu'un enfant soit atteint d'une maladie contagieuse, il faut le tenir éloigné de l'école jusqu'à complète guérison, constatée par un médecin. Ces mesures d'éviction temporaire s'appliquent aux maladies contagieuses par transmission, ainsi qu'aux maladies contagieuses par imitation. Parmi les premières, on range : la variole, la varicelle, la scarlatine, la grippe, la rougeole, le croup, les oreillons, la teigne, la gale et la pelade; — parmi les secondes : l'épilepsie, la chorée ou danse de Saint-Guy, et les convulsions nerveuses.

VI. — CONGÉS ET VACANCES.

Congés ordinaires. — Quand il n'y aura point de fête dans une semaine, on donnera congé le jeudi toute la journée.

Si une fête tombe le lundi, le mardi ou le samedi, on donnera congé le jeudi après-midi; si elle arrive le jeudi ou le vendredi, le congé sera fixé au mardi après-midi; si elle survient le mercredi, il y aura congé le vendredi après-midi. S'il se rencontrait cinq jours d'école de suite, on accorderait un demi-congé le jeudi. — Deux fêtes dans la semaine suppriment tout autre congé.

On donnera congé aux élèves :

1° Le jour de saint Nicolas, patron des écoliers. Cela n'empêchera pas de leur faire, ce jour-là, une heure d'instruction religieuse et de les conduire à la messe.

2° Le jour de la Circoncision et le jour de la Commémoration des morts. On conduira les élèves à la messe chacun de ces deux jours.

3° Le jour de la fête de saint Joseph, patron de l'Institut, et le jour de la fête de saint Jean-Baptiste de la Salle. Ces congés remplaceront celui du jeudi.

4° Depuis le jeudi de la Semaine sainte inclusivement, jusqu'au mercredi de la semaine de Pâques exclusivement.

5° Le jour des fêtes nationales.

Si l'autorité ou les fondateurs s'opposaient à ce qu'on donnât congé l'un des jours ci-dessus indiqués, il faudrait se soumettre à leur volonté, mais en référer au frère Visiteur.

Nota. — On ne donnera pas congé le lundi ni le mardi avant le Carême, à moins d'une nécessité impérieuse.

Congés extraordinaires. — On ne donnera aucun congé extraordinaire sans une nécessité évidente, et sans autorisation du frère Visiteur. Tout congé extraordinaire remplacera celui du jeudi; et s'il y a une fête dans la semaine, ce congé sera réduit, autant que possible, à une demi-journée.

On n'abrégera point le temps de l'école, à moins d'une nécessité indispensable.

Le dimanche matin, le frère Directeur de chaque maison indiquera aux Frères les jours de fête qui arriveront pendant la semaine et, s'il y a lieu, les congés extraordinaires. Ce même jour, vers la fin du catéchisme, chaque maître annoncera dans sa classe les jours de congé de la semaine, et ce qu'il pourrait y avoir d'exceptionnel, par exemple les jours d'abstinence.

Vacances. — Tous les ans, on cessera partout de tenir les écoles pendant un mois au moins.

Les vacances sont indispensables; mais souvent l'oisiveté, l'abandon de la prière, le manque de surveillance et l'entraînement des mauvaises compagnies les rendent nuisibles à l'esprit et au cœur. Pour mettre les élèves en garde contre ces dangers, le maître leur donnera, quelques jours avant la fin de l'année scolaire, un programme de devoirs à rédiger pendant les vacances, et divisé en cinq ou six parties à peu près égales. Le frère Directeur pourra désigner un jour de la semaine, où les élèves se rendront en classe à une heure déterminée, pour y faire visiter les devoirs de la semaine précédente.

Le dernier jour d'école ou la veille, on leur fera une instruction sur la manière dont ils doivent passer les vacances. Les principaux avis à donner aux écoliers sont les suivants :

1° Se montrer respectueux et obéissants à l'égard de leurs parents, affectueux et serviables à l'égard de leurs frères et sœurs, polis envers tous ceux avec lesquels ils seront en rapport.

2° Se souvenir que l'assistance à la sainte messe, aux jours prescrits par l'Église, est d'une obligation rigoureuse.

La plupart des élèves de nos classes primaires ne s'éloignent pas de la localité pendant les vacances, et en beaucoup d'endroits, l'usage s'est établi de les réunir à l'école avant l'heure de la messe paroissiale, où ils sont conduits comme pendant l'année. On leur recommandera d'être fidèles au rendez-vous, à moins qu'ils n'aillent aux offices avec leurs parents.

3° Se confesser pendant le mois des vacances, et faire la sainte communion s'ils y sont autorisés.

4° Se rappeler que les pratiques de piété dont ils ont pris l'habitude à l'école — prières du matin et du soir, dévotion à la très sainte Vierge, offrande des actions à Dieu, etc. — sont plus opportunes encore pendant les vacances, en raison de la difficulté plus grande qu'il y a de persévérer dans les bonnes résolutions.

5° Éviter soigneusement les mauvaises compagnies, les lectures dangereuses, et toutes les occasions qu'ils savent pouvoir les porter au mal.

6° Travailler un peu chaque jour à leurs devoirs de vacances et faire quelques lectures instructives, puisque c'est le moyen de ne pas oublier les connaissances acquises, et de se préparer à suivre les cours avec plus de profit, à la rentrée des classes.

Avant de congédier les élèves, on leur fera connaître la date de la rentrée, et on les avertira d'arriver, ce jour-là, une demi-heure avant le commencement de la classe.

Rentrée des classes. — S'il le juge utile, le frère Directeur se fera aider, le jour de la rentrée, par le frère Inspecteur ou le premier maître pour recevoir les parents, qui se présentent généralement nombreux en cette circonstance.

Lorsque la rentrée des élèves sera à peu près terminée, on priera messieurs les Curés des paroisses où se tiennent les écoles de faire célébrer la messe du Saint-Esprit ; et s'il était nécessaire, la maison en ferait elle-même la dépense.

Là où les circonstances le permettront, on s'entendra avec messieurs les Ecclésiastiques pour l'organisation d'une retraite de rentrée. Ces pieux exercices placent les élèves en d'excellentes dispositions, pour profiter de l'éducation chrétienne qu'ils reçoivent.

CHAPITRE III

DISPOSITIONS RÉGLEMENTAIRES

RELATIVES A LA

BONNE ÉDUCATION ET A L'ORDRE GÉNÉRAL

I. **Devoirs des écoliers à l'égard des maîtres** : Respect, soumission. — II. **Devoirs des écoliers envers leurs condisciples** : Prévenance, cordialité, politesse, respect de la réputation. — III. **Silence et bonne tenue** : Lieux et moments où le silence est obligatoire. Tenue des élèves pendant les leçons. — IV. **Ordre et propreté** : Propreté personnelle. Soin des effets classiques : livres et cahiers. Propreté de la classe et de l'école. — V. **Emplois à confier aux élèves** : Sonnerie. Surveillance. Balayage. Service de la porte.

Le fonctionnement régulier d'une école exige l'assujettissement volontaire des élèves aux multiples prescriptions du règlement. Plusieurs de ces dispositions ont déjà été indiquées à propos de la fréquentation scolaire ; d'autres le seront dans les chapitres relatifs à l'initiation de l'enfant à la vie chrétienne. En voici un certain nombre qui se rapportent à la bonne éducation et à l'ordre général ; il sera utile de les rappeler souvent en classe, non sous forme comminatoire, mais en manière d'avertissement. Ces prescriptions ont été groupées en cinq paragraphes : 1° les devoirs des écoliers à l'égard des maîtres; 2° les devoirs des écoliers à l'égard de leurs condisciples; 3° le silence et la bonne tenue; 4° l'ordre et la propreté; 5° les emplois à confier aux élèves.

I. — DEVOIRS DES ÉCOLIERS A L'ÉGARD DES MAITRES.

Les élèves se rappelleront que le respect et la soumission auxquels ils sont tenus à l'égard de leurs parents sont également dus aux maîtres qui en sont les délégués. En conséquence :

1. Les élèves salueront le maître chaque fois qu'ils passeront devant lui. Lorsqu'ils auront à lui parler, ils se tiendront debout et découverts; ils se serviront d'expressions très respectueuses et s'abstiendront de termes impérieux, inconvenants ou trop familiers.

2. Ils accueilleront les ordres de leurs maîtres comme ceux de leurs parents, sans jamais témoigner de mauvaise humeur, et ils s'y conformeront exactement. Les murmures, les répliques, sont des fautes qui méritent une sévère réprimande, car une école chrétienne est, avant tout, une école de respect.

3. Si un élève se croyait victime d'une erreur, il devrait, non se justifier de suite à haute voix et surtout avec insolence, mais attendre le moment opportun; alors il exposerait ses raisons avec calme et respect, persuadé que le maître l'écoutera avec bienveillance.

4. Les écoliers seront très exacts à remercier le maître toutes les fois qu'ils en recevront quelque chose. S'ils ont à le déranger, ils ne manqueront pas de s'excuser auparavant.

5. Dans les interrogations, ils s'exprimeront assez haut pour se faire entendre, et ils ne répondront pas par un *oui* ou un *non* tout court.

6. Lorsque le frère Directeur ou un étranger de distinction entrera dans la classe, les élèves se tiendront debout et attendront un signe pour s'asseoir.

7. A l'égard des ecclésiastiques et en général des personnes d'autorité avec lesquelles ils sont en rapport, les élèves se conformeront toujours à ces mêmes règles de politesse,

tant par devoir personnel que pour la bonne réputation de l'école.

II. — DEVOIRS DES ÉCOLIERS ENVERS LEURS CONDISCIPLES.

Les élèves d'une même classe doivent vivre dans les rapports d'une sincère et cordiale amitié. Aussi :

1. Dans les relations qu'il entretient avec ses condisciples, le bon écolier cherche à se former à toutes les habitudes de politesse exigées des personnes bien élevées. Il se rappelle la maxime : « Ne fais pas à autrui ce que tu ne veux pas qu'on te fasse à toi-même », et il s'efforce de mériter l'estime et l'affection de ses camarades par des manières simples, douces et prévenantes.

2. Il travaille avec ardeur et constance pour arriver aux premières places dans les compositions ; mais si d'autres réussissent mieux que lui, il n'en manifeste aucune jalousie, ne dit rien qui puisse diminuer leur mérite, et il ne craint pas de les féliciter de leurs succès.

3. Les élèves se traiteront réciproquement avec déférence et urbanité. Ils éviteront les termes injurieux et grossiers ; ils ne railleront jamais ceux qui auraient quelque défaut naturel, et ils ne se donneront pas de surnoms. Ils se tiendront en garde contre l'esprit de contradiction, de taquinerie, de susceptibilité, et contre les disputes qui dégénèrent si facilement en querelles et même en luttes.

4. Si un camarade leur a manqué, fût-ce gravement, ils ne se feront pas justice à eux-mêmes. Ils pourront porter simplement plainte à leur maître, puis ils s'en remettront à ce qu'il jugera convenable, et s'efforceront de ne conserver ni ressentiment ni colère.

5. Les rapports sur les camarades ne sont reçus par les maîtres qu'avec la plus grande réserve. D'ailleurs, un enfant chrétien ne les fait que si la faute est considérable, si le bien du coupable ou de ses condisciples l'exige, et jamais par esprit de vengeance ou par une secrète intention de nuire. Et dans les cas où il se croirait obligé de parler, la faute étant certaine et pouvant donner lieu à un scandale, il ne la fait connaître à aucun camarade, mais au maître qui seul a mission d'y porter remède ; et loin de grossir les torts du délinquant, il les atténue autant que possible.

6. Lorsqu'on est témoin d'une faute ou d'une infraction grave au règlement, il faut faire son possible pour l'empêcher, ou la faire regretter si elle a été commise. Le bon conseil d'un ami est quelquefois plus efficace que la parole du maître. Si l'on n'a pas l'influence nécessaire pour empêcher le mal, on se gardera bien de l'approuver par un lâche respect humain.

7. Un élève se rendrait bien coupable s'il se permettait de parler contre le règlement ou contre les maîtres, afin de provoquer ainsi une sorte de cabale tendant à propager l'esprit d'insubordination. Les conséquences de cette manière d'agir sont des plus funestes.

8. Les élèves se souviendront qu'ils ne doivent rien se permettre, par paroles ou autrement, qui soit contraire à la pudeur. Toute faute extérieure de cette nature serait très sévèrement punie.

9. Lorsqu'un élève trouve un objet égaré, s'il n'en connaît pas le propriétaire, il le remet au maître.

III. — SILENCE ET BONNE TENUE.

Silence. — 1. Dans une classe, le silence est la sauvegarde de la discipline et la condition sans laquelle il n'y a pas de travail sérieux. Aussi les élèves y sont-ils astreints, en dehors des récréations.

2. En classe, les études seront faites à voix basse ou mentalement.

3. Lorsqu'un élève veut demander une explication au maître, il en sollicite la permission par un signe de la main, sans faire de bruit avec les doigts. Il en use de même dans les interrogations, lorsqu'il désire répondre pour un condisciple qui se trouve embarrassé.

4. Le silence est particulièrement exigé pendant les changements d'exercices, les changements de places, et dans les rangs à l'intérieur de l'école. Alors, on ne parlera pas même au maître, à moins que ce ne soit indispensable.

5. Si un élève a besoin de causer à l'un de ses camarades pendant la classe, il en demande l'autorisation par un signe. Il ne dit que le nécessaire, et à voix basse. L'échange de billets entre élèves est formellement interdit.

Tenue pendant les leçons[1]. — 1. Pendant les leçons orales et notamment pendant le catéchisme, les élèves auront les mains posées sur la table, sans croiser les bras sur la poitrine. Ils tiendront le corps droit et les pieds rangés.

2. Afin de ne pas se laisser distraire, ils regarderont habituellement le maître, et ne conserveront aucun objet inutile ni dans les mains, ni sur la table, ni dans la bouche. D'ailleurs, mâcher du papier ou manger pendant une leçon serait très inconvenant.

3. Pendant la lecture, les élèves sont généralement assis; ils tiennent leur livre à deux mains, et l'appuient sur la table. Durant les interrogations, ils posent le livre ouvert sur la table, et se conforment aux indications données plus haut. *(Silence, 3.)*

4. Pendant que le maître ou des élèves travaillent au tableau noir, toute la classe doit suivre attentivement ce qu'ils font et ne pas s'occuper à autre chose, à moins que cela n'ait été prescrit.

5. Dans les exercices où l'on écrit, le corps doit être presque droit, un peu rapproché de la table par le côté gauche, sans cependant la toucher. L'avant-bras gauche repose en entier sur la table, et le milieu de l'avant-bras droit est posé sur le bord.

IV. — ORDRE ET PROPRETÉ.

L'ordre et la propreté sont des vertus naturelles d'une indispensable nécessité dans la vie. Les élèves s'y laisseront donc former, et ils en donneront des preuves dans leur tenue personnelle, et dans le soin avec lequel ils conserveront en bon état leurs livres et leurs cahiers.

Propreté personnelle. — 1. La propreté personnelle est l'une des formes du respect de soi-même; elle est un élément de santé et de moralité. Aussi, chaque matin et dans toutes les classes, les maîtres procèdent-ils à une

---

[1] Dans la IIe Partie, il est parlé de la tenue pendant les prières à l'école et les offices de la paroisse.

visite de propreté [1], pour s'assurer que le visage, les oreilles et les mains sont convenablement lavés, les cheveux tenus en bon état, les vêtements propres et non déchirés, et les chaussures nettoyées et cirées.

2. Quand, par suite d'un accident arrivé, soit en classe, soit en récréation, un élève a des taches aux mains, à la figure, ou les vêtements en désordre, il doit y remédier en passant au lavabo avant de rentrer dans la famille.

3. Autant que l'hygiène et la simplicité, la parfaite propreté répudie l'usage des cosmétiques et des parfums.

Propreté des livres. — 1. Les livres seront couverts de papier fort et uni. On ne se servira pas, pour cet usage, de gravures ni de feuilles imprimées.

2. Sauf leurs nom et prénoms, qu'ils mettent au verso de la couverture, les élèves n'écrivent rien sur leurs livres. Pour les indications des devoirs et des leçons, ils se servent d'un petit carnet, où ils consignent les renseignements utiles.

Une leçon à étudier dans un livre se marque par un signet, un cordon ou un morceau de papier, mais jamais en pliant les feuillets.

3. Il faut éviter de mettre dans les livres, et spécialement dans les atlas, des bons points, des notes, des feuilles de dessin, etc. Un élève soigneux dispose, pour cet usage, d'un carnet et d'un buvard.

4. Le maître fait chaque mois une revue de l'état des livres.

5. Dans le cas où certains livres de classe seraient prêtés aux élèves, ces derniers se tiendront pour responsables des volumes égarés, déchirés ou détériorés de quelque façon que ce soit.

---

[1] En faisant ces visites, un maître habile récompense par un bon point ou une bonne note les enfants dont la propreté ne laisse rien à désirer. Mais à l'égard des autres, il ne se permet aucune appréciation blessante : elle humilierait les familles et les indisposerait contre lui. Féliciter les premiers par un mot : *bien, très bien;* rester muet à l'égard des seconds, c'est une leçon suffisante pour tous.

Après l'inspection de propreté, on peut faire une remarque générale, mais jamais de personnalités, sauf le cas où l'enfant seul est en cause : par exemple quand, venu propre le matin, il s'est sali en jouant, noirci les mains en écrivant, etc.

Tenue des cahiers. — 1. La couverture des cahiers porte simplement les nom et prénoms de l'élève, avec la nature des devoirs qu'on y rédige.

2. Les cahiers doivent être tenus propres et nets, sans être froissés ni pliés par les coins.

Les pages seront toujours entièrement remplies; il ne sera pas permis d'en déchirer ou d'en passer aucune.

3. Si les marges n'étaient pas indiquées à l'avance, ainsi qu'on le fait généralement, les élèves en traceraient une sur chaque page, d'une largeur uniforme et de deux tours de règle environ.

4. Les élèves apporteront une attention toute particulière à la tenue des cahiers dits de brouillon, et considéreront l'application dans les dictées et les problèmes comme un moyen d'apprendre à bien écrire et à bien chiffrer.

On souligne proprement les fautes d'orthographe et l'on écrit en entier les mots corrects, au-dessus des mots mal orthographiés. Les problèmes inexacts sont barrés à la règle.

5. Les différentes subdivisions d'un devoir peuvent être séparées par des traits simples. On évitera les traits inutiles ou trop forts.

6. Une visite de cahiers a lieu chaque semaine; elle donne lieu aux notes *Très bien*, *Bien*, *Passable* et *Mal*, ou à des appréciations chiffrées qui concourent à donner une note générale de propreté[1].

Propreté de la classe et de l'école. — 1. L'ordre et la propreté sont l'ornement d'une école et d'une classe; et les élèves se rappelleront que c'est principalement à eux d'y veiller.

2. Ils déposeront leurs coiffures et autres effets de vestiaire dans l'endroit qui leur est assigné.

3. En dehors de la corbeille destinée à recevoir les papiers et les objets inutiles, on ne doit rien jeter dans la classe. Se permettre d'écrire sur les murs, en quelque endroit que ce soit, est une grossièreté indigne d'un enfant bien élevé.

---

[1] Une visite bimensuelle des cahiers, par le frère Directeur, serait très utile. — Des explications relatives à la manière de tenir certains cahiers spéciaux, sont données dans la IIIe Partie, à propos de l'*Organisation pédagogique*.

4. Les cours, les corridors, et en particulier les lieux d'aisances, réclament des soins de propreté auxquels, d'ailleurs, les maîtres veilleront rigoureusement.

5. Les élèves sont responsables des dégâts qu'ils ont causés, soit aux locaux, soit au matériel scolaire : tables, bancs, modèles, et autres objets mis à leur usage.

6. Le respect dû à la classe, autant que sa bonne tenue, ne permet pas d'y prendre les récréations ou les repas.

V. — EMPLOIS A CONFIER AUX ÉLÈVES.

Différents emplois, que les Frères ne peuvent ou ne doivent pas remplir eux-mêmes, seront confiés à des élèves nommés par le frère Directeur, de concert avec le maître de chaque classe. Pour exciter ces enfants à se bien acquitter de leur service, il convient de leur donner chaque semaine un certain nombre de bons points. Afin d'entretenir entre eux une certaine émulation, on peut les remplacer chaque mois dans leurs fonctions.

Sonnerie. — 1. Il y aura dans chaque école un enfant chargé de la sonnerie.

2. Il sonnera dix coups au commencement de la classe et cinq à toutes les heures. Il tintera cinq ou six coups à toutes les demi-heures [1].

3. Trois minutes environ avant la prière qui termine la classe du matin, et avant le catéchisme qui termine celle du soir, il tintera deux ou trois coups pour inviter les élèves à serrer livres et cahiers, afin que ces exercices commencent à l'heure exacte.

Surveillance. — 1. Il y aura des surveillants dans toutes les classes en l'absence des maîtres, c'est-à-dire avant leur arrivée, et pendant les courtes sorties auxquelles une raison impérieuse pourrait les obliger durant les leçons.

2. Le surveillant d'une classe doit se tenir à la place qui

---

[1] Un système de sonnerie électrique, qui serait commandé de la première classe, pourrait donner le signal des prières à réciter pendant la classe ; la cloche ne se ferait plus entendre alors que pour l'entrée et la sortie.

lui aura été assignée, et il s'efforcera de donner le bon exemple aux autres élèves. Il sera donc très assidu à l'école; il s'y trouvera des premiers, et se montrera attentif à tout ce dont on l'a chargé.

3. Dans le cas où il ne serait pas arrivé au moment d'exercer son office, un autre élève désigné le remplacerait pour ce jour-là.

4. Il sera défendu au surveillant de menacer, et à plus forte raison de molester ou de frapper les élèves, quelque faute qu'ils aient faite. Son rôle se borne à examiner comment ils se comportent, puis à inscrire sur une liste ceux qui manquent à leur devoir, et, sur une autre, ceux qui s'en acquittent le plus fidèlement.

5. Des surveillants seront aussi préposés aux rangs des différents quartiers ou des rues principales. Moins encore que les surveillants de classe, ils ne doivent menacer ni rudoyer les enfants; ils se contenteront d'observer ce qui se passe et de signaler au maître les élèves les plus convenables, ainsi que les plus répréhensibles.

6. Le maître examinera bien toutes choses, avant de punir d'après les accusations portées par le surveillant. Pour en contrôler l'exactitude, il se renseignera en particulier auprès des élèves les plus sérieux qui auraient été témoins des faits.

7. Il écoutera les réclamations formulées contre le surveillant, surtout si elles ne viennent pas d'élèves intéressés à se plaindre. Si le surveillant est trouvé coupable, il sera puni plus sévèrement qu'un autre qui aurait commis la même faute, ou il sera déposé de son office.

Balayage. — 1. A cause des multiples inconvénients qui résultent du balayage par les élèves, il est à désirer qu'on assure par un autre moyen le service de propreté dans les classes.

2. S'il faut avoir recours aux élèves, deux d'entre eux seront chargés de balayer avec précaution et d'épousseter la classe tous les jours. Ils porteront les balayures au lieu désigné pour cet usage, ainsi que les cendres pendant l'hiver.

3. Ils devront avoir terminé leur besogne un quart d'heure ou vingt minutes environ après la sortie générale des élèves.

4. Ils s'acquitteront de leur emploi avec soin, sans s'amuser ni se quereller.

Service de la porte. — 1. L'élève qui remplit les fonctions de portier sera chargé : d'ouvrir et de fermer les portes des classes, matin et soir; de fermer les persiennes et les croisées, et de veiller sur le service du balayage afin que tout s'y passe convenablement.

2. Il gardera la clef de l'école chez lui, supposé que cette école soit hors de la maison et qu'il demeure à proximité ; sinon, et dans le cas où le frère Directeur le jugerait à propos, on prierait quelque voisin de vouloir bien la garder.

3. Il sera défendu au portier de donner la clef à qui que ce soit, sans l'ordre exprès du maître responsable.

4. Un autre élève sera chargé d'ouvrir et de fermer la porte de l'école pendant la durée des leçons. Ordinairement il sera désigné dans la classe du maître chargé de recevoir les parents. Il ouvrira la porte posément et sans faire attendre ; il introduira dans la pièce où l'on a coutume de les recevoir, les personnes qui demanderont à parler aux Frères ; ensuite il avertira le premier maître.

5. Cet élève doit être très poli et capable de répondre convenablement à ceux qui se présentent. On changera souvent l'écolier chargé de cet emploi, afin que ses études n'aient pas à en souffrir.

IIe PARTIE

INITIATION DE L'ENFANT

A LA VIE CHRÉTIENNE

CHAPITRE I

L'ÉDUCATEUR RELIGIEUX

I. **Rôle de l'éducateur religieux :** Former de bons élèves et de bons chrétiens. — II. **Qualités principales de l'éducateur religieux :** Esprit de foi. Bonté. Dévouement. Réserve dans les paroles. Édification constante. Talent de faire aimer l'enseignement religieux et les pratiques de piété.

I. — ROLE DE L'ÉDUCATEUR RELIGIEUX.

Le but supérieur qu'on s'est proposé, en établissant nos écoles, est que les élèves y soient initiés avec soin à la vie chrétienne. A cette initiation concourent les qualités personnelles du maître, l'instruction religieuse et l'éducation intellectuelle [1] qu'il donne, et les diverses pratiques par lesquelles les enfants sont formés aux vertus du véritable chrétien.

Le Frère des Écoles chrétiennes est à la fois professeur et éducateur. Professeur, il s'applique à l'étude et à l'enseignement de toutes les spécialités inscrites au programme de

[1] Tout ce qui est relatif à l'éducation des facultés de l'enfant est traité dans la Ire Partie des *Éléments de Pédagogie pratique*.

la classe qu'il dirige. Pour être utile à ses élèves, il travaille chaque jour à son instruction personnelle, et il perfectionne ses procédés pédagogiques. Éducateur, il se souvient que sa principale préoccupation doit être d'atteindre la fin propre à son Institut. « Cette fin, disent nos Règles, est de donner une éducation chrétienne aux enfants... C'est pour ce sujet qu'on y tient les écoles, afin que les enfants y étant sous la conduite des maîtres depuis le matin jusqu'au soir, ces maîtres leur puissent apprendre à bien vivre, en les instruisant des mystères de notre sainte religion, en leur inspirant les maximes chrétiennes et ainsi leur donner l'éducation qui leur convient. »

Former de bons élèves, est le fait d'un habile maître ; préparer de vrais chrétiens est l'œuvre d'un apôtre. Former à la fois de bons élèves et de vrais chrétiens, c'est la mission de l'instituteur religieux. Il apprend aux enfants les connaissances humaines qui peuvent leur être utiles ; il cherche à répandre la vérité religieuse dans leur intelligence, et à soumettre leur volonté aux prescriptions de la morale évangélique.

II. — QUALITÉS DE L'ÉDUCATEUR RELIGIEUX.

Tel maître exerce une très heureuse influence sur ses élèves : par ses instructions journalières, il les intéresse et les convainc ; ses jugements et ses sentiments deviennent comme l'inspiration des leurs ; sans violenter en eux la liberté, il leur fait aimer, vouloir et pratiquer le bien. Son influence n'est pas même circonscrite par l'enceinte de l'établissement où il exerce ; elle rayonne au delà, et, pour leur plus grand profit, ses anciens élèves conservent avec lui, après la période de scolarité, d'excellentes relations. Tel autre, au contraire, semble n'avoir qu'une très faible action sur la volonté des enfants : ses exhortations les laissent froids et indifférents ; parfois même leur hostilité à son égard fait naître en eux des sentiments en opposition systématique avec ceux qu'il voulait leur suggérer. La différence des résultats s'explique, du moins en partie, par celle des procédés. Par toute sa conduite, l'un des maîtres a gagné l'estime et l'affection des élèves, tandis que, par sa manière d'agir, et involontairement sans doute, l'autre s'est aliéné les esprits et les cœurs.

Les qualités et les vertus qui assurent au Frère l'ascendant moral sur ses élèves sont multiples : dignité de la tenue et du maintien, urbanité dans les manières, compétence reconnue, franchise, loyauté, discrétion, fermeté, justice, piété, etc. *Les Douze Vertus d'un bon Maître* développent ce sujet par des considérations très pratiques. Il suffit de rappeler brièvement ici comment son rôle d'éducateur religieux exige du maître qu'il se montre surnaturel dans les vues, bon dans les procédés, dévoué à procurer le bien des âmes, réservé dans les paroles, édifiant dans toute sa conduite, habile enfin pour faire aimer l'enseignement religieux et les exercices de piété.

Esprit de foi. — C'est par l'esprit de foi que sont vivifiées toutes les entreprises du zèle. Lorsque cet esprit anime un éducateur, il lui fait contracter l'habitude de voir Dieu dans les enfants, d'agir à leur égard en vue de Dieu, de juger toutes choses à la lumière divine, de souffrir pour Dieu les peines de son emploi, et de recourir sans cesse à Dieu par la prière. Il se dévoue, mais en même temps il demeure uni à Jésus-Christ, sans lequel une œuvre surnaturelle, comme est la formation chrétienne des enfants, demeure radicalement impossible. Et cette union à Jésus-Christ développe dans l'âme du maître les vertus qui rendent fécond l'apostolat : l'humilité, qui ouvre le trésor des grâces, et la douceur, qui soumet les volontés au joug du devoir.

Bonté. — La bonté gagne les cœurs ; la rigueur fait des hypocrites. Sans nuire aucunement à la discipline, il est possible d'unir la douceur à la fermeté, et de témoigner aux enfants qu'on les aime tous d'une affection forte et tendre, surnaturelle et désintéressée.

Si le maître punit, qu'on sache bien qu'il le fait à regret. On en sera plus facilement persuadé s'il procède d'abord par des avertissements réitérés, s'il conserve toujours le calme et la modération, s'il n'excède pas dans les réprimandes et les punitions, s'il profite des occasions qui se présentent pour adoucir une pénitence ou même pour la remettre complètement. Un élève tombe-t-il malade? le maître fait prendre des nouvelles de sa santé. Un autre est-il éprouvé par la perte d'un membre de sa famille? une prière est sollicitée de ses jeunes camarades à l'intention du défunt. Telle réprimande a-t-elle été blessante dans la forme? une parole aimable, dite en temps opportun, en atténuera le mauvais effet. Une erreur a-t-elle été commise? le maître ne craint pas de la reconnaître et de faire justice aux réclamations.

Par ces petites industries et par cent autres semblables, qu'inspirent le tact, le dévouement et le zèle, on établit et l'on maintient dans une classe un véritable esprit de famille dont profite tout d'abord l'autorité morale du maître. Ces moyens ne doivent pas être regardés comme puérils, puisqu'ils gagnent à l'éducateur, et à Dieu qu'il représente, le cœur des enfants, et qu'ils assurent le concours des parents, sans lequel l'œuvre de l'éducation est souvent compromise.

Dévouement. — Chez un instituteur religieux, le dévouement est la disposition constante par laquelle il se porte à toutes les fonctions de son emploi, en vue de procurer la gloire de Dieu et le salut des âmes. Parce qu'il procède d'un motif surnaturel, ce zèle est courageux, persévérant, malgré les difficultés qu'il rencontre ou les obstacles qui s'opposent à son exercice; il est universel, sans acception des personnes, et semble même plus généreux à l'égard des enfants privés des dons de l'intelligence ou de la fortune; il est humble, prudent, sans ostentation ni préoccupation d'intérêt personnel.

Le dévouement du maître, joint à sa bonté, affectionne les élèves à la classe et à l'école. Il dilate leurs âmes dans la confiance; il les dispose à recevoir l'enseignement religieux; il les rend dociles aux conseils et aux exhortations qui doivent les aider à triompher des mauvais instincts qui déjà se développent en eux.

Réserve dans les paroles. — Les éducateurs expérimentés savent quelle irritation certains maîtres causent parfois dans les classes, par leurs imprudences de langage: réflexions inconsidérées, paroles amères ou ironiques, apostrophes blessantes, épithètes injurieuses. Elles portent une grave atteinte à l'estime et au respect de l'enfant pour son guide, estime et respect que les commentaires des parents, blessés eux-mêmes dans leur amour-propre, achèvent souvent de ruiner. Comment le maître parlera-t-il utilement de Dieu et de leurs devoirs à des âmes que, par ses reproches, il aura froissées, ulcérées peut-être? Il est donc très important qu'il veille avec soin sur toutes ses paroles, et qu'il garde le silence quand l'impatience ou le mécontentement l'exposent à manquer de mesure dans son langage. Il est permis de punir, mais non de blesser. On peut reprendre, rappeler à l'ordre ; mais on s'avilit toujours par des invectives et des injures.

Bon exemple. — Pour conduire les enfants à Dieu, il conviendrait, s'il était possible, de ne laisser paraître aucune des faiblesses de l'humanité. Les défauts d'un maître diminuent le respect qu'avaient pour lui ses élèves ; ils amoindrissent la portée de ses exhortations à la vertu.

L'éducateur cherche à former les enfants au respect et à l'obéissance envers l'autorité : ses paroles seraient-elles persuasives, si toutes ses relations avec le frère Directeur et le frère Inspecteur n'étaient pas empreintes de déférence et de cordiale soumission? Il veut faire régner dans la classe un esprit de famille qui en rende le séjour agréable : le pourrait-il s'il laissait voir, entre quelqu'un de ses confrères et lui, de l'opposition dans les vues et même une sorte de mésintelligence passagère?

Au contraire, le bon exemple constant est l'un des moyens les plus efficaces qu'un éducateur puisse employer pour gagner l'estime et la confiance de ceux qu'il dirige. D'ailleurs il doit être convaincu que ses paroles, ses actes, ses démarches, passent journellement au crible de la critique, dans les conversations de quarante ou cinquante familles. Si le verdict lui est favorable, les sympathies des parents et, par suite, celles des enfants lui sont acquises : il peut beaucoup pour l'éducation chrétienne de ceux dont il a la charge ; tandis que tout blâme qu'on lui infligerait serait une atteinte à son prestige et à son influence.

Talent de faire aimer la Religion. — Les enfants se portent volontiers à ce qu'ils aiment : si donc le maître a le secret d'exciter parmi eux une grande émulation à s'instruire des vérités religieuses, s'il les amène à s'acquitter avec joie des exercices de piété, on peut presque dire que le succès de leur formation chrétienne est assuré. Mais en quoi consiste ce talent? Les éléments en sont multiples : c'est l'art de présenter les vérités avec intérêt, le soin de ne pas excéder dans ce qu'on réclame de la bonne volonté des enfants, le tact pour procéder en tout avec mesure et prudence, ferme bonté et condescendance; c'est la sympathie excitée par les vertus et l'heureux caractère du maître, et par un ensemble de procédés pratiques que sanctionne l'expérience, et dont il sera parlé au chapitre suivant.

On rencontre parfois des maîtres zélés et pieux, auxquels manque ce talent indispensable. Leurs instructions catéchistiques sont substantielles, mais dépourvues d'intérêt ou d'onction. Ils ne tiennent pas suffisamment compte de la nature mobile de l'enfant, que rebute l'exposition sèche ou abstraite des vérités, tandis que des traits édifiants, bien choisis et bien racontés, auraient renouvelé son attention défaillante. Ils procèdent trop par voie d'autorité, pas assez par insinuation ou exhortation; ils s'adressent toujours à l'intelligence et presque jamais au cœur. Enfin, ils parlent beaucoup et sans s'assurer, par de nombreuses questions, que leurs élèves les écoutent et les comprennent.

Il arrive aussi que le zèle de certains maîtres ne s'exerce pas avec douceur et prudence. Ils excitent au bien, mais à contre-temps; ils exhortent, mais d'un ton grondeur; ils multiplient les pratiques de piété jusqu'à la fatigue et à la satiété. Alors les enfants ne goûtent pas la raison d'être de la prière ni ses bienfaits, et leur persévérance semble compromise par le manque de discrétion dans l'emploi des moyens mêmes qui devaient l'assurer.

CHAPITRE II

L'INSTRUCTION CHRÉTIENNE

I. — **Le catéchisme** : Son importance. Temps consacré au catéchisme dans les écoles chrétiennes. Catéchisme des dimanches, des fêtes et des veilles de congé. — II. **Les exhortations, ou la réflexion et l'examen** : But de ces exhortations. Manière d'y procéder.

I. — LE CATÉCHISME[1].

Importance du catéchisme. — Le premier moyen à employer, pour former les enfants à la vie chrétienne, est de les instruire sérieusement des vérités religieuses. De fortes convictions sont l'une des meilleures sauvegardes contre les sophismes, les préjugés, les préventions qui altèrent ou détruisent l'esprit chrétien dans les âmes.

Le but des leçons de catéchisme est : 1° de communiquer aux enfants les connaissances qui, dans l'ordre du salut éternel, sont de nécessité de moyen et celles qui sont de nécessité de précepte ; 2° d'ajouter à ce minimum, autant que le permettent les dispositions intellectuelles de ceux auxquels on s'adresse.

L'importance du catéchisme prime donc celle de toutes les autres spécialités. En effet, le catéchisme n'est pas simplement une leçon parmi les autres leçons : c'est la science des vérités éternelles ; c'est l'œuvre par excellence de l'école chrétienne. Aussi les Frères animés de l'esprit de leur état regardent-ils le catéchisme comme la plus noble de leurs fonctions, puisqu'elle les associe à une infinité de saints

---

[1] Tout ce qui concerne la manière d'enseigner le catéchisme a été placé dans l'*Enseignement des spécialités du programme.*

personnages qui se sont fait gloire de l'exercer, et à Jésus-Christ même, qui a passé la plus grande partie de sa vie publique à évangéliser les pauvres. Ils se rappellent que si notre Congrégation a été instituée, si l'Église l'a approuvée et si les Souverains Pontifes lui ont accordé tant de faveurs spirituelles, c'est surtout à cause du bien que, par le catéchisme, elle peut faire aux âmes.

Que le maître considère aussi quel besoin ses élèves ont d'être instruits de notre sainte religion pendant qu'ils fréquentent l'école : la plupart d'entre eux n'en entendront presque plus parler une fois sortis des classes, et ils n'auront guère, pour moyen de persévérer, que le souvenir des catéchismes qui leur auront été faits durant les années de leur éducation.

Puisque telle est l'importance du catéchisme, rien ne doit être négligé de ce qui peut assurer le succès de cet enseignement : préparation consciencieuse et assidue, recours aux industries qui répandent dans les leçons l'intérêt et la vie, explication de gravures murales, récapitulations et revisions, examens et concours solennels, compositions et conférences. De temps en temps, le frère Directeur fera lui-même le catéchisme dans l'une ou l'autre classe de l'école ; il stimulera les élèves par son contrôle, ses encouragements et par quelques récompenses. Le maître évitera de réprimander et de punir pendant le catéchisme ; tout doit y être si agréable et si attrayant que les enfants en attendent l'heure avec une sorte d'impatience, et qu'ils regrettent d'en voir si tôt venir la fin.

Pour prévenir l'ennui et la lassitude pendant les catéchismes, surtout ceux de longue durée, le maître aura soin de soutenir l'attention des élèves par des traits intéressants, tirés de l'histoire sainte, de l'Évangile, de l'histoire de l'Église et de la vie des Saints. Il n'oubliera pas de faire chanter quelques couplets d'un cantique au commencement de la leçon, et vers le milieu, quand elle se prolonge durant une heure. Si, malgré des efforts sérieux pour devenir bon catéchiste, il s'apercevait que son cours d'instruction religieuse a trop peu d'attrait pour l'auditoire, il chercherait à y attacher un intérêt d'ordre différent, tel que celui d'une récompense particulière à gagner, bons points ou bonnes notes. Mais à tout prix, il doit faire aimer le catéchisme, sans quoi l'œuvre de la formation chrétienne de ses élèves serait compromise[1].

Temps consacré au catéchisme. — Selon les prescriptions de la Règle, on fera le catéchisme tous les jours de classe, pendant une demi-heure. Du premier novembre au trente et un janvier, il aura lieu de trois heures et demie à quatre heures; le reste de l'année, de quatre heures à quatre heures et demie.

Les veilles de congé, on le fera pendant une heure; on le commencera donc une demi-heure plus tôt que les autres jours. Les jours de demi-congé, on abrégera les leçons, puis, à la fin de l'école, on consacrera une demi-heure au catéchisme.

D'après d'anciens usages, le mercredi-saint après-midi on fera le catéchisme depuis une heure et demie jusqu'à deux sur les principales vérités; de deux à trois, sur la Passion et sur la manière de passer les trois jours qui précèdent la fête de Pâques.

Les veilles de la très sainte Trinité et de Noël, on le fera aussi pendant une demi-heure sur les principales vérités, et pendant une heure sur le sujet de la fête. Ces jours-là, on récitera la prière à trois heures. La veille de la Pentecôte, on suivra, pour le catéchisme, le règlement des veilles de congé.

Catéchisme des dimanches, des fêtes et des veilles de congé. — Les dimanches et fêtes d'obliga-

---

[1] «...Ne savoir répandre aucun charme sur un catéchisme, quand la nature des enfants et les choses de la religion s'y prêtent si merveilleusement: lui donner une face toujours austère n'y avoir soi-même qu'un air sec et dur, en faire je ne sais quoi de triste, d'ennuyeux, sans attrait, sans vie, ce n'est pas seulement un contre-sens insigne et une coupable maladresse, c'est un immense péril pour l'avenir de ces petits enfants; car, ne l'oublions pas, c'est au catéchisme que les enfants reçoivent de la religion ces premières impressions qui sont ineffaçables, et si ces impressions sont l'ennui et le dégoût, quand est-ce jamais, je vous le demande, que la religion leur paraîtra aimable? Toute leur vie, ils éprouveront pour elle une secrète et peut-être insurmontable aversion; et non seulement l'éducation de leur âme ne sera pas faite au catéchisme, mais, par une sorte de trahison due à l'incapacité, à la dureté ou à la négligence des catéchistes, elle sera faite en sens contraire de la véritable éducation évangélique, et aura produit des résultats tout opposés.» Mgr DUPANLOUP.

tion, la durée du catéchisme sera de une heure et demie, excepté les jours de Pâques, de la Pentecôte, de la très sainte Trinité et de Noël[1].

Les dimanches, ainsi que les veilles de congé de tout le jour, on fera le catéchisme sur les principaux mystères pendant la première demi-heure. Par principaux mystères, il faut entendre des récapitulations sur les principales vérités et sur les principaux devoirs de la vie chrétienne.

Les jours de fête, on choisira pour sujet de l'entretien l'objet même de la fête.

Les veilles de congé, le maître pourra, de temps en temps, prendre pour sujet du catéchisme la paraphrase des prières quotidiennes, la manière de passer chrétiennement la journée, de sanctifier ses actions, d'élever son cœur à Dieu, de se confesser, d'assister à la messe en suivant les prières liturgiques.

Les dimanches, après le catéchisme sur les principaux mystères, le maître fera réciter l'évangile qu'il a déjà sommairement expliqué la veille. Il pourra ensuite demander aux élèves ce qui les a le plus frappés dans ce texte, puis il en continuera l'explication ; enfin il interrogera, en forme de récapitulation, sur tout ce qui aura été dit dans les catéchismes de la semaine.

Puisque le catéchisme des dimanches et des fêtes dure plus de temps que celui des autres jours, le maître choisira une histoire édifiante que les élèves puissent goûter et qui se rapporte au sujet qu'il traite ; il la leur racontera ou la lira vers la fin de l'exercice, et toujours d'une manière intéressante.

La leçon d'histoire sainte est ordinairement donnée pendant l'un des catéchismes de plus longue durée, surtout la veille du jour de congé. On y emploie une demi-heure, puisque le reste du temps est réservé à un catéchisme sur les principaux mystères. L'étude et la récitation de l'histoire sainte ont lieu en dehors de cette leçon.

On pourra admettre au catéchisme des élèves étrangers à l'école, pourvu qu'ils ne dérangent point l'ordre de la classe.

---

[1] Dans un certain nombre d'écoles, on a divisé le catéchisme des dimanches et des fêtes en deux leçons de trois quarts d'heure, placées, l'une avant la messe, et l'autre avant les vêpres.

II. — LES EXHORTATIONS.

En dehors des catéchismes quotidiens, le maître adresse chaque jour deux courtes exhortations aux élèves. L'une a lieu pendant la prière du matin : c'est la *réflexion :* l'autre, pendant la prière du soir : c'est l'*examen*.

Réflexion pendant la prière du matin. — L'exhortation appelée chez nous *réflexion* est le développement très simple d'une pensée chrétienne, relative à un devoir à remplir, un défaut à éviter, une disposition d'esprit ou de volonté à acquérir ou à perfectionner.

Le livre des *Exercices de piété* à l'usage de nos écoles contient, sur les principaux devoirs du chrétien, une suite de vingt-trois pensées importantes à expliquer, et qui peuvent servir de sujets de réflexions pendant un mois. Tous les jours, après la prière du matin, on lira la pensée ou la maxime marquée pour ce jour ; le maître l'expliquera pendant trois ou quatre minutes, faisant connaître aux enfants leurs obligations, et leur suggérant les moyens et les résolutions qu'ils doivent prendre pour les remplir fidèlement.

Cette direction générale n'interdit pas au maître de choisir parfois d'autres sujets de réflexions : dévotion à la divine Enfance, au Sacré-Cœur, à la très sainte Vierge et à saint Joseph, pendant les mois qui leur sont consacrés ; la préparation aux fêtes liturgiques, la réception des sacrements, les maximes évangéliques, les pratiques de la vie chrétienne, la vocation, etc. De temps en temps, le maître citera un texte et surtout l'un des exemples de vertu de saint Jean-Baptiste de la Salle : les conseils et la vie de ce protecteur de la jeunesse ont une particulière efficacité pour éclairer l'intelligence et toucher le cœur de nos élèves.

Par ces courtes exhortations, le maître cherche à répandre l'onction de la piété dans le cœur de ses disciples, en même temps que la lumière de la foi dans leur esprit. Elles doivent donc être doctrinales, sous peine de ne pas affermir les fortes convictions que le catéchisme avait fait naître ; elles doivent être exemptes de sécheresse, pour ne pas laisser indifférent et distrait le jeune auditoire ; elles doivent insinuer une résolution pratique, pour la journée même, sans quoi les bons sentiments inspirés aux enfants risqueraient d'être peu durables.

Mais pour dire ainsi chaque jour des choses exactes, pratiques, mises à la portée des enfants, et présentées sous une forme persuasive et attrayante, une sérieuse préparation est nécessaire. En préparant la réflexion, le maître note les deux ou trois idées principales et quelques-unes des idées secondaires que comporte le sujet, ainsi qu'un trait édifiant, des comparaisons, et la pratique à suggérer. Ces éléments étant disposés sous forme de tableau synoptique, il les médite avant la classe : l'exhortation devient alors facile, et surtout elle est solide et pieuse. Un recueil de réflexions ainsi préparées est d'une grande utilité.

Le maître n'oubliera pas surtout que ses efforts demeureraient stériles en résultats surnaturels, si Dieu ne les fécondait par sa grâce : « Sans moi, vous ne pouvez rien », a dit Notre-Seigneur. Aussi, la considération de son impuissance portera-t-elle l'éducateur religieux à recourir à Dieu par le sacrifice et la prière.

Examen pendant la prière du soir. — En même temps que le maître se propose, comme but principal, d'éclairer l'intelligence de ses élèves par les instructions catéchistiques, et d'exciter leur volonté par la réflexion quotidienne, il se sert de l'examen journalier comme d'un moyen efficace de former leur conscience. Le livre des *Exercices de piété* présente, pour le soir, vingt-trois pensées qu'on exposera successivement pendant la prière qui termine la classe. On y procédera comme il vient d'être dit pour la réflexion du matin.

Les sujets d'examen ont un certain rapport avec les réflexions qui leur correspondent, afin que les élèves soient amenés à s'examiner sur la manière dont ils ont accompli les résolutions qu'ils ont dû prendre le matin. Cette exhortation dispose les enfants à réciter, du fond du cœur, un acte de contrition pour toutes les fautes de la journée ; elle leur fait contracter aussi l'habitude de ne pas se coucher sans avoir scruté leur conscience, et sans s'être mis dans l'état où ils voudraient se trouver s'il leur fallait paraître au jugement de Dieu.

CHAPITRE III

LA VIE CHRÉTIENNE A L'ÉCOLE

I. **Le but à atteindre** : Faire pratiquer la vertu. Amener l'enfant à combattre ses mauvaises tendances. — II. **Les exercices de piété** : Les prières à l'école. Tenue pendant les prières. Chant des cantiques. Réception des sacrements. — III. **Assistance aux offices paroissiaux** : Remarques générales. Prescriptions relatives au bon ordre pendant les offices. — IV. **La première communion** : Préparation éloignée. Préparation immédiate. Après la première communion. — V. **Les congrégations** : Direction de la congrégation. Collaboration des maîtres. Choix des congréganistes. Congrégations différentes dans une même école. La congrégation de la très sainte Vierge.

I. — NATURE DE LA VIE CHRÉTIENNE POUR L'ENFANT.

Pour l'enfant comme pour l'adulte, la vie chrétienne consiste à conformer ses actes à ses croyances religieuses. Le but proposé à l'enfant par l'éducateur est donc celui-ci : faire le bien, c'est-à-dire pratiquer les vertus ; fuir le mal, c'est-à-dire combattre les inclinations déréglées qui nous entraînent au péché.

Les moyens d'atteindre ce résultat sont : 1° d'affectionner les enfants à la prière ; 2° de les exciter, avec zèle et prudence, à une fréquente et fervente réception des sacrements ; 3° pour une élite, de les grouper en congrégations, où ils trouvent des secours spéciaux qui les aident à triompher du mal et à pratiquer généreusement la vertu.

Vertus à faire pratiquer ; défauts à faire éviter. — C'est dès le jeune âge qu'il faut habituer l'enfant à la pratique des vertus morales et chrétiennes, en développant les heureuses inclinations de son âme. Les principales de ces vertus sont : les vertus théologales de foi, d'espérance et de charité, puis les vertus propres à l'écolier chrétien, c'est-à-dire l'obéissance, le respect de l'autorité, la fermeté à vouloir le bien, l'ardeur au travail, la droiture et la loyauté, la modestie et la pureté, la probité et la franchise, l'esprit de sacrifice, la douceur et l'humilité.

Les défauts contre lesquels il convient surtout de mettre en garde les élèves sont : la mollesse de volonté et la légèreté, le mensonge et le respect humain, la vanité, l'égoïsme et la sensualité, l'emportement et l'orgueil, l'improbité et la médisance, l'esprit de jalousie et de raillerie.

Mais la pratique des vertus et la lutte contre les penchants mauvais sont impossibles, du moins avec constance, sans une grande force de volonté. Le maître rappellera souvent aux enfants la nécessité de vouloir fortement et avec suite, de se vaincre dans les petits détails de leur vie d'écoliers, de se priver de ce qui leur fait plaisir en flattant la sensualité, et de se créer de bonnes habitudes qui s'opposent aux tendances funestes. Il les convaincra de la nécessité de la prière, sans laquelle ils ne peuvent, ni triompher de leurs défauts, ni acquérir une vertu solide ; il leur montrera l'obéissance comme étant la meilleure discipline de la volonté, et il les exhortera à se soumettre en vue du devoir, c'est-à-dire en vue de Dieu, à tout ce qu'ordonne le règlement.

II. — LES EXERCICES DE PIÉTÉ.

Prières faites en classe. — C'est le devoir d'un bon maître d'inspirer à ses élèves le goût et le fréquent usage de la prière, et ainsi de leur faire prendre l'habitude de recourir à Dieu dans les différentes circonstances de la vie.

En ce qui concerne les prières à réciter en classe, on se conformera au livre des *Exercices de piété*. La longueur des prières du matin et du soir varie avec l'âge des enfants. Moins de formules, récitées avec respect et piété, sont préférables à un plus grand nombre, dites rapidement et en bredouillant.

A toutes les demi-heures, lorsqu'il n'y aura point de prières fixées par le livre des Exercices, un écolier dira assez haut : *Souvenons-nous que nous sommes en la sainte présence de Dieu.* A l'instant, on suspendra l'exercice, et les élèves, ainsi que le maître, se recueilleront l'espace d'un *Ave Maria*. On engagera les écoliers à faire, pendant ce temps, quelques oraisons jaculatoires qu'on aura eu soin de leur enseigner.

Ces prières donnent à l'école chrétienne sa physionomie propre. Elles permettent au maître de renouveler son attention sur lui-même et à la présence de Dieu ; elles font contracter aux écoliers l'habitude de penser à Dieu de temps en temps pendant le jour.

La prière du soir se fera à la fin de l'école, c'est-à-dire à quatre heures et demie ; depuis le premier novembre jusqu'à fin janvier, on la dira à quatre heures.

Dans les classes où les enfants savent le *De profundis*, on le récitera après la prière du matin et après celle du soir : 1° le premier jour d'école qui suit la mort d'un Frère de la communauté ; 2° le lendemain de la réception d'une circulaire nécrologique ; 3° à la mort d'un élève de l'école. Les jeunes enfants remplaceront le *De profundis* par un *Pater* et un *Ave*.

Ce serait manquer de sagesse dans le zèle que d'ajouter aux prières prescrites par le règlement ; aussi n'en fera-t-on réciter aucune autre, à moins d'un ordre ou d'une permission. Il est toutefois d'usage d'ajouter une invocation spéciale durant les mois de mars, mai, juin et octobre.

Tenue pendant les prières. — Pendant les prières du matin, du soir et du commencement de l'école, le maître restera à sa place, debout et découvert. Les élèves se tiendront à genoux, dans une attitude modeste et recueillie.

Ils demeureront debout en récitant le chapelet. Pendant les autres prières, le maître et les élèves resteront assis à leur place.

Le moment venu, les élèves se disposeront à faire la prière ; ils serreront livres et cahiers, et ne conserveront entre leurs mains que le livre renfermant les prières, dans le cas où l'on prescrirait de s'en servir, pour faire les pauses avec plus d'ensemble. Au signal donné, tous feront le signe de la croix, en même temps que le maître. A la bénédiction, ils feront le signe de la croix et s'inclineront lorsqu'on prononcera les mots *Père, Fils et Saint-Esprit*.

Le maître ne parlera ni en particulier ni en général aux élèves, pendant les prières ; s'il en remarque qui fassent quelque chose de répréhensible, il se contentera de les rappeler à l'ordre par un signe, avec gravité. Il s'abstiendra de tout ce qui pourrait détourner les enfants de l'attention qu'ils doivent avoir à la prière, comme serait d'en faire passer un d'une place à une autre, et surtout de se livrer lui-même à une occupation étrangère. Il aura soin d'exercer une calme et active vigilance, et d'être toujours un sujet d'édification pour les écoliers.

Récitation des prières. — Afin d'inspirer aux enfants un grand respect pour la prière, et pour leur faire contracter l'habitude de bien prier, les formules seront récitées en classe à demi-voix, avec une lenteur convenable, en prononçant nettement tous les mots, et en observant les pauses.

Si, par suite d'une circonstance exceptionnelle, le temps manquait pour dire les formules ordinaires, il vaudrait mieux n'en réciter qu'une partie et avec piété, que de réciter précipitamment le tout.

Le maître suivra lui-même les prières, d'un ton médiocre mais suffisant pour guider les enfants. Il aura soin que le *récitateur* énonce avec gravité le titre des formules, et dise avec dévotion les oraisons et autres prières que sa fonction l'oblige à dire seul. On veillera à ce que, dans chaque classe, plusieurs enfants soient formés à ce rôle de récitateur[1].

Chant des cantiques. — Le chant des cantiques ne doit pas être considéré comme un procédé négligeable, dans l'œuvre de l'éducation chrétienne. On sait que, par le chant des cantiques, le missionnaire attire à lui les infidèles dont il ouvre doucement les âmes aux influences de la grâce ; dans les missions et les retraites paroissiales, le chant des cantiques est encore un moyen très efficace pour disposer les cœurs à l'action divine et pour les incliner à la prière. Les mêmes effets se produiront en nos élèves, s'ils chantent pieusement. D'autre part, il est à propos de leur procurer un répertoire de chants religieux qui, sous une forme attrayante, porteront de salutaires pensées jusqu'au foyer.

Les élèves chanteront deux ou trois couplets de cantiques :

1° Au commencement du catéchisme de chaque jour, à titre d'invocation.

---

[1] Dans les Écoles chrétiennes, on nomme *récitateur des prières* l'enfant chargé d'en dire les titres, et de réciter les oraisons qui terminent certaines formules.

2° Au milieu du catéchisme des veilles de congé et de celui du dimanche.

3° Avant le catéchisme des dimanches et des fêtes. C'est aussi à ce moment qu'on leur apprendra des cantiques dont ils ne connaîtraient pas l'air.

Il faut exiger que les enfants ne crient pas, mais chantent à mi-voix, de manière à ne pas trop se faire entendre de la classe voisine, et qu'ils ne précipitent ni ne ralentissent pas trop le mouvement. Chanter ainsi est un excellent moyen de cultiver les voix, et le seul pour obtenir de la justesse et de l'ensemble. Alors, le chant des cantiques porte davantage au recueillement ; il devient une sorte de prière, si l'on a soin d'attirer l'attention sur le sens des paroles.

Le maître ne craindra pas, surtout dans les petites classes, de retenir longtemps les élèves aux mêmes cantiques. Mieux vaut qu'ils n'en sachent que peu et les possèdent bien, que d'en connaître superficiellement un grand nombre.

Réception des sacrements. — La fervente et fréquente réception des sacrements de pénitence et d'eucharistie est à la fois le soutien le plus puissant de la piété, et la condition même de toute éducation chrétienne.

La confession régulière procure à l'âme l'inestimable avantage de vivre en état de grâce, ou de se relever de ses chutes et de s'en préserver à l'avenir ; de plus, la direction sacerdotale est le grand moyen de formation pour la conscience : il est donc à souhaiter que les élèves réclament très souvent le ministère du prêtre. Les Frères apporteront un soin particulier à faciliter la confession fréquente aux enfants qui ont fait leur première communion, ou à ceux qui se disposent à la faire prochainement. Pour les autres, on prierait messieurs les Curés de vouloir bien les entendre tous les trois mois. Dans les catéchismes, on reviendra souvent, non seulement sur les qualités de l'accusation et de la contrition, mais sur la manière de s'examiner avec ordre, de se présenter au saint tribunal et de s'y accuser.

Rien n'est efficace autant que la sainte communion, pour fortifier les enfants dans la lutte contre leurs passions naissantes, et pour les armer contre les séductions que déjà ils rencontrent. Il est donc à souhaiter que la confession et la communion bimensuelles, et même hebdomadaires, soient en honneur dans nos écoles paroissiales.

Dans quelques écoles, on dispose les élèves à la sainte communion, le matin du jour où ils doivent la faire, supposé toutefois qu'ils forment un groupe assez notable. Pour cela, ils se réunissent dans une classe, avant la messe; là, un Frère désigné par le frère Directeur leur adresse une allocution de circonstance, puis il les conduit à l'église et les accompagne à la sainte Table.

III. — ASSISTANCE AUX OFFICES PAROISSIAUX.

Si l'on ne peut faire entendre tous les jours la sainte messe aux élèves, on y suppléera par la récitation de trois dizaines du chapelet. On ne négligera rien pour obtenir que, dans les paroisses, on veuille bien fixer deux fois au moins par semaine la messe à une heure telle, que les élèves puissent s'y rendre.

A moins d'impossibilité absolue, les maîtres conduiront les enfants aux offices de la paroisse le dimanche et les fêtes d'obligation.

Remarques générales. — La vie chrétienne de nos élèves devant être soutenue par la vie paroissiale, surtout après leur sortie des classes, on s'efforcera de leur inspirer l'amour de la paroisse et des offices qui s'y font.

On cherchera d'abord à leur procurer, dans l'église, une place qui leur permette de suivre les cérémonies et de prendre part aux chants liturgiques. Quand l'enfant assiste à de longs offices paroissiaux dans un coin d'où il ne voit pas l'autel, est-il étonnant qu'il n'aime pas les cérémonies saintes? Il a entendu des sermons qui n'étaient pas faits pour son âge; peut-être lui a-t-on défendu de prendre part au chant et de mêler sa voix à celle des assistants : énervé par l'inertie à laquelle on le contraignait, il a enfreint la discipline et il en a porté la peine. Que lui reste-t-il de ces longues cérémonies auxquelles on n'a pu l'intéresser? Une impression pénible, qui peut-être contribuera à lui faire déserter la paroisse quand il quittera les classes. C'est ce qui arrive, du moins dans les pays où les familles sont peu chrétiennes.

Que devrait faire un maître, en présence d'une telle situation ? En référer à M. le Curé, et, s'il n'obtenait pas d'abord ce qu'il désire, réitérer respectueusement sa demande, puis redoubler de soins envers ses élèves, pour leur apprendre surtout à bien employer le temps passé à l'église, car c'est le moyen d'éloigner l'ennui.

Dans les villes où l'on a établi des offices particuliers pour les enfants, on se fera un devoir de préparer avec soin les chants, toujours simples, qui doivent y être exécutés. Ces offices, ordinairement très courts, conviennent à la nature de l'enfant. Il n'y est pas réduit à un rôle passif; il jouit des cérémonies qui se font à l'autel ; il écoute avec plaisir une instruction courte, familière et mise à sa portée ; il chante de toute son âme, et trouve ainsi un aliment à son besoin d'émotion et d'activité.

On sait combien les chants de l'Église plaisent à l'enfant. Les hymnes de l'Avent et du Carême, les mélodies si pieuses et si populaires de l'*Adeste fideles*, du *Stabat mater*, de l'*O Filii*, etc., marquent pour lui les saisons liturgiques ; elles font naître en son âme des impressions religieuses que les années n'effaceront pas. Il serait donc à désirer qu'on lui apprît ces chants, et qu'il fût admis à les exécuter à la paroisse. Ainsi, les offices ne lui paraîtraient pas, suivant le mot de Fénelon, « quelque chose de triste et de languissant » ; ils auraient au contraire un charme qui contribuerait à soutenir et à développer sa piété.

Prescriptions relatives au bon ordre. — Les prescriptions suivantes sont relatives à la conduite que doivent tenir les élèves avant, pendant et après les offices paroissiaux.

Avant les offices. — Les élèves se réuniront à l'école avant d'aller à l'église, où ils se rendront assez tôt pour qu'ils y aient pris place avant que la sainte messe ou les vêpres soient commencées.

Chacun des maîtres veillera beaucoup sur ses élèves en les conduisant à la paroisse ; il prendra garde toutefois de ne faire, dans les rues, aucun signe qui trahisse l'impatience ou le mécontentement.

Les élèves doivent entrer dans l'église en silence et avec une grande modestie. Un écolier des plus sérieux sera chargé de leur présenter de l'eau bénite. Il en sera de même quand ils sortiront.

Il est à propos qu'un maître marche en tête du rang, à l'entrée dans le lieu saint; son collègue de la classe suivante veille sur les enfants qui sont encore dehors. Le maître dont la classe vient la dernière désigne un élève pour exercer la surveillance.

A mesure qu'ils arrivent à leur place, les élèves se mettent à genoux et s'inclinent pour adorer le très saint Sacrement[1].

Pendant les offices. — Les élèves se tiendront à genoux, debout ou assis, suivant les prescriptions liturgiques et les usages locaux. Ceux qui ne savent pas encore lire diront le chapelet; les autres suivront dans leur livre de prières. Afin d'exciter les élèves à prier continuellement, les maîtres pourraient dire, de temps en temps et à voix basse, *Ave Maria* en regardant ceux qui récitent le chapelet; puis, en se tournant vers les autres, désigner le titre des prières que fait le prêtre. A la consécration, tous s'inclineront respectueusement pour adorer Notre-Seigneur.

Les Frères ne se serviront pas de livre à l'église, excepté les dimanches et fêtes, et encore ne perdront-ils pas de vue leurs élèves. Ils ne quitteront point leur place pour avertir ou menacer ceux qui seraient en défaut.

Les moyens spéciaux à employer, pour obtenir des enfants l'ordre et la piété dans l'église, sont :

1° de les placer de telle sorte qu'ils soient suffisamment écartés les uns des autres;

2° de se placer soi-même de manière à pouvoir facilement les surveiller;

3° de mettre auprès de soi ceux dont le caractère exige une plus exacte surveillance;

4° de tenir à ce qu'ils se servent de leur livre;

5° de les édifier par une grande ferveur et une exacte modestie, sans cependant manquer de vigilance;

6° de ne pas tolérer qu'ils apportent dans l'église des objets qui puissent les distraire.

---

[1] Le plus ordinairement, les enfants sont assis sur des bancs à l'église. Ces bancs sont rangés, avant et après les offices, par quelques élèves choisis parmi les plus sages.

Après les offices. — Si le grand nombre des fidèles rendait difficile la sortie, on ferait asseoir les écoliers après les offices, pendant que la foule s'écoulerait. Le moment du départ arrivé, tous, à un signe du maître, se mettront à genoux pour faire un acte d'adoration; puis ils se lèveront, feront respectueusement la génuflexion ou une inclination, suivant l'usage ou la circonstance, et ils sortiront en rang.

On ne permettra pas que les élèves secouent dans l'église la poussière de leurs vêtements, ni qu'ils laissent à terre quoi que ce soit. Un des maîtres se tiendra à la porte de l'église, pour les empêcher de s'amuser ou de faire du bruit en sortant.

Lorsque les écoliers retourneront directement à la maison, on les renverra, autant que possible, par rangs de quartiers, ainsi qu'on le fait à la sortie des classes.

IV. — PREMIÈRE COMMUNION.

Les Frères estimeront comme une très noble fonction celle de préparer les enfants à la première communion. Dans ce but, ils apporteront un grand zèle à l'instruction religieuse des premiers communiants, et ils recourront à la prière, au sacrifice et à une surveillance dévouée, pour les conserver dans l'innocence. Ils seront d'ailleurs bien récompensés de leurs peines, car, après une préparation sérieuse et de longue durée, la première communion est généralement fervente ; elle produit des fruits consolants et durables. C'est parmi les enfants qui ont eu l'inappréciable bonheur de faire une telle première communion, qu'on trouve les meilleurs congréganistes, les membres les plus fidèles et les plus édifiants des œuvres de persévérance; c'est dans leurs rangs que Dieu marque, pour le sacerdoce ou la vie religieuse, les âmes d'élite qu'il destine à l'apostolat; c'est par eux également qu'on pourrait renouveler peu à peu l'esprit d'une maison, où la piété serait devenue languissante [1].

---

[1] « Béni soit Dieu, qui, au milieu du naufrage des mœurs chrétiennes, a du moins sauvé pour les enfants, cet admirable jour de la première communion, lequel, grâce aux années de catéchisme qui le précèdent et à celles qui le suivent, peut réparer tous les malheurs de la première enfance et préparer tous les fruits les plus purs de la vertu pour la vie entière. ... Qui ne

Préparation éloignée. — La préparation de l'enfant à la première communion doit commencer dès son entrée à l'école. Alors même qu'il n'est âgé que de six à huit ans, il faut l'intéresser à ce grand acte, lui en parler, pour lui en faire concevoir une haute idée qui peu à peu le pénètre jusqu'au fond de l'âme. On l'invitera à prier pour les premiers communiants de l'année ; de temps en temps on lui racontera une histoire édifiante, ayant trait à la première communion. Dans un langage bien à sa portée, on l'entretiendra du saint Tabernacle, de l'amour de Notre-Seigneur qui y réside et qui viendra un jour habiter en lui. Aux fêtes de Noël, en lui montrant Jésus dans la crèche, on transportera sa pensée jusqu'à l'heure solennelle où ce divin Enfant reposera dans son cœur. Les autres fêtes de l'année fourniront également d'heureuses et naturelles allusions au grand jour.

Avec les élèves de huit à dix ans, on revient plus souvent sur l'important sujet de la première communion, dans les catéchismes et les réflexions, et toujours sous des formes variées qui préviennent la satiété.

Mais pour faire ce qu'on a appelé l'*éducation eucharistique* des enfants, il serait insuffisant de se borner à les entretenir même fréquemment de l'Eucharistie, du sacrifice de la messe et de la communion ; le maître attirera leur attention sur la présence réelle de Notre-Seigneur au Tabernacle, et sur le respect profond qu'elle doit leur inspirer pour le lieu saint. Il faut les engager à faire chaque jour une visite au très saint Sacrement, et leur enseigner la manière de faire l'acte d'adoration en entrant à l'église. Ils doivent savoir aussi ce en quoi consiste la communion spirituelle, qu'ils peuvent renouveler souvent et avec un si grand profit. Enfin, le maître s'observera lui-même, afin que ses exemples viennent donner plus d'efficacité à sa parole : un signe de croix, une génuflexion, un regard vers l'autel, font parfois plus d'impression sur l'enfant, toujours observateur, qu'une instruction bien préparée.

---

sait avec quelle peine on ramène à Dieu ces hommes qui n'ont pas fait ou qui ont mal fait leur première communion ? Le plus souvent, c'est impossible. Même à l'heure de la mort, tous les efforts du zèle le plus dévoué viennent souvent échouer contre un aveuglement et un endurcissement incurables. » — DUPANLOUP, *L'Œuvre par excellence, ou Entretiens sur le catéchisme.*

Préparation prochaine et préparation immédiate. — L'année qui précède la première communion est la période la plus importante de la préparation à ce grand acte. Voici quelques moyens qui pourront aider les maitres dans leur mission :

Dès la rentrée des classes, le frère Directeur organise le catéchisme spécial qui groupe, une fois au moins par semaine, tous les premiers communiants. Ce catéchisme est confié au Frère chargé des retraites de première communion.

Les enfants entrevoient alors comme très proche le bonheur qu'on leur fait désirer depuis si longtemps; ils sont remplis d'ardeur et animés d'une grande bonne volonté. Les maitres ne manqueront pas de tirer parti de ces heureuses dispositions; pour cela, il leur faut :

1° Prier et faire souvent prier en classe pour les premiers communiants.

2° Exhorter fréquemment les premiers communiants à combattre leurs défauts, à éviter le péché, à mener une conduite exemplaire en classe et dans la famille.

3° Leur conseiller d'assister à la sainte messe quelques fois pendant la semaine, et même tous les jours s'ils le peuvent.

4° Profiter adroitement de toutes les occasions pour les porter à la piété. Ainsi, pendant les mois de la Sainte-Enfance, de saint Joseph, de Marie, du Sacré-Cœur et du Rosaire, on les excitera à demander la grâce d'une première communion fervente et à faire quelques sacrifices pour l'obtenir.

5° Redoubler de zèle pour leur faire comprendre et étudier le catéchisme.

Le catéchiste reviendra souvent sur les sacrements de Pénitence et d'Eucharistie. Il insistera spécialement sur la sincérité en confession, sur la nécessité de la contrition, sur les dispositions de l'âme et du corps pour la communion.

Deux ou trois fois dans l'année, le frère Directeur fera subir aux élèves, sous forme de concours, un examen préparatoire, analogue à ceux qu'organisent ordinairement messieurs les Curés pour l'admission à la première communion, et il ne manquera pas de récompenser les plus méritants [1].

---

[1] Ces récompenses pourraient être données quelques jours après l'examen,

6° A mesure qu'approche la retraite préparatoire à la première communion, le maître se montrera plus pressant dans les exhortations, pour donner aux enfants une grande idée de ces trois jours de recueillement et pour les bien disposer à la confession générale.

7° Pendant la retraite, il secondera de son mieux l'action du prêtre. Il exercera une active et douce vigilance, afin de maintenir partout le bon ordre et la discipline. Entre les exercices qui se font à l'église, il occupera les retraitants à des lectures pieuses, au chant des cantiques, et surtout à la prière. Il les interrogera sur les pensées les plus frappantes des instructions, et il leur donnera les avis que lui suggéreront les circonstances [1].

Après la première communion. — Pour l'enfant, la première communion marque, non le commencement, mais une nouvelle phase de la vie chrétienne. Loin de le délaisser après ce grand acte, comme si l'œuvre de l'éducation chrétienne était déjà complète en lui, le maître cherchera, au contraire, à édifier sur les fondements qui viennent d'être posés au prix de longs efforts. La bonne volonté de l'enfant s'est fortifiée, mais ses tendances mauvaises demeurent; il ne faut donc ni s'étonner de ses fautes, même réitérées, ni en concevoir de l'amertume ou de l'irritation.

Les réunions hebdomadaires se continueront, du moins

---

dans une réunion présidée par le frère Directeur. Les Frères y assisteraient, afin de marquer leur sollicitude pour les premiers communiants.

Le programme de cette réunion devrait être des plus simples. On entendrait la sainte messe, si c'était possible, après quoi la séance serait ouverte par un cantique de circonstance. L'un des lauréats du concours pourrait déclamer une poésie dont le sujet se rapporterait à l'Eucharistie. Ensuite viendrait l'épreuve publique de récitation que se feraient subir mutuellement les trois ou quatre élèves, premiers à l'examen.

Les maîtres présents formeraient comme un jury dont le vote secret déterminerait la place des concourants. On pourrait admettre au vote quatre ou cinq élèves ; on éloignerait ainsi tout soupçon de partialité, ce qui est très important (Dans quelques écoles, les membres du conseil de la Congrégation figurent parmi les examinateurs).

Après avoir adressé quelques mots d'encouragement aux élèves, le frère Directeur remettrait au vainqueur le prix spécial qui aurait été exposé dès le commencement de la séance, et qui constituerait l'enjeu de la lutte; puis on distribuerait les récompenses de l'examen. La séance se terminerait par la prière et par un cantique pieusement chanté.

[1] Pour ce qui concerne la retraite de première communion, consulter l'ouvrage de Mgr Dupanloup : *L'Œuvre par excellence.*

jusqu'à la fin de l'année scolaire. On y rappellera aux écoliers les recommandations qui leur ont été faites pendant la retraite, et les résolutions qu'ils y ont prises. On leur fera estimer le trésor de l'innocence, et craindre le péché qui pourrait le leur ravir. Il sera très utile aussi de leur proposer un règlement de vie, et de les exciter à de nouveaux efforts sur eux-mêmes pour se préparer à une autre communion. Quand la première a été bien faite, la deuxième est ardemment désirée.

A cette occasion, il est à propos : 1° de réitérer les conseils sur la préparation à la sainte communion, et sur l'action de grâces qui la doit suivre ; 2° de traiter à nouveau la question du jeûne eucharistique ; 3° de passer en revue les différents cas qui peuvent embarrasser les enfants lorsqu'ils n'ont pas encore l'habitude de communier.

Si M. le Curé jugeait bon de leur remettre le scapulaire et de leur accorder une communion pour la circonstance, on les préparerait à cette nouvelle cérémonie par quelques réunions où il serait traité, non seulement de l'Eucharistie, mais encore de la dévotion à la très sainte Vierge, et notamment du scapulaire et de ses privilèges. Ce serait aussi l'occasion d'exciter les élèves à mériter d'être admis dans la congrégation. Au cas où il n'en existerait pas encore à l'école, on leur en ferait entrevoir la prochaine création.

V. — CONGRÉGATIONS.

De tous les moyens capables de développer la piété parmi les enfants, d'affermir en eux l'esprit chrétien, de les former à la lutte pour la vertu et de préparer ainsi leur persévérance, il en est peu qui soient aussi efficaces que les congrégations[1]. Mais pour qu'une congrégation produise ces bons effets, son organisation et son fonctionnement doivent réunir certaines conditions essentielles qui vont être exposées brièvement.

---

[1] « Quand un séculier me demande ce qu'il doit faire pour se sauver, je ne sais lui rien conseiller de plus utile et plus sûr que d'aller à la congrégation. La congrégation est un moyen qui renferme les moyens les plus efficaces pour s'assurer le salut éternel. Un congréganiste peut bien appliquer à sa congrégation ces paroles du livre de la Sagesse : « Tous les biens me sont venus avec elle ». St Alphonse DE LIGUORI.

Direction de la congrégation. — Le directeur spirituel de la congrégation est un prêtre désigné par M. le Curé de la paroisse. Il préside les réunions mensuelles, et reçoit, avec le cérémonial d'usage, les nouveaux congréganistes dont la demande d'admission a été favorablement accueillie par le conseil. Faute de temps, il arrive parfois que le prêtre-directeur borne là son action.

Cependant la congrégation ne sera prospère et fervente que si l'on y entretient la vie par les fêtes religieuses, des réunions fréquentes, la tenue régulière des conseils. D'autre part, les élèves ont besoin d'un excitateur, d'un guide qui les suive dans les détails de leur conduite extérieure, et qui leur fasse part de ses remarques à chaque réunion hebdomadaire. Aussi la congrégation aura-t-elle un second directeur, dont le dévouement doit assurer le succès de l'œuvre. Il est à désirer que cette fonction soit remplie par le frère Directeur lui-même. S'il ne pouvait s'en charger, il se ferait du moins un devoir d'assister à certaines réunions importantes, afin de témoigner aux maîtres et aux élèves qu'il tient en haute estime la pieuse association.

Le Frère chargé de la congrégation en sera donc le directeur ordinaire. En cette qualité, il présidera les conseils et les réunions hebdomadaires. C'est à lui de stimuler les tièdes, d'encourager les fervents, de guider les membres du conseil dans l'accomplissement des devoirs de leur charge, et de les diriger dans l'exercice de l'apostolat. Il se souviendra que ses efforts et ses industries tirent leur puissance de l'esprit surnaturel qui doit les animer, c'est-à-dire de l'abnégation, de l'humilité et du recours incessant à la prière. Ces vertus le préserveront du découragement, en face des obstacles et des critiques inévitables ; elles le porteront même à se réjouir dans l'épreuve, cachet spécial dont la Providence marque les œuvres fécondes.

Le directeur de la congrégation se tiendra en garde contre le désir impatient de la voir se développer très vite, et contre un secret dépit de constater qu'elle ne s'organise que péniblement. « La plupart des œuvres destinées à produire un bien réel ont des commencements imparfaits en apparence, parfois extrêmement incomplets. Ce n'est que peu à peu, et sous l'influence de la grâce divine, que l'édifice s'élève et qu'on y peut ajouter les parties qui l'achèvent et le couronnent. Que la vue des premières difficultés n'abatte donc pas le courage ; que l'absence ou l'insuffisance de quelques-uns des moyens n'arrête pas l'élan du zèle. Du reste, l'amour des âmes supplée à la plupart des industries, mais rien ne saurait le remplacer [1]. »

Collaboration des maîtres. — Faire estimer la congrégation et lui préparer de bons sujets, tel est le rôle des maîtres charges des classes où se recrutent les congréganistes. C'est une œuvre commune dont ils ne sauraient se désintéresser. Loin donc de céder aux revendications de l'égoïsme, aux froissements de l'amour-propre, ils se feront les collaborateurs zélés du confrère chargé plus spécialement de l'association. Ils parleront toujours de la congrégation en termes élogieux ; ils engageront leurs élèves à se conduire de telle sorte qu'on puisse bientôt les y admettre. Les Frères ne manifesteront jamais aucune peine pour les dérangements que pourraient occasionner les réunions. Autant que possible, ils assisteront à la cérémonie de réception des enfants de leur classe. Quand ils réprimanderont un élève en public, ils se garderont bien de faire allusion à sa qualité de congréganiste, ou pour l'humilier davantage, ou simplement pour donner plus de poids à la réprimande : ce serait desservir indirectement la congrégation.

Choix des congréganistes. — Il est essentiel de tenir beaucoup moins au *nombre* des congréganistes qu'à leur valeur. Ils ne seront pas très nombreux au début : cinq ou six peut-être, choisis parmi les élèves que leur travail et leur piété désignent à l'estime particulière de leurs condisciples.

Le savoir, le succès dans les études, ne sont pas, par eux-mêmes, des titres à l'entrée dans la congrégation ; mais s'ils accompagnent une vertu sérieuse, une conduite en tous points exemplaire, ils font estimer davantage l'association, de sorte que les élèves considèrent comme un honneur d'y être admis. D'ailleurs, les résultats de la congrégation

---

[1] *Notes relatives à l'établissement et au fonctionnement des Congrégations de la très sainte Vierge dans les Écoles chrétiennes.*— Paris, Procure générale.

seraient en partie compromis si elle n'était composée que de médiocrités sans influence.

Il importe de se montrer exigeant pour les admissions, afin de n'être pas obligé, plus tard, d'éliminer des sujets qui ne conviendraient pas. Ces expulsions, parfois nécessaires, sont presque toujours d'un effet moral regrettable sur ceux qui en sont l'objet. Il faut qu'elles soient très rares, et que les élèves les regardent comme la punition la plus grave qui puisse être infligée dans l'école.

C'est peu à peu, et presque par unités, qu'il convient d'admettre de nouveaux congréganistes. D'autre part, il ne faut pas prolonger outre mesure les délais : on s'exposerait ainsi à décourager les aspirants.

Associations différentes dans une même école. — Dans certains établissements où la population scolaire est nombreuse, plusieurs congrégations ou associations distinctes fonctionnent simultanément.

Parfois aussi, il n'y existe que la congrégation de la très sainte Vierge, avec des sections spéciales ayant chacune un vocable particulier. Un enfant peut entrer ainsi dans l'association dès l'âge de huit ans, par exemple, et en parcourir successivement tous les degrés; mais à mesure qu'il avance, on exige de lui plus de ferveur et de générosité.

Cette organisation convient aux établissements qui ont un personnel de maîtres assez nombreux pour s'occuper des différentes sections, et une chapelle assez vaste pour les réunir toutes ensemble à certains jours [1].

---

[1] *Sections différentes de la Congrégation de la très sainte Vierge dans une même école.*— Le fonctionnement de la congrégation varie suivant les milieux scolaires. Voici comment on procède dans certaines écoles, pour la rendre accessible à un plus grand nombre d'élèves, et pour leur donner les soins que réclament leur âge et leur degré d'instruction.

Il n'y a dans l'école qu'une seule congrégation canoniquement érigée, celle de la très sainte Vierge; mais elle admet diverses sections ou associations :

1° L'association des saints Anges, pour les enfants de huit à dix ans. Ils forment le premier degré de la congrégation de la très sainte Vierge, à laquelle ils appartiennent à titre d'*aspirants*.

2° L'association de saint Louis de Gonzague, qui reçoit les enfants pendant l'année préparatoire à la première communion et dans les deux ou trois années qui suivent. Ce second degré admet comme *approbanistes* les élèves qui n'ont pas fait leur première communion, et les autres comme *congréganistes*.

3° La troisième section de la congrégation groupe, sous le vocable du

Voici ce qui pourrait être établi dans les écoles de quatre ou cinq classes :

1° *Pour les plus jeunes élèves* : une association sous le vocable de l'Enfant-Jésus ou des saints Anges, ou encore de saint Joseph.

2° *Pour les enfants qui ont fait leur première communion* : la congrégation de la très sainte Vierge, affiliée à la *Prima primaria*, de Rome.

3° *Pour ceux qui ont quitté les classes* : une section spéciale de la congrégation, sous le vocable du Sacré-Cœur, par exemple, avec réunions le dimanche à l'école.

Les écoles de deux ou trois classes peuvent se borner à la congrégation de la très sainte Vierge ; on y admettrait alors les enfants une année avant la première communion. Rien n'empêcherait cependant, là où on le croirait possible, d'établir la section du Sacré-Cœur pour les anciens élèves.

Organisation de la congrégation de la très sainte Vierge. — Voici, sommairement résumées, quelques indications relatives à l'établissement de cette congrégation dans nos écoles.

1° Dans plusieurs instructions successives, rappeler aux élèves les avantages de la dévotion à la très sainte Vierge et les pratiques de piété qui s'y rattachent. A cette occasion, faire entrevoir la prochaine création, à l'école, d'une congrégation sous le vocable de la Reine du ciel ; expliquer en quoi elle consiste, et faire ressortir le profit spirituel qu'en tireront les membres.

2° Après s'être assuré du concours de M. le Curé ou d'un prêtre désigné par lui, faire nommer au bulletin secret, par tous les élèves, les *aspirants* qui, plus tard, devront former

---

Sacré-Cœur, les congréganistes qui ont atteint leur quatorzième année, soit qu'ils fréquentent encore l'école, soit qu'ils l'aient quittée. Ces jeunes gens deviennent l'élite de l'œuvre de persévérance, dans laquelle ils peuvent exercer un fécond apostolat.

Chacune des trois sections a ses réunions et ses fêtes propres, indépendamment de certaines réunions générales et de la fête patronale de la congrégation, qui est une des fêtes de la très sainte Vierge, de préférence son Immaculée Conception.

les premiers membres et comme le noyau de la congrégation [1].

3° Avec les aspirants ainsi élus, commencer les réunions ordinaires de la congrégation et s'efforcer d'inspirer à ces futurs congréganistes l'amour de la prière, la dévotion envers Marie et l'horreur du péché.

4° A l'occasion d'une fête de la très sainte Vierge, les recevoir, avec le cérémonial convenable, à titre d'*approbanistes*, et les exhorter à faire de nouveaux efforts afin de se rendre dignes de la qualité de congréganistes.

5° Quand leur formation sera jugée suffisante, ils seront reçus solennellement à titre de *congréganistes*.

Enfin on constituera le *conseil*.

Dès lors, la congrégation se trouve définitivement établie. A partir de ce moment, tout nouveau candidat *doit faire une demande par écrit*, pour entrer à la congrégation [2]. Le conseil examine la demande ; s'il l'accueille, l'aspirant est reçu approbaniste et participe aux réunions ordinaires. Après les délais fixés par les règles de la congrégation, il pourra soumettre au conseil une nouvelle demande à l'effet d'être reçu congréganiste.

On ne peut entrer ici dans le détail de tout ce qui concerne les fêtes, le cérémonial des réceptions, le diplôme, les insignes, le fonctionnement du conseil et les attributions des dignitaires. On consultera les manuels spéciaux, très explicites sur chacun de ces points, et on leur empruntera ce qu'il est possible d'adapter au milieu où l'on exerce [3].

---

[1] Il est important de ne prévenir les élèves qu'au moment du vote, et d'exiger qu'il n'y ait entre eux aucune communication, tant que les bulletins n'auront pas été remplis et remis entre les mains du maître. Il est nécessaire également d'indiquer, avant le vote, les qualités que doivent réunir les aspirants à la congrégation, pour mériter le suffrage de leurs condisciples

[2] Dans plusieurs écoles, on a établi que le candidat doit faire viser sa demande par le maître de sa classe.

[3] Ouvrages relatifs aux congrégations à établir dans les écoles :
1° *Notes relatives à l'établissement et au fonctionnement des Congrégations de la très sainte Vierge dans les écoles*. PROCURE GÉNÉRALE ;
2° *Direction des Congrégations dans les Collèges*, par le R. P. FRANCHET ;
3° *Livret des Congrégations*, par le R. P. Victor VIEILLE ;
4° *Nouveau Manuel des Congrégations*, par le R. P. ANGLADE.

IIe PARTIE

L'ORGANISATION PÉDAGOGIQUE

ET LES PRINCIPES GÉNÉRAUX

D'ENSEIGNEMENT

L'organisation pédagogique est l'ensemble des mesures à prendre : 1° pour répartir les élèves d'une école en cours et en classes, selon leurs connaissances acquises et leurs aptitudes; 2° pour donner à chaque cours ou à chaque classe le programme qui lui convient, et pour en faire la répartition mensuelle; 3° pour fixer l'emploi journalier du temps; 4° pour tenir les registres et cahiers reconnus utiles au bon fonctionnement des classes[1].

Les principes généraux de l'organisation pédagogique et de l'enseignement ont besoin d'être adaptés aux différents milieux où ils sont appliqués. Cette organisation est rationnelle si, tenant compte des difficultés spéciales à une école, elle y facilite autant que possible la tâche des maîtres et celle des élèves. Elle doit guider les uns dans l'emploi des méthodes et des procédés reconnus les meilleurs; elle place les autres dans la situation la plus favorable à leur développement intellectuel et moral.

---

[1] Pour compléter les indications très sommaires de ces chapitres, recourir aux *Éléments de pédagogie pratique*, IIe Partie : *Enseignement en général*.

CHAPITRE I

COURS ET PROGRAMMES

I. **Classes et degrés d'enseignement** : Nombre de classes dans une école. Les degrés d'enseignement, ou cours : préparatoire, élémentaire, moyen et supérieur. Comment ces cours sont organisés dans les écoles de deux à six classes. Les petites classes. — II. **Programmes** : Spécialités du programme primaire élémentaire. Adaptation d'un programme unique aux deux cours d'une même classe.

I. — CLASSES ET DEGRÉS D'ENSEIGNEMENT.

Nombre des classes dans une école. — Toute école tenue par les Frères est divisée au moins en deux classes. La plupart en comptent trois ou quatre ; quelques-unes en ont cinq, six et même plus.

Le nombre des classes dépend de la population scolaire. Ce qui importe, c'est que les enfants soient groupés selon leurs aptitudes et leurs connaissances acquises, et qu'ils reçoivent des leçons appropriées à leurs moyens intellectuels.

Degrés d'enseignement ou cours. — Quel que soit le nombre des classes d'une école, les élèves sont répartis en trois cours ou degrés d'enseignement :

Le **cours élémentaire**, pour les enfants de sept à neuf ans ;
Le **cours moyen**, pour les enfants de neuf à onze ans ;
Le **cours supérieur**, pour les enfants de onze à treize ans.

Les jeunes enfants de six à sept ans forment un cours d'initiation, appelé ordinairement *cours préparatoire*, et les élèves qui veulent continuer leurs études au delà du cours supérieur suivent, en des classes spéciales, des cours dits *complémentaires*.

Dans une école, le nombre des classes n'est pas toujours en rapport avec celui des degrés de l'enseignement. Il peut se faire qu'une même classe comprenne deux cours différents, comme aussi qu'un même cours soit suivi dans deux classes distinctes. Voici, à titre d'indication générale, comment pourrait se faire la répartition dans une école primaire élémentaire :

Écoles de deux classes :	1re classe : Cours supérieur et moyen. 2e classe : Cours élémentaire et préparatoire.
Écoles de trois classes :	1re classe : Cours supérieur et moyen. 2e classe : Cours élémentre (2e année). 3e classe : 1re année du Cours élémentaire et cours préparatoire.
Écoles de quatre classes :	1re classe : Cours supérieur. 2e classe : Cours moyen. 3e classe : Cours élémentaire. 4e classe : Cours préparatoire.
Écoles de cinq classes :	1re classe : Cours supérieur. 2e classe : } Cours moyen. 3e classe : } 4e classe : Cours élémentaire. 5e classe : Cours préparatoire.
Écoles de six classes :	1re classe : Cours supérieur. 2e classe : } Cours moyen. 3e classe : } 4e classe : } Cours élémentaire. 5e classe : } 6e classe : Cours préparatoire.

En réalité, ce n'est pas l'âge de l'enfant qui détermine son classement dans tel ou tel cours, mais bien son degré d'instruction.

Dans les écoles de trois ou quatre classes, les élèves intelligents franchissent plus rapidement les degrés qui conduisent au cours supérieur. Les écoles de cinq et six classes sont préférables pour la bonne organisation de l'enseignement, puisque ce nombre correspond à peu près à la durée de la scolarité. Si l'école compte six classes et au-dessus, on peut former des classes parallèles ayant un programme identique, en sorte que les enfants bien doués ne s'attardent pas dans les classes intermédiaires.

Petites classes. — Les petites classes (cours préparatoire) seront l'objet d'une sollicitude particulière de la part du frère Directeur, car du recrutement des petites classes dépend la prospérité d'une école. Il est même à désirer qu'on n'en confie la direction qu'à des professeurs expérimentés. Du moins, le frère Directeur s'occupera-t-il avec grand soin de la formation pédagogique des jeunes maîtres, et suppléera-t-il, par ses conseils et même par son action personnelle, à l'inexpérience des débutants. Il visitera très fréquemment les dernières classes, dont il suivra jour par jour le travail. Le premier livre de lecture, la première page d'écriture, la récitation de la première poésie, sont autant d'événements pour la famille : si les progrès sont sensibles, rapides même ; si, de plus, grâce aux bons procédés du maître, le jeune élève se plaît en classe, l'école est de suite très estimée, et volontiers on y envoie les enfants. Dans le cas contraire, les parents se plaignent et les enfants quittent la classe ; son contingent est sans doute en partie renouvelé, mais sa faiblesse intellectuelle et numérique est très préjudiciable à toute l'école.

Le frère Directeur veillera à ce que, dans les petites classes, les enfants ne soient pas retenus trop longtemps aux mêmes exercices. La variété des leçons, le recours aux procédés intuitifs, l'emploi de la méthode inventive ou interrogative, captivent sans cesse l'attention du jeune auditoire, excitent son activité intellectuelle, et donnent à l'enseignement l'intérêt et la vie.

D'autre part, l'activité physique est un besoin impérieux de la nature chez les petits enfants. On leur ménagera donc, même pendant les classes, l'occasion de changer de place, de chanter, et de se rendre à la cour de récréation pour y exécuter quelques mouvements d'ensemble.

II. — PROGRAMMES.

Spécialités du programme. — Le programme de l'enseignement primaire élémentaire a pour caractère essentiel d'être pratique. Il comprend : l'enseignement religieux et moral; la lecture et l'écriture ; la langue maternelle (grammaire et analyse, orthographe et rédaction) ; l'arithmétique ; le système métrique et ses applications à la géométrie pratique; l'histoire et l'enseignement civique ; la géographie; les leçons de choses et les premières notions des sciences; des notions d'agriculture ; les éléments du dessin et du chant; les exercices de gymnastique.

Répartition des programmes. — Vers la fin des vacances, le frère Directeur arrête le programme particulier de chaque classe, puis il en fait la *répartition mensuelle* pour toute l'année scolaire.

Cette répartition doit : 1° préciser avec netteté ce qu'il faut faire étudier dans chaque spécialité ; 2° ne pas trop charger les deux premiers mois de l'année, et donner une tâche plus forte pour les mois de décembre à mai, où le travail est plus facile ; 3° prévoir les récapitulations et les revisions, toujours utiles pour fixer dans l'esprit des élèves les notions essentielles, et parfois indispensables pour continuer avec profit la suite d'un cours.

Au commencement du mois, les maîtres déterminent, d'après leur programme, ce qu'ils ont à enseigner par semaine, et même par jour. Mais cette réglementation n'est pas tellement stricte, que les maîtres ne puissent s'arrêter plus longtemps sur telles ou telles questions qui le réclament, étant donnée la moyenne intellectuelle de leur classe.

Adaptation d'un programme unique aux deux cours d'une même classe. — Il n'y a ordinairement qu'un programme, dans une classe qui renferme deux cours différents. Pour l'adapter à tous les élèves indistinctement, on emploie autant que possible la leçon collective. D'ailleurs, la plupart des spécialités s'y prêtent très bien. Le fond de la leçon est un enseignement accessible aux deux cours ; on y ajoute quelques remarques, quelques détails, quelques faits, qui puissent instruire les élèves les plus avancés ; les plus intelligents du cours inférieur en profitent également.

Néanmoins pour quelques spécialités, l'arithmétique par exemple, le maître fera marcher séparément les deux cours : il donnera donc la leçon aux uns, pendant que les autres seront occupés à un devoir écrit.

Toutes les classes, mais surtout celles qui renferment

plusieurs cours, réclament une préparation sérieuse des leçons. Pour éviter l'indécision chez le maître et le désœuvrement de la part des élèves, cette préparation doit tout prévoir : matières à enseigner, leçons à étudier, devoirs écrits à faire, soit en classe, soit à la maison, mode de correction, etc. Il est bon de tout consigner, sous forme de répertoire, dans un carnet spécial ou *journal de classe.*

CHAPITRE II

RÈGLEMENT JOURNALIER[1]

Principes généraux pour l'établissement d'un horaire. — Horaire du matin et du soir pour les grand'classes, les classes intermédiaires et les petites classes.

L'horaire présenté ici ne figure qu'à titre d'indications générales ; c'est au frère Directeur à déterminer celui qui convient à l'école. Pour en fixer les détails, il aura égard aux principes suivants :

1° Donner à chaque spécialité un temps en rapport avec son importance éducative, ses difficultés et son utilité locale.

2° Mesurer la durée des exercices d'après l'âge des élèves et leur puissance d'attention : plus ils sont jeunes, plus souvent il faut varier l'objet de leur étude.

3° Disposer la succession des exercices de manière qu'une même faculté n'en soit pas surmenée, pendant que les autres demeurent dans une inaction relative.

Dans le règlement ci-après ne figurent ni l'appel, ni les courtes récréations du matin et du soir. L'appel serait bien placé vers le milieu de chaque classe, au retour de la récréation. Les repos d'un quart d'heure se feront au moment le plus convenable, vers le milieu de la matinée et de l'après-midi.

---

[1] Le règlement journalier est aussi nommé *horaire*, ou *emploi du temps*.

I. — GRAND'CLASSES.

Matin.

A leur arrivée, les élèves étudient en silence les leçons données la veille.

8 heures. — Assistance à la messe ou récitation de trois dizaines du chapelet ; prière du matin, réflexion et visite de propreté ; interrogation sur les leçons et correction des devoirs de la veille[1].

9 h. 1/4. — Leçon de langue maternelle[2], puis explication des devoirs pour le lendemain[3].

10 h. 1/4. — Histoire ou géographie.

11 heures. — Récitation d'une dizaine du chapelet, *Pater* et *Ave* pour les parents et bienfaiteurs vivants, *Angelus* et sortie[4].

Soir.

1 h. 1/2. — Prière, lecture expliquée ou leçon de choses.

2 heures. — Arithmétique.

3 heures. — Notions élémentaires de géométrie pratique ou dessin.

3 h. 1/2. — Écriture (trois fois par semaine) ou notions de sciences.

4 heures. — Explication du catéchisme.

4 h. 1/2. — Prière du soir et sortie.

Remarques. — 1° Le mercredi, de 1 h 1/2 à 2 h. 1/2, chant et gymnastique ; de 2 h. 1/2 à 3 h. 1/2, dessin ou agriculture ; de 3 h. 1/2 à 4 h. 1/2, catéchisme.

---

[1] En plusieurs écoles, on renvoie la *correction* des devoirs donnés le jour précédent, au premier quart d'heure de la leçon à laquelle ils se rapportent. La leçon de langue maternelle, d'arithmétique, etc., se trouve prolongée d'autant.

[2] Dans cette leçon de langue maternelle se placent, une fois par semaine, l'exercice de rédaction et le compte rendu de la rédaction précédente.

[3] Un certain nombre de maîtres préfèrent reporter l'explication des devoirs donnés pour le lendemain, au dernier quart d'heure de classe avant le catéchisme ; les élèves ont plus présents à l'esprit, en rentrant à la maison, les conseils sur la manière de faire leur travail.

[4] Dans les communautés où la préparation du catéchisme se fait le matin, il n'y a aucun inconvénient à sortir de classe à onze heures dix minutes ; ailleurs, il convient de faire réciter les prières à dix heures cinquante.

2° Dans les écoles de quatre classes et au-dessus, les élèves des secondes pourront suivre ce règlement si le frère Directeur les en juge capables.

II. — CLASSES INTERMÉDIAIRES.

Matin.

Avant la classe, étude des leçons données la veille.

8 heures. — Messe ou chapelet, prière du matin, réflexion et visite de propreté, interrogation sur les leçons et correction des devoirs.

9 h. 1/4. — Lecture.

10 heures. — Leçon de langue maternelle.

11 heures. — Récitation d'une dizaine du chapelet, *Pater* et *Ave*, *Angelus* et sortie.

Soir.

1 h. 1/2. — Prière, lecture expliquée ou leçons de choses.

2 heures. — Arithmétique.

3 heures. — Histoire ou géographie.

3 h. 1/2. — Écriture.

4 heures. — Catéchisme.

4 h. 1/2. — Prière du soir et sortie.

Remarque. — Dans les écoles de deux classes, la dernière pourra suivre ce règlement ; le frère Directeur sera juge des modifications de détail que pourraient exiger les circonstances.

Mercredi soir : s'inspirer du règlement des premières classes, pour le chant, la gymnastique et le dessin.

III. — PETITES CLASSES.

Matin.

8 heures. — Messe ou chapelet, prière du matin et réflexion ; récitation des leçons et lecture.

9 h. 1/4. — Exercices de calcul.

9 h. 3/4. — Visite de propreté et récréation [1].

---

[1] Pendant les récréations, on fait faire aux enfants de la petite classe des mouvements généraux qui leur tiennent lieu de leçon de gymnastique.

10 heures. — Écriture.
10 h. 1/2. — Deuxième exercice de lecture.
11 heures. — Récitation d'une dizaine du chapelet, *Notre Père, Je vous salue Marie*, et sortie.

Soir.

1 h. 1/2. — Récitation des prières et du catéchisme; le mercredi, chant.
2 heures. — Lecture et exercices d'élocution.
2 h. 3/4. — Récréation.
3 heures. — Exercices de mémoire : poésies, conjugaison des verbes, table de multiplication, etc.
3 h. 1/2. — Écriture, ou dessin.
4 heures. — Catéchisme.
4 h. 1/2. — Prière du soir et sortie.

Remarque. — Dans les petites classes, pendant la première demi-heure du catéchisme des veilles de congé, les prières seront récitées en forme d'examen; pendant la seconde demi-heure, on peut récapituler les leçons de catéchisme de la semaine.

CHAPITRE III

REGISTRES ET CAHIERS SCOLAIRES

I. **Registres à l'usage des maîtres :** Registre matricule. Registre d'appel. Tableau des compositions. Journal de classe et cahiers de préparation de classe. Catalogue et mémorial. — II. **Cahiers des élèves :** Nombre des cahiers. Cahier de roulement.

I. — REGISTRES A L'USAGE DU MAITRE.

Registre matricule. — C'est par le Frère chargé de l'admission des élèves qu'est tenu ce registre. Chaque enfant y est inscrit avec ses nom et prénoms; le nom, la profession et le domicile des parents ou tuteurs; la date de sa naissance et celle de son entrée à l'école.

On y inscrit aussi la date et le motif de sa sortie de l'école, ainsi qu'une appréciation très sommaire, modérée et prudente, de sa conduite et de son travail pendant qu'il a fréquenté les classes.

Registre d'appel. — On se sert du registre d'appel pour marquer les absences. Les enfants y sont inscrits par ordre alphabétique; les absences sont indiquées par un trait vertical pour le matin, un trait horizontal pour le soir, et par une croix pour la journée entière. Un signe particulier indique les absences non justifiées. Les motifs invoqués par les parents sont consignés dans une colonne spéciale; ils sont le relevé du billet d'absence, qui sera conservé pendant un mois.

Dans les classes bien disciplinées, un coup d'œil sur les places laissées vides suffit pour constater les absences, et ainsi l'on est dispensé de faire l'appel nominal.

Registre ou tableau des compositions. — La destination du registre des compositions indique suffisamment la manière de le préparer et de le tenir. Une première colonne contient, par ordre alphabétique, la liste des élèves; à chaque spécialité, on réserve une large colonne pouvant être divisée en autant de colonnes secondaires qu'on se propose d'enregistrer de compositions (au moins une par mois).

Les données de ce tableau servent à établir la répartition des prix distribués aux élèves à la fin de l'année scolaire.

Journal de classe et cahiers de préparation. — Le *journal de classe* est un registre sur lequel on indique les leçons à donner dans le courant de la journée, ainsi que les notes et références fournies par une préparation sérieuse de la classe. C'est le moyen d'éviter les hésitations et les pertes de temps, toujours préjudiciables à la discipline et aux progrès.

On peut aussi ne consigner sur le journal de classe que le sujet de la leçon, de la dictée ou de la rédaction, et renvoyer, pour les détails complémentaires, à des *cahiers de préparation de classe*, ou registres spéciaux que le maître consacre à chacune des spécialités.

Catalogue et mémorial. — Un carnet ou catalogue, très utilement employé dans les dernières classes surtout, sert à faire connaître d'un seul coup d'œil ce que chacun des enfants sait ou ne sait pas, concernant les prières et les autres exercices de mémoire. On inscrit sur ce carnet, par ordre alphabétique, le nom de tous les élèves de la classe ; des colonnes verticales correspondent au titre des différentes prières et des autres leçons à apprendre de mémoire.

Chaque fois que l'on fait une récitation générale, et qu'un élève sait parfaitement ce qu'on lui a demandé, on met un signe en regard de son nom dans la colonne correspondante. Au contraire, un autre signe, plusieurs fois répété s'il en est besoin, attirera l'attention du maître sur ce que l'enfant n'a pas encore suffisamment retenu.

Le *mémorial*, carnet analogue au précédent, est à l'usage des Frères chargés des cours moyen et supérieur. La connaissance des principales vérités de la religion, et la pratique des devoirs du chrétien sont des objets d'une si haute importance, qu'un maître, appelé par état à former la jeunesse aux vertus évangéliques, ne se tranquillise sur ses obligations à cet égard, qu'autant qu'il peut s'assurer de la conduite et du degré d'instruction religieuse de ses élèves. Dans ce but, il fera tous les ans, à la rentrée des classes, un examen sur l'instruction religieuse. Il appréciera les réponses de chaque enfant par une note marquée en regard de son nom : les notes faibles indiqueraient les élèves trop peu instruits des choses dont la connaissance est nécessaire au salut, et le maître serait obligé de les interroger souvent sur les vérités importantes, surtout les veilles de congé et les dimanches, pendant le temps destiné au catéchisme sur les principaux mystères. Il sera bon de renouveler cet examen au moins deux ou trois fois l'année.

La très grande liberté qu'il faut laisser aux élèves, dans la fréquentation des sacrements, n'empêche pas le maître de se rendre discrètement compte de leur conduite à cet égard, et de noter ses remarques par des signes convenus, sans que les élèves soupçonnent même qu'il le fait.

II. — CAHIERS A L'USAGE DES ELÈVES.

Nombre de cahiers. — Les cahiers ne doivent pas être trop nombreux, parce qu'ils se rempliraient très lentement et seraient exposés à se salir avant d'être achevés. Mais on ne peut fixer ici le nombre des cahiers différents sur lesquels les élèves rédigent leurs devoirs ; c'est au frère Directeur à prescrire ce qui convient.

Lorsque les enfants inscrivent sur un même cahier tous les exercices qu'ils ont à faire pendant le jour, ce cahier unique est nommé *cahier-journal* ou *cahier de devoirs journaliers*. Ils peuvent en avoir deux exemplaires : ils travaillent sur l'un pendant que le maître visite l'autre.

Les avantages que présentent les cahiers distincts, au point de vue de la tenue et de la correction, les font souvent préférer dans nos classes au cahier-journal. Pour le cours moyen, ces cahiers distincts sont généralement au nombre de trois ou quatre, et l'on réunit sur le même les spécialités connexes.

Dans certaines écoles, les élèves du cours supérieur se servent des cahiers suivants :

1° Un cahier d'orthographe, pour les divers exercices de langue maternelle qui se font en classe : dictées, analyses, exercices de lexicologie et de phraséologie.

2° Un cahier de rédaction, cette spécialité exigeant un mode particulier de correction.

3° Un cahier de calcul, pour les exercices faits en classe : problèmes raisonnés d'arithmétique et de système métrique, exercices de tracé géométrique, etc.

4° Un cahier pour les devoirs à la maison, cahier sur lequel sont faits les exercices de français, les problèmes d'arithmétique, les exercices d'histoire et de géographie. Ce cahier est parfois en double exemplaire, afin d'en laisser toujours un à la disposition du maître qui doit y vérifier les corrections.

5° Un cahier d'écriture.

6° Un cahier cartographique.

Les cahiers seront tenus comme il a été dit au chapitre III de la Ire Partie.

Pour faire les calculs, rédactions et croquis de cartes, avant de les reporter sur les cahiers de devoirs, les élèves se servent d'un *cahier-brouillon* ou de l'ardoise.

Cahier de roulement. — Un cahier commun à tout un cours, et nommé *cahier de roulement*, est tenu dans plusieurs écoles, aux cours moyen et supérieur.

Les élèves s'en servent à tour de rôle, et une journée chacun, pour y écrire leurs devoirs, rédactions, problèmes, etc. Il remplace, ce jour-là, leurs cahiers de devoirs journaliers et on le corrige de la même manière.

En commençant la classe, matin et soir, l'élève indique sur le cahier de roulement le jour de la semaine avec le quantième du mois. Il met par exemple : *Classe du mardi matin, 17 janvier 1903. — Classe du samedi soir, 18 juillet 1903.*

Les jours de congés figurent sur le cahier ; on y indique même le motif des congés extraordinaires. Enfin on y mentionne l'objet des leçons orales qui n'ont pas donné lieu à un travail écrit, de manière que ce cahier puisse renseigner, heure par heure, sur l'emploi du temps de la journée entière. Ainsi, par exemple, entre un sujet de rédaction et un problème d'arithmétique, l'élève écrit : « *Une heure et demie, Leçon de lecture dans.... Chapitre.... traitant de.....*

A la fin de la journée, l'élève signe son travail, et remet le cahier sur le bureau du maître.

Toutes les séries de cahiers de roulement seraient conservées à l'école, et mises à la disposition du frère Visiteur à son passage pour la visite régulière. En les consultant, il lui serait facile de se renseigner sur le niveau intellectuel d'une classe, sur l'ensemble des travaux écrits qui s'y sont faits, et sur la manière dont le maître comprend l'exécution du programme qu'il enseigne.

CHAPITRE IV

MODES ET MÉTHODES D'ENSEIGNEMENT

I. Modes d'enseignement : Mode individuel. Mode simultané. Mode mutuel. Mode simultané-mutuel. — **II. Méthodes d'enseignement :** Méthode ou forme expositive. Méthode ou forme inventive.

I. — MODES D'ENSEIGNEMENT.

En pédagogie, on appelle *modes* les différentes manières de donner l'enseignement aux élèves qui composent une classe.

On distingue le mode *individuel*, le mode *simultané*, le mode *mutuel* et le mode *simultané-mutuel*.

Mode individuel. — Le maître qui instruit ses élèves en donnant une leçon à chacun d'eux en particulier, leçon à laquelle les autres enfants ne prennent aucune part, suit le *mode individuel*.

Ce mode ne peut être employé que pour une éducation particulière ; il a été banni des écoles publiques, à cause de la perte de temps qu'il occasionne.

Mode simultané. — Le maître enseigne selon le *mode simultané* lorsque, donnant une leçon, il s'adresse en même temps à tous les élèves de la classe.

C'est encore à ce mode qu'il recourt si, la classe étant divisée en plusieurs sections, tous les élèves d'une section reçoivent la même leçon, pendant que leurs condisciples s'occupent à un autre travail.

Les avantages attachés au mode simultané, dû au génie de saint Jean-Baptiste de la Salle, sont incontestables, surtout dans une école assez nombreuse pour que les élèves soient répartis entre plusieurs classes. Chaque maître, ayant peu de subdivisions dans sa classe, donne aux enfants qui les composent des leçons plus longues et des soins plus assidus. Et puisqu'il est en rapports constants avec eux, il se trouve ainsi placé en des conditions favorables pour développer leurs facultés intellectuelles, pour étudier leur caractère et leurs inclinations, et pour les former à la vertu.

Mode mutuel. — Le maître suit le mode *mutuel* s'il groupe ses élèves en un certain nombre de sections, auxquelles il fait donner les leçons par d'autres élèves plus instruits, appelés *moniteurs*. En ce qui le concerne, il se borne à surveiller l'ordre général.

Les inconvénients du mode mutuel, appliqué strictement dans une classe, sont graves : 1° le maître demeure pour ainsi dire un étranger au milieu de ses élèves, en ce sens qu'il n'a pas ou n'a que très peu de rapports avec eux; 2° les bons moniteurs sont rares, et presque toujours les enfants exerçant ce rôle ne donnent qu'un enseignement puéril et sans valeur éducative ; 3° malgré une surveillance très active, l'influence morale des moniteurs sur les élèves peut être funeste. C'est pourquoi le mode mutuel est à peu près abandonné.

Mode simultané-mutuel. — Dans certaines classes nombreuses et comprenant plusieurs cours distincts, le maître est obligé de se faire suppléer pour quelques répétitions par des moniteurs, tandis que, pour la plupart des leçons, il emploie le mode simultané. Ce mode mixte est qualifié de *simultané-mutuel*. Il est en usage dans les petites classes; mais dans la presque totalité des autres, c'est le mode simultané qui a et doit avoir la préférence. Toutefois il est à remarquer que le rôle des moniteurs, dans le mode simultané-mutuel, est différent de celui qu'ils remplissent dans le mode mutuel : ici, ce sont les seuls professeurs ; là, ce ne sont que des répétiteurs. Les inconvénients sont donc atténués.

II. — MÉTHODES D'ENSEIGNEMENT.

On entend par *méthodes* ou *formes* d'enseignement, la voie suivie par le maître dans ses leçons. C'est la manière d'enseigner.

Les deux méthodes générales d'enseignement sont :
1° la méthode expositive ;
2° la méthode inventive.

La méthode expositive est aussi appelée *forme dogmatique*, et la méthode inventive, *forme interrogative* ou *socratique*.

Méthode ou forme expositive. — Si, pour donner une leçon, le maître en explique la matière sous forme de discours suivi, après quoi il interroge les élèves pour s'assurer qu'ils ont compris et retenu, il emploie la *méthode d'exposition*.

On se sert peu de cette forme expositive avec les jeunes enfants : leur mobilité d'esprit se concilie mal avec l'attention que réclament un récit, une description, un raisonnement d'une certaine durée. Par contre, on y recourt d'autant plus fréquemment qu'on s'adresse à des élèves plus âgés.

Dans l'usage qu'on en fait, on tient compte : 1° des efforts d'attention que raisonnablement on peut exiger ; 2° de la nature de certaines spécialités, qui permettent ou exigent même de donner plus à l'exposition qu'à l'interrogation ; 3° de l'étendue des programmes, qui réclament des procédés d'autant plus expéditifs que les questions à enseigner sont plus nombreuses ; or, mieux que toute autre, la méthode expositive va directement au but.

Méthode ou forme inventive. — Si, au moyen d'une série de questions convenablement ordonnées, le maître amène les enfants à trouver, par la réflexion et comme d'eux-mêmes, la vérité qu'il veut leur enseigner, il recourt à la *méthode d'invention*.

Autant qu'il se peut, et surtout dans les cours élémentaire et moyen, l'enseignement est donné de préférence sous la forme inventive. Les questions du maître tiennent les jeunes écoliers en éveil ; elles piquent leur curiosité et les provoquent à l'effort intellectuel ; elles les habituent au raisonnement et développent en eux l'esprit de recherche et d'observation.

Il est essentiel de remarquer que les *interrogations socratiques*, dont il s'agit ici, diffèrent des *interrogations de contrôle*, ayant pour but de s'assurer que les élèves ont compris une leçon, retenu un principe ou une définition. Les questions posées au commencement d'un catéchisme sur les vérités enseignées la veille ; ou bien celles que l'on formule au cours d'une leçon de grammaire, d'histoire, etc., pour savoir si telle règle, telle remarque, tel fait historique ne seraient pas oubliés, sont des interrogations de contrôle ; elles s'adressent spécialement à la mémoire. Les interrogations socratiques font surtout appel à la réflexion. Par les premières, les élèves sont conduits à répéter ce qu'ils ont appris, tandis que, par les secondes, on cherche à leur faire découvrir ce qu'ils ignorent.

La méthode inventive est employée avec grand avantage dans l'enseignement élémentaire ; mais elle n'est pas d'une application aussi facile que la méthode expositive.

Souvent les deux méthodes sont employées alternativement dans la même leçon. C'est la pratique de l'enseignement qui donne au maître une certaine habileté pour passer d'une forme à l'autre, suivant l'objet de la leçon et les dispositions des élèves.

CHAPITRE V

PROCÉDÉS GÉNÉRAUX D'ENSEIGNEMENT

I. **Procédés d'exposition** : Procédé intuitif. Emploi du tableau noir. — II. **Procédés d'application et de contrôle** : Devoirs écrits. Correction des devoirs. Interrogations. Récapitulations. Compositions. Examens mensuels. Examens oraux de fin d'année.

Par procédés généraux d'enseignement, on entend des moyens pratiques de rendre les leçons plus claires, plus intéressantes et plus fructueuses. Certains procédés sont employés pendant la leçon : ce sont les procédés d'exposition ; d'autres s'appliquent aux études et aux exercices auxquels la leçon donne lieu : ce sont les procédés d'application et de contrôle.

I. — PROCÉDÉS D'EXPOSITION.

Les principaux procédés d'exposition sont les procédés intuitifs et l'emploi du tableau noir.

Procédés intuitifs. — Un maître recourt à un procédé intuitif quand il substitue un objet concret à une notion abstraite, pour la faire mieux comprendre. Donner aux élèves l'idée des nombres, unités et dizaines, au moyen du boulier-compteur ou de bâtonnets; leur montrer un carré, un cube de carton, avant de leur dire ce qu'est un carré ou un cube; placer devant leurs yeux et leur expliquer une gravure représentant un fait de l'histoire sainte ou de l'histoire nationale; faire usage des croquis et des cartes, en géographie; ne pas parler du thermomètre, de la boussole, sans faire voir ces instruments, c'est se servir de procédés intuitifs.

Dans les classes primaires élémentaires, il est indispensable de recourir le plus souvent possible à des procédés intuitifs, si le maître ne veut pas demeurer incompris des élèves, leur laisser étudier des mots qui, pour eux, restent vides de sens, ou du moins n'arriver au but que par de longs détours.

Avec les jeunes enfants, les procédés intuitifs sont surtout employés, puisque c'est l'enseignement par l'aspect, par les yeux, qui convient à ces classes; avec les élèves des cours élémentaire, moyen et supérieur, ils servent dans la plupart des spécialités, mais surtout dans les leçons de choses et l'enseignement élémentaire des sciences. Les maîtres s'ingénieront donc à constituer, à créer même, chacun dans leur classe, un matériel d'enseignement intuitif adapté à leur programme.

Usage du tableau noir. — Le maître et les élèves feront un usage très fréquent du tableau noir; c'est le livre commun à toute une classe. L'écriture avec ses principes et ses modèles; les mathématiques avec leurs démonstrations et leurs calculs; l'histoire et la géographie avec les tableaux synoptiques, cartes et plans; le dessin avec ses tracés divers; la correction de la dictée, de la rédaction et de l'arithmétique, toutes les spécialités, en un mot, réclament l'emploi du tableau noir.

C'est au tableau noir que se rendent très souvent les élèves, pour répondre aux interrogations par lesquelles on s'assure qu'ils ont compris et retenu ce qu'on leur a enseigné.

II. — PROCÉDÉS D'APPLICATION ET DE CONTROLE.

Les procédés d'application et de contrôle sont des exercices oraux ou écrits par lesquels : 1° le maître cherche à s'assurer que les notions enseignées ont été comprises; 2° il vérifie le travail imposé aux élèves à la suite des leçons données.

Ces procédés sont : 1° les devoirs écrits et leur correction; 2° l'interrogation sur la leçon du jour ou sur des récapitulations; 3° les compositions; 4° les examens.

Devoirs écrits. — Trop prolongé, l'enseignement oral épuiserait la santé du maître; d'ailleurs il ne laisserait chez les élèves que des empreintes fugitives. S'il est nécessaire de redire fréquemment les mêmes choses à l'enfant, il faut surtout les lui faire écrire pour qu'elles se gravent dans son esprit. Les devoirs écrits, rédigés à l'école ou dans la famille, tiennent donc une large place dans l'enseignement. Pour qu'ils soient vraiment profitables, on aura égard aux remarques suivantes :

1° Les faire toujours précéder d'explications précises et suffisantes, sur le travail à exécuter.

2° Les mettre à la portée des élèves, et, pour cela, ne pas y présenter de trop grandes difficultés, ne pas les imposer trop longs, et ne pas anticiper sur le programme à étudier.

3° Les varier d'un jour à l'autre.

4° Autant que possible, les choisir tels qu'ils soient en même temps instructifs, éducatifs et intéressants.

5° Exiger que les écoliers les exécutent entièrement, et qu'ils soignent l'écriture et l'orthographe, quelle que puisse être la nature du travail.

6° Les faire corriger et les visiter régulièrement. Les apprécier par des notes exactes et précises, courtes et bien écrites. Le plus souvent, c'est une appréciation chiffrée.

7° S'il s'agit de devoirs prescrits pour être faits dans la famille, contrôler chaque jour leur exécution, sans quoi les élèves s'accoutument à n'y apporter aucune attention, à les rédiger très vite, pour s'en débarrasser au plus tôt.

Correction des devoirs. — Il est toujours possible à un maître de *visiter* les devoirs, pour contrôler la manière dont ils sont rédigés et corrigés ; mais il est trop surchargé de travail pour les *corriger* tous lui-même et chaque jour. D'ailleurs le pourrait-il, que les résultats ne répondraient guère à tant de fatigue. On procédera donc surtout par la *correction collective*.

Elle est orale, et souvent écrite au tableau noir. Un enfant désigné par le maître fait ou reproduit au tableau le devoir donné ; puis, au moyen d'une série d'interrogations, on en fait corriger les fautes. Tous les élèves n'ont plus qu'à rectifier leur propre travail, selon ce qui vient d'être écrit devant eux.

Ce procédé de correction collective est expéditif et très éducatif. Il s'applique aux exercices grammaticaux et lexicologiques, à la dictée, aux opérations d'arithmétique et à la rédaction [1].

Mise au net des devoirs corrigés. — Les devoirs ne sont pas tous mis au net ; ainsi, on ne fait pas transcrire un devoir bien exécuté par tous les élèves. La mise au net est cependant utile en certains cas : ce travail forme l'enfant à l'écriture ; il l'habitue à l'ordre et à la propreté ; il le rend plus attentif à la correction du devoir à reproduire, et il l'oblige en même temps à réfléchir davantage sur une question difficile. Enfin, dans les classes à plusieurs cours, il occupe utilement une section pendant que le maître donne la leçon à une autre.

Interrogations. — Les interrogations de contrôle sont indispensables : 1° pour permettre au maître de se rendre compte du travail quotidien et des progrès de ses élèves ; 2° pour lui donner occasion de redresser les erreurs qu'ils émettent, et de corriger leurs défauts d'élocution ; 3° pour maintenir dans la classe l'intérêt et l'émulation.

---

[1] Des explications complémentaires, sur la correction collective, sont données aux chapitres traitant de la dictée et de la rédaction.

C'est un art de savoir interroger et de faire bien répondre; à ce sujet, voici quelques remarques pratiques.

Les interrogations du maître. — 1° Toute question doit être claire, courte, définie, et mise à la portée des enfants. Il arrive parfois qu'un jeune maître, après avoir posé une question dont la forme ne le satisfait pas, en adresse immédiatement une seconde, puis une troisième, pour la remplacer : cette manière irréfléchie de procéder jette le trouble dans l'esprit des élèves.

2° En formulant les questions, le maître aura soin de bien prononcer chaque mot, appuyant même un peu sur celui qui exprime l'idée principale.

3° Pour que l'esprit des enfants soit tenu en éveil, il convient que les interrogations se succèdent assez rapidement.

4° Parfois le maître suit l'ordre des bancs, en interrogeant les élèves; mais afin de prévenir l'inattention, il faut très souvent adresser les questions tantôt à un enfant, tantôt à un autre, principalement aux plus faibles et à ceux qui paraissent distraits.

5° Pour le même motif, on recommande beaucoup de poser la question à toute la classe, et d'attendre un instant avant d'indiquer l'élève qui doit y répondre.

6° La même question ne doit pas être toujours posée dans les mêmes termes; il est avantageux d'en varier la forme, afin d'exercer non seulement la mémoire des élèves, mais encore et surtout leur jugement.

7° Il faut éviter les formules d'interrogation qui n'exercent pas assez l'intelligence des élèves, celles, par exemple, auxquelles ils ont à répondre simplement *oui* ou *non*.

8° Les interrogations doivent être variées quant à leur forme, et quant à la forme des réponses qu'elles provoquent. Il est préférable qu'elles se suivent dans un certain ordre logique, si elles se rapportent à un même sujet; mais on peut s'écarter de cette règle dans les récapitulations.

9° Les maîtres expérimentés ne manquent pas de poser, à chaque leçon, plusieurs questions sur quelque partie du programme précédemment enseignée; par ces retours en arrière, les notions acquises se gravent mieux dans l'esprit des enfants.

Les réponses des élèves. — 1° Il faut habituer les élèves à ne pas répondre précipitamment, mais à réfléchir auparavant sur la question qui leur est adressée.

2° On les accoutumera, sans exagération néanmoins, à faire entrer la question dans la réponse, c'est-à-dire à exprimer tous les termes de la proposition, ou toutes les parties de la phrase.

3° On exigera qu'ils parlent assez haut pour être entendus de leurs condisciples ; qu'ils prononcent les mots correctement et sans précipitation ; qu'ils articulent bien et fassent les liaisons utiles.

4° Loin de tenir opiniâtrément à une forme de réponse plutôt qu'à une autre, on se montrera satisfait lorsque celle qu'ils donnent est exacte et précise. On sera toutefois plus exigeant sur les termes employés, s'il s'agit de principes et de définitions.

5° Puisque, par l'interrogation, on cherche à *faire parler* les élèves, on les laissera exposer à loisir leur pensée sur la question proposée. Le maître se gardera donc de trop les aider à s'exprimer, en faisant lui-même une partie de la réponse, ne laissant aux enfants interrogés que la peine de terminer une phrase, par deux ou trois mots.

6° On ne doit pas permettre aux élèves de répondre sans avoir été interrogés, ou sans en avoir obtenu la permission.

Récapitulations. — Pour l'ordinaire, la mémoire des enfants est prompte, mais leurs souvenirs sont fugitifs. C'est par des récapitulations fréquentes et méthodiques qu'on arrive à graver des notions précises dans leur esprit.

Des récapitulations seront placées :

1° A la fin de chaque mois, et plus souvent même si l'âge des enfants l'exige ; elles embrasseront les diverses questions étudiées pendant cette période.

2° Après l'étude d'une série de questions formant un tout complet, en catéchisme, en histoire, en géographie, en arithmétique. Elles servent alors à donner aux élèves une vue d'ensemble de ce qu'ils ne connaissent encore que par éléments séparés.

Au début d'une leçon, il convient d'adresser quelques questions sur la leçon précédente, pour enchaîner entre elles les notions exposées.

Compositions. — En général, une composition par semaine sur les spécialités les plus importantes, et une autre, mensuelle, sur tout ce que les élèves ont étudié pendant le mois, paraissent nécessaires pour obtenir des progrès sérieux. Les compositions hebdomadaires seront ordinairement faites par le maître; celles de chaque mois pourraient être données par le frère Directeur ou l'Inspecteur.

Les questions formant une composition ne doivent pas être, ni si nombreuses qu'il soit impossible de les résoudre toutes dans le temps donné, ni si difficiles qu'elles soient abordables aux seuls premiers élèves de la classe. On les choisit telles que : 1° la plupart des élèves puissent, sinon y répondre parfaitement, du moins écrire quelque chose d'exact sur chacune ; 2° elles exigent d'ordinaire, non pas seulement un mot ou une date pour réponse, mais au moins une phrase, et le plus souvent un développement de plusieurs phrases.

On ne donnera pas, pour sujet de composition, le titre même d'un alinéa du manuel des élèves, car on n'obtiendrait alors qu'une récitation littérale.

Il faut bien veiller à ce que les enfants ne copient pas les uns sur les autres, et ne se servent pas clandestinement de livres ou de notes. On peut, par précaution, mettre entre eux quelque distance, ou bien les ranger de manière que les concourants rivaux soient à côté l'un de l'autre.

On apprécie les compositions : 1° en comptant les fautes, s'il s'agit d'orthographe, et en diminuant, d'après leur nombre, le maximum des points ; 2° en affectant un maximum de points pour chaque réponse ; 3° en comparant les feuilles entre elles, s'il s'agit d'écriture ou de dessin, et en les appréçiant par un chiffre.

Les maîtres se serviront du procédé le plus convenable, selon la spécialité qui fait l'objet du concours.

Quand une composition est corrigée, on l'enregistre sur un cahier ou sur un tableau. Pour épargner du temps, on peut s'y prendre comme suit :

1° Le maître indique aux écoliers la place ou le nombre des points obtenus par chacun d'eux.

2° Celui qui est chargé d'enregistrer la composition nomme successivement tous les élèves; ceux-ci lui répondent en désignant leur numéro d'ordre, ou leur nombre de points, qui est écrit en regard de leur nom, sur le tableau ou sur le cahier d'inscription.

Examens. — Chaque mois, le frère Directeur ou l'Inspecteur examinera les écoliers sur les différentes spécialités du programme. Et parce que les compositions, jointes aux interrogations, contribuent à renseigner plus exactement sur un élève, il serait bon que l'examen comportât aussi quelques devoirs écrits, corrigés par l'examinateur lui-même.

Si les élèves étaient très nombreux, on pourrait les interroger de la manière suivante : questionner le premier de chaque table sur le catéchisme, le second sur les prières et l'histoire sainte, le troisième sur la grammaire, et ainsi de suite, de manière que chaque enfant soit examiné au moins sur une spécialité, et que l'enseignement de toutes les spécialités soit contrôlé. Il va sans dire qu'à chaque examen, on changera l'ordre des interrogations.

Pour ce qui est des leçons de mémoire, on ne se bornera pas à faire réciter simplement ce que les élèves auront appris, mais on leur adressera des questions variées, pour s'assurer qu'ils comprennent ce qu'ils ont étudié.

Afin de diminuer la fatigue causée par un tel examen, et aussi pour gagner du temps, le frère Inspecteur pourrait écrire d'avance les questions sur des billets qu'il distribuerait au moment d'interroger les enfants. Chaque élève lirait à haute voix la question qui lui est échue, et y donnerait ensuite la réponse.

L'examen fini, le frère Directeur indique, s'il y a lieu, les parties du programme sur lesquelles il faut revenir avant d'aller plus loin. Dans certaines écoles où les classes sont nombreuses, le frère Inspecteur fait les examens en deux fois : vers le milieu du mois, pour quelques spécialités, et à la fin pour les autres.

Examens oraux de fin d'année. — Durant les deux mois qui précèdent immédiatement les examens que les élèves doivent subir devant un jury, — certificat d'études ou autre — il serait utile d'établir des examens oraux pour les candidats. Voici comment on procède dans quelques écoles :

Le frère Directeur indique un programme récapitulatif pour chaque semaine, et, au jour fixé, les candidats sont interrogés par des maîtres de diverses classes. Les enfants s'habituent ainsi à répondre, les professeurs des premières classes sont moins surmenés, les jeunes maîtres se forment à cet exercice et leur influence dans l'école y gagne beaucoup.

CHAPITRE VI

LA LEÇON ORALE

I. **Préparation de la leçon :** Sa nécessité. Préparation du sujet. Préparation pédagogique. Préparation matérielle. — II. **La leçon proprement dite :** Conseils généraux : 1° être méthodique ; 2° beaucoup interroger les élèves et les faire bien parler ; 3° s'exprimer soi-même avec aisance et correction. Remarques sur la leçon aux différents cours. — III. **Devoirs et études :** Leur nécessité. Étude dans le manuel des élèves.

I. — PRÉPARATION DE LA LEÇON.

Nécessité de la préparation. — Une leçon qui n'est pas préparée est ordinairement mal donnée. Elle n'a guère d'attrait pour le maître ni d'intérêt pour les élèves, qui cherchent alors leur plaisir dans la dissipation. S'agit-il d'une classe à plusieurs cours, les inconvénients sont encore plus graves. Si tout n'y est pas prévu, — leçons, devoirs d'application, exercices divers, — l'indécision du maître fait perdre le temps aux élèves, et du désœuvrement naît bientôt le désordre.

Les ouvrages désignés sous le nom de *livres du maître* aident, mais ne suppléent pas à la préparation de la classe. Il en est de même des journaux pédagogiques : parmi les matériaux qu'on y trouve, il faut choisir ce qui convient au milieu où l'on exerce, puis l'approprier par un travail spécial d'adaptation.

Nature de la préparation. — La préparation d'une leçon comprend : la préparation du sujet, la préparation pédagogique et la préparation matérielle.

La *préparation du sujet* a pour but : 1° de le choisir d'après le programme de la classe et la répartition mensuelle; 2° d'en limiter l'étendue, suivant l'intelligence des élèves et le temps que doit durer la leçon ; 3° de le revoir soi-même, pour en préciser tous les détails.

Une dictée ne peut être prise au hasard; la solution d'un problème doit être prévue, si l'on veut éviter les tâtonnements et les obscurités au moment de la correction. Les leçons d'histoire et de géographie réclament, de la part des maîtres même les plus instruits, une préparation immédiate : c'est un tracé à prévoir, et auquel il est utile de s'exercer ; c'est un fait historique qu'il est bon de relire, et dont les détails, en donnant de l'intérêt à l'enseignement, fixeront dans l'esprit des élèves tel ou tel passage de leur manuel.

Le résumé de ce travail se trouvera consigné dans le journal de classe ou dans le cahier de préparation.

La *préparation pédagogique* consiste, pour le maître, à déterminer par quelle méthode, quels procédés et quelles industries il donnera la leçon, étant connues les aptitudes et les dispositions de ses élèves.

La *préparation matérielle* a pour fin de rassembler les objets qui doivent servir pendant la leçon : gravures à expliquer, croquis et cartes, spécimens pour les leçons de choses, modèles de dessin, de manière à n'être pas obligé de quitter la classe, faute d'avoir suffisamment prévu ce dont on aurait besoin.

II. — LA LEÇON PROPREMENT DITE.

Bien donner les leçons est le grand talent d'un maître, et ce talent s'acquiert surtout par l'expérience. Il faut non seulement bien savoir ce que l'on enseigne, mais encore être méthodique dans l'exposé que l'on en fait, beaucoup interroger les élèves, et s'exprimer soi-même avec aisance et correction.

L'enseignement méthodique. — Un maître est méthodique dans une leçon :

1° S'il y suit un ordre logique, soit qu'il remonte des exemples à la règle, soit qu'il descende de la règle aux exemples.

2° S'il donne peu de principes à la fois, mais s'il les explique clairement et en fait faire de nombreuses applications.

3° S'il s'assure, après l'exposé d'une partie du sujet, qu'il a été compris.

4° S'il cherche à tirer le meilleur parti possible de chacun des exercices scolaires, non seulement pour la spécialité dont il s'occupe actuellement, mais encore pour les autres matières du programme. Ainsi, il exige que les élèves s'appliquent à l'écriture en rédigeant tous leurs devoirs ; qu'ils évitent les fautes d'orthographe en transcrivant des problèmes, un résumé de leçon, etc. Dans cet ordre d'idées, il peut faire servir, par exemple, le même texte d'un livre de lecture à plusieurs leçons différentes : lecture expliquée, leçon de choses, exercice d'orthographe et même de rédaction.

Les interrogations pendant la leçon. — Quelle que soit la méthode employée, il est nécessaire d'interroger fréquemment pendant une leçon. En vain les élèves seraient-ils silencieux et garderaient-ils une attitude correcte, si le maître les réduit à un rôle trop passif, s'il ne provoque pas chez eux l'activité intellectuelle, leur attention se lasse vite, leur esprit s'égare et l'enseignement devient stérile.

Alors même que la leçon ne serait pas donnée par la méthode inventive, elle devra être coupée d'interrogations nombreuses, de façon à faire en quelque sorte collaborer les enfants à l'exposé du sujet. On leur demandera le sens d'un mot, le rappel d'un fait ou d'une notion en rapport avec ce que l'on dit ; on les enverra même au tableau. Ainsi la leçon devient intéressante, familière et vivante.

Le langage du maître. — Pendant la leçon, le langage du maître doit être correct, simple, clair, calme, sans précipitation ni lenteur exagérée.

Le langage sera clair si les expressions sont à la portée des élèves, et si l'on explique toutes celles qui seraient nouvelles pour eux. Souvent un maître croit n'avoir employé que des termes connus des enfants, alors qu'il n'a pas été compris pour s'être servi de mots dont ils ignorent le sens. Il lui aurait été utile de se figurer les élèves deux ans plus jeunes qu'ils ne sont en réalité, et de régler son langage d'après cette supposition.

Si la parole du maître est froide, monotone, les élèves se laissent facilement distraire ; au contraire, la variété des intonations, et une certaine animation même, augmentent l'intérêt qu'ils prennent à la leçon.

La leçon aux différents cours. — Une leçon comprend d'ordinaire quatre parties :

1° La revision de ce qui a fait l'objet de la leçon précédente, et cela est nécessaire, autant pour enchaîner les notions qui composent le programme, que pour les graver dans l'esprit des enfants. On procède à cette revision, soit par des interrogations, soit par la correction du devoir qui a servi d'application à la leçon.

2° L'exposition de la leçon du jour, selon la méthode et avec les procédés reconnus utiles.

3° L'indication de l'étude à faire, soit dans le manuel, soit dans un résumé écrit par les élèves.

4° L'explication d'un devoir à rédiger, et choisi en rapport avec la leçon.

Cours élémentaire. — Au cours élémentaire, les leçons consistent surtout en exercices variés, propres à éveiller les facultés, à les développer, à les préparer à acquérir des connaissances. Le maître insistera beaucoup sur les interrogations, et sur l'emploi des procédés qui rendent concret l'enseignement. La leçon sera de courte durée; elle deviendra attrayante par la nature des exercices divers qu'on y fait entrer.

Le devoir rédigé en classe, excepté s'il s'agit de calcul, est assez souvent la copie de ce qui a été écrit au tableau pendant la leçon, mais en ayant soin, pour fixer l'attention des élèves, d'employer différents procédés tels que : faire souligner les mots de deux syllabes; faire placer sous chaque mot un chiffre indiquant le nombre de syllabes ou de lettres; faire désigner par un trait ou une initiale les substantifs, les mots masculins, etc.

Cours moyen. — Par la leçon, le maître se propose deux résultats : 1° développer les facultés de l'enfant au moyen de très fréquentes interrogations; 2° exposer les différentes questions du programme, par des explications très simples et appuyées sur beaucoup d'exemples.

Au lieu d'aller de la définition et de la règle à l'exemple où ces formules abstraites sont appliquées, il aura soin de faire sortir la règle et la définition de l'explication de plusieurs exemples proposés.

Les devoirs d'application exigeront, de la part des élèves, un travail plus personnel qu'au cours précédent.

Cours supérieur. — En suivant, pour les leçons, la marche indiquée plus haut, on cherchera à familiariser les écoliers avec les notions abstraites. Dans ce but, on partira plus souvent de la règle, expliquée avec soin, pour présenter ensuite et pour faire découvrir des exemples où cette règle se trouve appliquée.

III. — DEVOIRS ET ÉTUDE.

Toute leçon sera suivie d'exercices qui en sont l'application : c'est un devoir écrit, accompagné ou non d'une étude. Tantôt, les élèves auront à retenir le texte intégral du manuel : tantôt ils auront seulement à en reproduire le sens pendant les interrogations.

L'étude littérale. — Il est rigoureusement indispensable que toute étude soit précédée d'une explication qui donne aux enfants l'intelligence du texte. Les élèves devront apprendre *à la lettre* le texte des prières, le catéchisme du diocèse, et les poésies qui servent d'exercices de diction. Ils reproduiront *presque littéralement* les règles et les définitions en grammaire et en arithmétique, ainsi que les sommaires d'histoire ou d'instruction civique, et les définitions de géographie.

Le maître fera remarquer aux élèves que la bonne manière d'étudier n'est pas de lire la leçon d'un bout à l'autre et de la recommencer sans cesse, mais bien de suivre le procédé ci-après :

1° Lire tout le texte deux ou trois fois avec une grande attention.

2° Apprendre de mémoire une ou deux lignes, c'est-à-dire une phrase, ou du moins un membre de phrase ayant un sens complet.

3° Quand on les sait bien, en apprendre encore autant et le réunir à ce qu'on a déjà étudié.

4° Lorsque, par ce moyen, on est parvenu à retenir un alinéa, une période, une strophe, répéter ce texte plusieurs fois sans regarder le livre, et passer à une autre partie pour l'étudier de la même manière.

Si les enfants ne savent pas suffisamment lire pour étudier eux-mêmes, le maître doit employer le procédé auditif. Il dit une phrase ou une partie de phrase, et tous la répètent ensemble deux ou trois fois, lentement et distinctement ; lorsqu'ils la savent bien, le maître la reprend en y ajoutant quelques mots, et il leur fait répéter le tout de la même manière.

IVᵉ PARTIE

L'ENSEIGNEMENT DES SPÉCIALITÉS

DU PROGRAMME PRIMAIRE

Les méthodes et les procédés dont il vient d'être question, dans la IIIᵉ Partie, s'appliquent aux diverses spécialités du programme; mais des modifications sont exigées par chaque enseignement, selon son objet propre, ses difficultés particulières et les catégories d'élèves qui le reçoivent. C'est ce qu'on va préciser dans les chapitres suivants.

CHAPITRE I

ENSEIGNEMENT DE LA RELIGION

I. **Répartition des programmes** : Cours préparatoire, élémentaire, moyen et supérieur. — II. **Méthode traditionnelle de catéchisme** : Marche d'une leçon. Explication du texte par des sous-questions et de très courts développements. Exemples, conseils, récapitulation et exhortation finales. — III. **Remarques relatives aux différents cours** : Le catéchisme aux jeunes enfants. Le catéchisme préparatoire à la première communion. Le catéchisme après la première communion. — IV. **Conseils au catéchiste** : Préparation du catéchisme. Défauts à éviter. — V. **Prières** : Explication et étude des prières. — VI. **Histoire sainte et Évangile** : La leçon d'histoire sainte aux jeunes enfants et aux élèves du cours moyen. Explication et étude de l'Évangile.

I. — RÉPARTITION DES PROGRAMMES.

Dans les écoles chrétiennes, l'enseignement religieux comprend : l'étude des prières, du catéchisme, de l'histoire sainte et de l'Évangile. On y ajoute des notions de liturgie et d'histoire de l'Église.

Sauf les modifications de détail justifiées par la situation spéciale des établissements, par les statuts diocésains et les règlements paroissiaux relatifs à la première communion, la répartition des programmes pourrait être analogue à la suivante.

Cours préparatoire. (un an).	*Prières*	Explication, puis étude des formules élémentaires : *Notre Père ; — Je vous salue, Marie ; — Je crois en Dieu ; — Je confesse à Dieu.*
	Catéchisme	Notions élémentaires sur les grandes vérités; étude des principales questions du *Petit Catéchisme* du diocèse.
	Récits bibliques	Récits relatifs à l'histoire sainte et à la vie de Notre-Seigneur. (*Cours préparatoire* édité par l'Institut.)
Cours élémentaire. (deux ans).	*Prières*	Revision des prières étudiées au cours précédent. Actes des vertus théologales, acte de contrition. Prières avant et après le repas. Commandements de Dieu et de l'Église.
	Catéchisme	Explication des mots, puis étude textuelle du *Petit Catéchisme* du diocèse.
	Histoire Ste	Récits. Explication du *Cours élémentaire*, édité par l'Institut.

Cours moyen. (deux ans).

- *Prières* : Prières du matin et du soir. *Pater, Ave, Credo, Confiteor, De profundis.* Réponses de la sainte Messe.
- *Catéchisme* : Explication, puis étude textuelle du *Catéchisme du diocèse.* Autant que possible, adapter les leçons au catéchisme de première communion fait par MM. les Ecclésiastiques.
- *Évangile* : Récits tirés de la vie de Notre-Seigneur. Explication, puis étude textuelle de quelques fragments évangéliques.
- *Histoire Ste : Cours moyen,* édité par l'Institut.

Cours supérieur. (deux ans).

- *Prières* : Revision des prières déjà étudiées.
- *Catéchisme* : Revision du *Catéchisme du diocèse,* quant à l'étude textuelle. Explications plus développées.
- *Liturgie :* Les *Notions* éditées par l'Institut.
- *Histoire Ste* : Revision. (Insister sur les prophéties messianiques.) Grands faits de l'histoire de l'Église.
- *Évangile* : Explication littérale, puis étude textuelle des évangiles des dimanches et fêtes.

II. — MÉTHODE DE CATÉCHISME, TRADITIONNELLE DANS L'INSTITUT DES FRÈRES DES ÉCOLES CHRÉTIENNES.

La méthode de catéchisme, traditionnelle dans notre Institut, consiste à expliquer le texte d'un catéchisme, en se servant des moyens les mieux adaptés au développement intellectuel des élèves.

Marche générale d'une leçon de catéchisme. — Réserve faite des remarques propres à chaque cours, et dont il sera parlé plus loin, une leçon de catéchisme est donnée selon la marche suivante :

1° Chant de quelques versets d'un cantique.

2° Prière, dont le texte est indiqué dans le livre des *Exercices de piété.*

3° Revision rapide de la leçon précédente, dont on fait rappeler les principales questions par les enfants.

4° Explication de chacune des questions du catéchisme, composant la leçon du jour.

5° A la fin du catéchisme, questions de récapitulation, conseils pratiques et indication de l'étude à faire.

Explication du texte du catéchisme. — L'explication du texte du catéchisme se fait : 1° au moyen de sous-questions portant sur les mots, les idées et les propositions du texte, et par lesquelles le maître s'assure que le sens de ce texte est compris ; 2° par de très courtes explications, sur lesquelles les élèves sont immédiatement interrogés.

Après avoir fait rendre compte, par deux ou trois enfants, de ce qui a été le sujet du catéchisme précédent, le maître formule ou fait lire la première question, telle qu'elle est dans le catéchisme du diocèse.

La question posée, un enfant est désigné pour y répondre. Il répond, s'il en est capable ; dans le cas contraire, le maître passe à un second, et, s'il n'obtient pas la réponse, il la donne lui-même. S'adresser à un plus grand nombre d'élèves, pour une même question, serait perdre le temps.

Ici commence, non pas une récitation, mais l'*explication du catéchisme par des sous-questions.* La réponse qui vient d'être donnée sert de thème à la leçon. Elle renferme deux, trois, quatre *mots* dont les enfants ignorent ou ne connaissent qu'imparfaitement le sens : il faut en donner la signification littérale, et, s'il y a lieu, le sens spécial qu'ils ont dans la réponse. Alors on recourt à des rapprochements, à des comparaisons ; on simplifie le langage si l'on s'adresse à de tout jeunes enfants, et l'on supplée, par des procédés ingénieux, à l'insuffisance de leur vocabulaire.

Après le sens des mots, il s'agit d'éclaircir celui des *propositions*, et le maître s'ingénie à le faire en questionnant beaucoup. Lorsqu'il ne peut, par quelques questions, amener les élèves à comprendre une notion renfermée dans le texte, *il l'explique par une très courte exposition, un développement très clair et très succinct.* Si ces explications devaient être de quelque durée, il faudrait les fractionner, et questionner sur celles qu'on a déjà données, pour s'assurer qu'elles sont comprises. Le maître s'adresse tantôt à un enfant intelligent et tantôt à l'un des derniers de la classe, suivant la difficulté des questions; quelquefois aussi, il surprend un étourdi qu'il voit inattentif.

Il dégage enfin et résume l'enseignement général renfermé dans la réponse ainsi analysée; puis il fait répéter cette réponse une, deux, trois fois et plus, si c'est nécessaire. Elle devient dès lors une formule qui fixe pour longtemps avec elle, dans la mémoire des enfants, les explications du maître. Sans cette répétition de la même réponse, il ne resterait dans l'esprit des élèves que des connaissances vagues, imprécises et bientôt effacées; tandis qu'en revenant souvent à la même formule, elle finira par se graver pour toujours. Et plus tard, lorsque leur jugement se sera développé, ils retrouveront, sous le texte confié à leur mémoire, bien des enseignements que peut-être ils n'avaient guère compris dans leur jeune âge.

Remarques relatives aux sous-questions et aux développements. — Les *sous-questions*, ou interrogations posées dans le but d'expliquer les termes d'une réponse du catéchisme, doivent être claires, simples et à la portée de tous les élèves.

Si le texte d'une réponse à élucider est complexe, c'est-à-dire formé de plusieurs idées réunies en une même phrase, on commence par les faire distinguer les unes des autres, avant de les expliquer isolément par des sous-questions.

Les *développements*, par lesquels le maître expose ce qu'il ne saurait faire trouver au moyen de questions socratiques, seront peu nombreux et limités chacun à très peu d'idées; ils ne devront jamais se perdre en un flot de paroles, ni transformer le catéchisme en discours. On ne manquera pas de rappeler et de faire rappeler quelques textes de la sainte Écriture, surtout de l'Évangile, qui se rapportent au sujet expliqué.

Exemples, conseils, récapitulation et exhortation finales. — Les *exemples* que l'on cite dans les catéchismes, à l'appui des vérités exposées, ont le grand avantage d'exciter, de soutenir l'attention des enfants et de fortifier l'enseignement. On les emprunte à la vie des saints et surtout à la sainte Écriture. Après les avoir rapportés, le maître s'assurera, par des questions, que les élèves ont compris le trait en lui-même et surtout la doctrine dont il est comme l'illustration.

Les *conseils* et les *réflexions pratiques* sont à leur place dans un catéchisme, puisqu'il s'agit non seulement d'exposer la vérité, mais encore d'exciter les enfants aux vertus chrétiennes. Toutefois ces réflexions et ces conseils seront en petit nombre, et adaptés à la vie des écoliers. On peut, ou les présenter pendant le catéchisme, après une explication qui les amène naturellement, ou les rejeter à la fin, en manière de très courte exhortation. Dans l'un et l'autre cas, il est préférable que, par des questions, les élèves soient conduits à trouver eux-mêmes la résolution pratique.

La *récapitulation finale* porte sur les principales explications données pendant le catéchisme.

Étude du texte du catéchisme. — Il ne faut jamais faire apprendre, dans le catéchisme, *un texte nouveau* sans l'avoir préalablement expliqué. Si donc il s'agit d'un chapitre que les élèves n'ont jamais étudié, l'explication des mots et des idées doit précéder l'étude ; si le chapitre a déjà été expliqué puis étudié, la nouvelle étude, qui en somme n'est qu'une revision, pourra précéder la leçon au cours de laquelle le texte sera développé plus complètement qu'il ne l'avait été jusqu'alors.

L'étude du catéchisme se fait toujours en dehors du temps consacré à l'enseignement religieux. Faire étudier aux élèves les plus âgés un catéchisme développé, pendant le temps réservé à l'explication, serait un abus contraire à nos devoirs et préjudiciable à la formation chrétienne des écoliers. L'étude individuelle peut étendre la science religieuse; elle n'affermit guère, chez les enfants, les convictions durables.

La récitation devra être textuelle, c'est-à-dire reproduire à la lettre les réponses du catéchisme diocésain.

III. — REMARQUES RELATIVES AUX DIFFÉRENTS COURS.

Catéchisme au cours préparatoire. — Avec les tout jeunes enfants, la leçon a pour but : l'explication et l'étude de quelques réponses très élémentaires du *petit catéchisme*. On y emploiera surtout deux procédés : les récits et les gravures murales.

Le catéchisme par récits. — Le maître commence par raconter un récit biblique ou une histoire édifiante, en rapport avec une ou plusieurs questions du petit catéchisme qu'il veut graver dans l'esprit des enfants. Après cette narration, très simple et très familière, il aborde le texte à étudier.

1° *Si les enfants savent déjà lire*, on peut écrire au tableau noir la réponse à étudier, et la faire lire individuellement, puis simultanément d'une manière très distincte. On en souligne ensuite tous les mots importants, et l'on en fait trouver le sens ou on le donne d'une manière très simple, en se servant d'exemples et de comparaisons.

Pour faire *étudier* cette réponse, on peut : 1° la faire lire sur le tableau un certain nombre de fois en entier, jusqu'à ce qu'elle soit retenue ; 2° ou encore, après l'avoir fait lire plusieurs fois, supprimer des parties de mots, et même réduire certains mots à leurs initiales, et faire reproduire la phrase de mémoire.

2° *Si les enfants ne savent pas lire*, on emploie le procédé auditif. Le maître prononce distinctement et lentement la question et la réponse qu'il veut faire apprendre. Il en explique avec soin les mots importants ; il fait répéter le texte individuellement d'abord, puis simultanément, jusqu'à ce que cela soit su.

On fait apprendre ainsi les deux ou trois questions qui composent la leçon, et l'on adresse quelques interrogations sur le sens des mots, expliqués avant l'étude.

3° Alors même que les enfants savent lire, on peut faire

apprendre comme il vient d'être dit, par simple audition et sans le tableau noir.

Le catéchisme par explication de gravures. — Une gravure murale de grandes dimensions étant placée devant les élèves, le maître la leur fait observer, puis interpréter, en dirigeant ses interrogations sur les personnages, les lieux et les faits représentés : c'est l'analyse de la gravure. Ensuite il raconte la scène dont il s'agit, et il aborde le texte du petit catéchisme qui s'y rapporte.

Ce texte est expliqué, puis appris, suivant l'une des manières exposées ci-dessus.

Catéchisme au cours élémentaire. — C'est le texte du *Petit catéchisme* diocésain qu'il faut faire comprendre et apprendre. Tantôt on a recours à quelques-uns des procédés indiqués pour le cours préparatoire, et tantôt l'explication est faite suivant la méthode ordinaire, en ayant soin, autant que possible, d'amener le sujet du jour au moyen d'un récit qui captive l'attention. La division des réponses en leurs éléments, l'explication des mots et des propositions, l'emploi de termes très simples et de comparaisons familières, la répétition de ces explications par plusieurs élèves, rien ne sera négligé pour qu'aucune obscurité ne subsiste dans les jeunes intelligences. Quand les questions et les réponses qui forment la leçon du jour ont été ainsi expliquées, on les fait relire dans le livre.

Les leçons à étudier seront courtes, et l'on exigera une récitation textuelle ; mais, comme pour les cours moyen et supérieur, l'étude sera faite en dehors de la demi-heure quotidienne du catéchisme.

Catéchisme préparatoire à la première communion. — Le programme du catéchisme de première communion comprend tout le catéchisme diocésain, et, selon nos Règles, des récapitulations sur les principaux mystères et sur les principales vérités pratiques de la religion. Les enfants doivent savoir très exactement la lettre du catéchisme, et retenir au moins l'essentiel des explications qu'ils ont entendues.

La marche des leçons est conforme à notre méthode traditionnelle. Le maître unira les explications doctrinales et les traits historiques, mais surtout il s'efforcera de questionner et de faire parler le plus possible les enfants.

La matière de la leçon ayant été expliquée, on la fait relire dans le catéchisme, et l'on ajoute quelques remarques très simples sur l'enchaînement des questions renfermées dans ce chapitre.

Catéchisme après la première communion[1]. — Le programme comprend : 1° la revision du catéchisme diocésain, avec interrogations sur le texte et sur les explications données dans les classes précédentes ; 2° des explications plus approfondies de ce texte ; 3° les récapitulations sur les principaux mystères et les principales vérités pratiques.

La leçon suit la marche qui a été exposée. Il est indispensable de faire saisir aux élèves de ce cours, et l'enchaînement des questions qui constituent chaque leçon, et la liaison des leçons entre elles. Après la récapitulation du catéchisme précédent, on aura donc soin, lorsque cela est possible, de montrer les rapports entre le sujet qui va être traité et ce qui a été déjà étudié.

IV. — CONSEILS AUX CATÉCHISTES.

Préparation du catéchisme. — S'il importe de ne pas donner de leçons sans une préparation immédiate, c'est surtout pour l'instruction religieuse, dont l'objet est si vaste et si relevé. Aussi, quelles que soient ses connaissances, un maître prudent ne fera-t-il jamais le catéchisme sans une étude spéciale et suffisante. Une préparation hâtive l'exposerait, soit à donner un enseignement incomplet ou erroné, soit à ne pas prévoir suffisamment la manière de se bien mettre à la portée des élèves.

Pour bien préparer un catéchisme, il faut ordinairement :

[1] Le plus souvent, le cours supérieur renferme des élèves qui n'ont pas encore fait leur première communion et d'autres qui l'ont faite depuis un an ou deux. En expliquant le catéchisme du diocèse, le maître insiste, auprès des premiers communiants, sur le sujet des catéchismes paroissiaux.

1° En déterminer l'objet précis, dans le manuel qu'il s'agit d'expliquer aux élèves.

2° Préparer les sous-questions propres à donner aux élèves l'intelligence des termes et des propositions qui constituent le texte à étudier.

3° Prévoir les développements succincts qui sont naturellement suggérés par le sujet traité.

4° Rechercher des traits historiques et des passages de l'Écriture sainte qui se rapportent à la leçon.

5° Trouver des comparaisons propres à faire comprendre aux enfants ce qui, pour eux, serait trop abstrait.

6° Prévoir la résolution pratique à proposer comme fruit du catéchisme.

Il serait utile au maître d'écrire, en tout ou en partie, les sous-questions principales, ainsi que les réflexions, les comparaisons qu'il aurait trouvées en préparant le catéchisme. Il placerait cette feuille devant lui, et s'en aiderait pendant la leçon. C'est un excellent moyen d'être méthodique, de ne point s'écarter du sujet, et de suppléer à un défaut momentané de mémoire.

Défauts à éviter dans un catéchisme. — On peut résumer ainsi les défauts à éviter dans un catéchisme :

1° Traiter un sujet insuffisamment préparé, et s'exposer ainsi à enseigner des erreurs, à faire des répétitions sans fin, ou à donner des explications qui manquent de netteté.

2° Exposer un sujet mal circonscrit, ou le délayer dans un flot d'explications, au lieu de le réduire à de justes proportions.

3° Ne pas se mettre à la portée des élèves auxquels on s'adresse ; parler un langage abstrait, scientifique, au lieu de se servir d'expressions intelligibles, imagées, concrètes, surtout avec les jeunes enfants.

4° Accorder trop de place à l'exposition et pas assez à l'interrogation.

5° Interroger plus de trois élèves pour obtenir une réponse que le premier n'a pu donner ; faire répéter la même réponse par un trop grand nombre d'élèves, et transformer ainsi le catéchisme en un exercice fastidieux.

6° Se contenter de l'à peu près dans les réponses des enfants, au lieu d'exiger une grande précision.

7° Sacrifier l'instruction à l'exhortation pieuse, alors que celle-ci ne doit paraître qu'incidemment, amenée par l'instruction.

8° Tomber dans le défaut contraire, c'est-à-dire s'adresser sans cesse à l'intelligence des enfants et trop rarement à leur cœur.

9° Parler sans énergie, d'une manière molle, indolente et qui indique, ou peu de conviction, ou peu de zèle.

10° Avancer certaines assertions au sujet desquelles on ne s'est pas suffisamment renseigné.

11° Dans l'enseignement dogmatique et moral, ne pas faire distinguer assez nettement ce qui est de foi et ce qui est de pieuse croyance, ce qui est de précepte et ce qui est de conseil.

12° Décider sur des matières qui sont de la compétence des ecclésiastiques, comme serait de dire : « Tel péché est mortel... il est véniel », au lieu de se contenter d'avertir les élèves que « tel acte est un péché, une faute grave ».

13° S'arrêter à des détails imprudents ou puérils ; se servir de comparaisons triviales ; citer des exemples sans intérêt ou sans authenticité, et n'ayant d'autre résultat que d'amuser un instant les élèves, sans profit pour leur instruction religieuse.

14° Se montrer trop familier ou trop sévère ; faire des réprimandes ou infliger des pénitences, même justes, alors qu'on pourrait les différer sans inconvénient.

15° Rebuter certains enfants peu intelligents, mais attentifs, soit en ne les interrogeant presque jamais, soit en les punissant parce qu'ils ne répondent que médiocrement.

16° Permettre aux enfants de soulever des objections et de discuter des points de doctrine. S'il s'agissait de l'explication d'un mot qu'il ne comprend pas, un élève peut fort bien demander un éclaircissement.

17° Négliger la récapitulation à la fin du catéchisme.

18° Sous prétexte de préparer un examen, transformer le catéchisme en un simple exercice d'étude textuelle.

V. — PRIÈRES.

Les élèves doivent savoir par cœur les prières qui se font en classe. Lorsqu'ils seront interrogés sur ces formules, on exigera qu'ils les récitent sur un ton naturel, avec netteté et une lenteur convenable.

On ne manquera pas de leur expliquer le sens des mots qui composent les prières, afin qu'ils les disent avec intelligence. Autant qu'ils en sont capables, on exposera aussi le sens spirituel de ces formules, c'est-à-dire les sentiments et les demandes qu'elles renferment, afin qu'ils prient par le cœur en même temps qu'ils le font des lèvres.

On ne fera pas étudier une prière en latin, sans que les élèves en aient d'abord lu la traduction dans la langue maternelle.

Pour enseigner aux élèves à réciter le chapelet, on en fera dire à haute voix et alternativement une ou deux dizaines par deux enfants, en commençant par le *Dignare* et le *Credo*. Quand leur âge le permettra, les élèves seront initiés à la méditation des mystères du rosaire.

Étude des prières dans les petites classes. — Lorsque les enfants ne savent pas suffisamment lire pour étudier eux-mêmes les prières, on les leur fait apprendre par l'un des procédés suivants :

1° Après une introduction courte et familière sur la prière dont il s'agit, le maître prononce un membre de phrase en articulant bien, et il le fait répéter d'abord par quelques élèves des plus avancés, puis par tous ensemble, ensuite par les plus faibles. Il continue ainsi, en joignant une nouvelle partie du texte à ce qui a été déjà étudié, et cela jusqu'à ce que la prière soit bien sue. Alors il l'explique, pour la rendre encore plus intelligible.

2° On pourrait aussi faire réciter plusieurs fois une prière en entier par un élève, en exigeant que tous ceux qui doivent l'apprendre suivent exactement et prononcent tout bas ce qu'un seul dit à haute voix. Ensuite on ferait reprendre la formule par un groupe, puis par tous les enfants.

VI. — HISTOIRE SAINTE ET ÉVANGILE.

Histoire Sainte. — Pour les tout jeunes enfants, le programme d'histoire sainte se borne au récit des faits les plus saillants.

Si l'on dispose d'une collection de gravures murales en grand format, on s'en servira très avantageusement pour fixer l'esprit mobile des enfants. Alors, la leçon comprendra :

1° Une série d'interrogations sur ce que l'enfant peut découvrir, par l'observation des personnes, des actions et des lieux que représente la gravure[1].

2° L'exposition du fait par le maître.

3° La reproduction orale par quelques élèves, d'abord en réponse à des interrogations, puis sous forme de récit continu.

4° L'indication de quelques réflexions morales qui découlent du sujet, et qui soient bien pratiques pour le jeune auditoire.

Si l'on ne se sert pas de gravures et que les enfants ne sachent pas lire, on leur fera apprendre le récit par audition. Le récit sera divisé en plusieurs parties, dont chacune sera reproduite par quelques élèves ; puis on demandera aux plus intelligents de raconter le fait en entier.

Lorsque les élèves ont un manuel d'histoire sainte, la leçon est donnée comme une leçon d'histoire nationale. On n'oublie pas de se servir d'une carte de Palestine, et d'expliquer les gravures que renferme le manuel.

Évangile. — Les scènes évangéliques peuvent être apprises aux jeunes enfants, ou simplement sous forme de récits que l'on fait répéter comme il a été dit, ou sous forme d'explication de gravure précédant le récit. Dans ce dernier cas, on suit la marche indiquée plus haut pour l'histoire sainte.

---

[1] Avant ces interrogations, qui constituent une *analyse dirigée* de la gravure, plusieurs maîtres demandent à deux ou trois enfants de dire ce qu'ils voient : c'est une sorte d'*analyse libre*, incomplète, mais spontanée.

On ne donne jamais pour tâche à des élèves d'apprendre l'évangile du dimanche, sans le leur avoir expliqué précédemment. Voici comment on peut procéder :

1° Replacer le fait évangélique dans la vie du Sauveur.

2° Raconter ce fait, en y mêlant quelques détails qui rendent le récit plus compréhensible et plus intéressant.

3° Faire ressortir le caractère des personnages qui sont acteurs dans la scène, et surtout celui de Notre-Seigneur.

4° Mettre très simplement en lumière les vérités doctrinales et les enseignements pratiques qui découlent du récit.

Dans la récitation, on exigera la reproduction littérale du texte et l'on questionnera sur les explications.

CHAPITRE II

LECTURE

I. **Les méthodes de lecture élémentaire :** 1° Méthodes par appellation ou désignation des lettres : méthode ancienne et méthode nouvelle ; 2° méthode phonique. — II. **La leçon de lecture dans les petites classes :** Procédés pour soutenir l'attention des enfants. Exercices d'écriture et de dictée simultanés à la lecture élémentaire. Marche d'une leçon de lecture élémentaire. Le syllabaire et les premiers livres de lecture courante. — III. **La lecture aux cours élémentaire et moyen :** Lecture matérielle. Explication de la lecture. — IV. **La lecture au cours supérieur :** Lecture matérielle. Explication de la lecture. — Lecture du latin.

L'enseignement de la lecture comprend deux phases : 1° la lecture élémentaire, ou initiation des jeunes enfants à la lecture matérielle ; 2° la lecture courante, qui admet, en proportions variables suivant les classes, des exercices de lecture matérielle, de lecture expliquée et de lecture expressive.

I. — LES MÉTHODES DE LECTURE ÉLÉMENTAIRE.

La lecture est la base nécessaire de tout enseignement, puisqu'on ne peut guère appliquer d'une manière sérieuse un enfant à l'étude, tant qu'il ne sait pas lire couramment. Il importe donc, dès son entrée à l'école, de l'initier au mécanisme de la lecture. Or, la rapidité des progrès résulte non seulement de l'intelligence des élèves et des qualités pédagogiques du maître, mais encore de la valeur des méthodes employées.

Différents procédés sont en usage pour l'enseignement de la lecture élémentaire ; on peut les ramener à trois principaux : la *méthode ancienne*, la *méthode nouvelle* et la *méthode phonique.*

Méthode ancienne et méthode nouvelle. — La méthode ancienne et la méthode nouvelle sont connues sous le nom de méthodes par appellation ou désignation des lettres. L'une et l'autre conduisent à la lecture courante par l'épellation et la syllabation. Les différences essentielles qui les caractérisent portent sur la manière d'exprimer les consonnes.

Ainsi **b, p, f, r, s, t,** se prononcent :

bé, pé, effe, erre, esse, té, dans la méthode ancienne ;
be, pe, fe, re, se, te, dans la nouvelle.

Pour épeler les syllabes : **BA — FO — RI**, par exemple, on dira :

par la méthode ancienne : **bé.a : BA — effe.o : FO — erre.i : RI.**
et par la nouvelle : **be.a : BA — fe.o : FO — re.i : RI.**

Or, en réalité : **effe** et **o** font **EFFO** et non pas **FO** ;
erre et **i** font **ERRI** et non pas **RI.**

De même : **fe** et **o** font **FE.O** et non pas **FO** ;
re et **i** font **RE.I** et non pas **RI.**

Mais en épelant **fe.o — re.i**, l'élision toujours facile de l'**e** muet conduit comme naturellement à la prononciation usuelle, ce qui n'a pas lieu quand on dit **effe.o — erre.i.**

L'épellation des syllabes inverses telles que **ab, of, ir, us,** établit mieux encore la supériorité de la méthode nouvelle sur l'ancienne. Ainsi l'on dit :

par l'ancienne épellation : **o.effe : OF — i.erre : IR.**
et par la nouvelle : **o.fe : OF — i.re : IR.**

Or, il est évident que, pour l'enfant, **i** et **erre** font **IERRE** et non pas **IR**; tandis que **i** et **re** le conduisent très facilement, par l'atténuation de l'**e** muet, à la prononciation véritable.

Dans les syllabes renfermant des consonnes diphtongues, telles que : **ble, fle, stre,** la nouvelle épellation est encore préférable. Dire **se.te.re.e,** c'est approcher beaucoup de **STRE**; il n'en est pas de même quand on dit : **esse.té.erre.é.**

L'épellation des voyelles nasales, **on, in, an,** donne des résultats aussi peu satisfaisants par une méthode que par l'autre. Mais la nouvelle méthode ne les décompose pas ; ainsi elle fait dire à l'enfant : **be.on : BON — fe.in : FIN — bre.un : BRUN.**

Enfin, il est des cas où les deux manières d'épeler sont également défectueuses.

Remarquons d'ailleurs que l'ancienne appellation offre, elle aussi, plusieurs avantages sérieux. Elle est conforme à l'usage : on l'emploie dans l'enseignement des sciences et dans le langage courant. De plus, en donnant à chaque lettre un nom spécial, elle prépare à l'épellation orthographique, et prévient la confusion qui résulte de l'emploi d'un même son articulé pour plusieurs consonnes différentes : que, par exemple, pour désigner **k, q, c; fe,** pour désigner **f** et **ph.**

En résumé, la nouvelle méthode est plus rationnelle et conduit plus rapidement au but que l'ancienne ; elle mérite donc de lui être préférée. Cependant le maître qui l'emploie doit, lorsque les élèves savent parfaitement syllaber ou même lire couramment, reprendre l'étude des consonnes et faire quelques exercices d'épellation d'après l'ancienne méthode. Ce travail, qui demande peu de temps et d'efforts, prépare le jeune enfant à l'épellation des devoirs d'orthographe.

Méthode phonique. — La méthode phonique est caractérisée par la manière d'exprimer les consonnes, qu'elle réduit à de simples articulations d'une faible résonance[1]. Beaucoup de maîtres la regardent comme plus expéditive que les deux précédentes, car tout en étudiant isolément les voyelles et les consonnes, elle évite l'épellation et conduit directement à la lecture.

Avec la méthode phonique, on ne dira pas **bé, effe, erre, esse,** non plus que **be, fe, re, se;** mais on produira un effet vocal qui ne peut s'écrire, et qu'on obtiendrait en essayant de prononcer **be, fe, re, se,** sans faire entendre l'e muet.

S'agit-il, par exemple, de lire les syllabes **fa, fo, fi ?** Après avoir étudié les lettres **a, o, i,** l'élève s'exerce à l'articulation indiquée par **f,** puis il passe immédiatement à la lecture.

Au premier exercice, il met une courte interruption entre le sifflement prolongé de la consonne et la voyelle ; il dit : **fff...a — fff...o — fff...i.** Au deuxième, il accélère la réunion des deux sons, et la consonne vient, cette fois, se perdre dans la voyelle : **fffa — fffo — fffi.** Enfin arrive la prononciation usuelle : **fa — fo — fi.**

On dit de même successivement :

sss...ou — sssou — sou.

Certaines consonnes ne se prêtent pas à ces exercices de décomposition, et ne s'articulent qu'en prononçant la voyelle à laquelle elles sont jointes. Ainsi, pour lire les syllabes **pa, po,** l'élève prépare l'articulation de la lettre **p** en pinçant convenablement les lèvres, lesquelles, sollicitées par l'air comprimé de la bouche, s'ouvrent brusquement en frappant la voyelle ; ex. : **pppa — pppo.**

On a de même : **ttta — ttton — tttin,** etc.

Peu à peu cessent les hésitations des débuts, et l'enfant passe avec facilité de la consonne à la voyelle, et réciproquement[2].

---

[1] En certains pays, la méthode phonique porte le nom de *méthode par articulation.*

[2] Les signes *pppa, ttta,* ne marquent, par la répétition de *p* et de *t,* que la préparation vocale de l'articulation, qu'il est impossible de représenter autrement ici. — La *Méthodologie du Livre-Tableau et du Syllabaire,* éditée par notre Procure générale, explique avec beaucoup de détails la nature et l'emploi de la méthode phonique.

Choix d'une méthode. — Le frère Directeur fera choix pour son école, entre la méthode nouvelle et la méthode phonique, qui, toutes deux, peuvent conduire rapidement à la lecture courante. Mais une méthode étant adoptée, elle doit être maintenue dans l'école malgré le changement des maîtres; cela est indispensable aux progrès des élèves.

II. — LA LEÇON DE LECTURE DANS LES PETITES CLASSES.

Procédés pour soutenir l'attention des enfants. — L'enseignement de la lecture aux petits enfants présente plus d'une difficulté. Sans doute une bonne méthode est un précieux auxiliaire, mais à elle seule, elle n'assure pas le succès. Ne faut-il pas compter avec la mobilité d'esprit du jeune écolier et l'inévitable monotonie des premiers exercices de lecture? Captiver l'attention de ses élèves, la soutenir par toutes sortes d'industries et spécialement par l'intérêt que produit la variété des moyens, telle doit être la préoccupation du maître, s'il veut obtenir des progrès rapides.

1° Lorsque le maître donne la leçon ou fait lire les enfants au tableau noir, les lettres, les syllabes et les mots seront montrés au moyen d'une baguette. Quand les élèves ont un syllabaire, ils doivent tous indiquer du doigt sur le livre ce que l'un d'eux lit tout haut.

Un écolier est-il distrait ou s'occupe-t-il d'autre chose que de la leçon, le maître lui fait signe pour qu'il lise les éléments désignés.

2° Dès que le maître constatera de la lassitude chez les jeunes enfants, dès que leur attention ne sera plus suffisante, il interrompra la leçon par des exercices d'écriture ou de mémoire, ou par une occupation récréative qui sera comme un complément de la leçon de lecture. Par exemple, si le groupe d'élèves n'est pas trop nombreux, on peut distribuer à chacun d'eux un certain nombre de petits cartons sur chacun desquels se trouve, en gros caractère, une lettre de l'alphabet. On fait aligner sur la table les cartons marqués de telle lettre désignée, puis écrite au tableau noir. Après quelques instants, on en indique une autre qui sert à former une seconde rangée. Peu à peu, on fait composer ainsi des syllabes et des mots étudiés dans la leçon du jour.

Des cahiers d'écriture terminés, provenant de diverses classes de l'école, pourraient être utilisés en vue de l'exercice suivant. On en distribuerait une page à chacun des élèves, et il devrait indiquer, par un signe au crayon, les lettres désignées. Il tracerait, par exemple, un trait vertical sur les a; ensuite un trait horizontal sous les b etc. Le modèle de l'exercice serait d'abord exécuté au tableau noir.

Ces moyens, et d'autres similaires, seront employés pendant quelques jours, concurremment avec les exercices d'écriture destinés à les remplacer.

Exercices d'écriture et de dictée. — Il est reconnu comme très avantageux, non seulement de faire apprendre simultanément les caractères typographiques et les caractères calligraphiques, mais encore d'initier les jeunes élèves à tracer ces derniers sur l'ardoise. Après quelques exercices préparatoires, ils parviennent bientôt à reproduire les lettres et même les mots étudiés. Sans doute, les débuts sont bien imparfaits; mais avec de courtes indications, données chaque jour au tableau noir, le maître obtient peu à peu des résultats satisfaisants. D'ailleurs notre livre-tableau offre des modèles d'écriture en rapport avec chaque leçon.

Un autre exercice, celui de la dictée, intéresse beaucoup les élèves, et devient un complément très utile de la leçon de lecture. On n'y consacre d'abord que très peu de temps, et trois ou quatre lettres suffisent pour les premiers essais. On dicte une lettre que les enfants ont déjà étudiée, o par exemple; les élèves l'écrivent, puis, sur un signe, retournent leur ardoise vers le maître : celui-ci jette un coup d'œil rapide, encourage, donne quelques bons points et indique une deuxième lettre. Plus tard, il pourra dicter des syllabes et des mots entiers : c'est ainsi qu'il initiera les enfants à l'orthographe.

Ces divers procédés concourent au même but : intéresser les enfants, soutenir leur attention et graver dans leur esprit ce qui a fait l'objet de la leçon du jour. Et parce que ces industries occupent sans cesse les jeunes élèves, elles facilitent aussi la discipline, et permettent au maître de donner alternativement ses soins aux différentes sections de la classe.

Marche d'une leçon de lecture élémentaire. — Quelle que soit la méthode adoptée, voici la marche qu'on pourrait suivre pour une leçon de lecture élémentaire ; elle comprendrait les cinq phases ou parties suivantes :

1° Étude de l'exercice fondamental au tableau noir.
2° Étude du même exercice au tableau de lecture ou livre-tableau, et préparation syllabique.
3° Suspension de la leçon, écriture, exercices divers.
4° Reprise de la leçon, pour la syllabation.
5° Écriture et dictée[1].

Soit, par exemple, à étudier *par la méthode phonique* les voyelles **a** et **o**, ainsi que les consonnes **b** et **p**, pour arriver aux combinaisons **ba-bo, pa-po.**[2]

1° Exercice fondamental au tableau noir. — Par un mot ou un signe, le maître attire l'attention des élèves. Montrant ensuite une lettre qu'il a tracée en grandes dimensions au tableau noir, en caractère typographique et en caractère calligraphique, il fait remarquer sa forme. Il en exprime l'effet vocal, et il insiste sur le jeu des organes qui concourent à le produire. Après ces courtes explications, données en termes très simples, il fait redire deux ou trois fois de suite et par tous les élèves ensemble, la lettre étudiée. Il procède de même pour les autres lettres.

Par leurs fortes proportions, les caractères tracés à la

---

[1] Au lieu de montrer d'abord aux enfants une lettre et de les exercer ensuite à la bien prononcer, un certain nombre de maîtres estiment plus logique de prononcer d'abord eux-mêmes une voyelle, ou d'articuler une consonne, et de faire répéter cet élément vocal par les élèves. Seulement après avoir obtenu une prononciation correcte du son, ils passent à sa représentation graphique.

La marche de la leçon est la suivante :

1. Adresser aux enfants une ou deux questions, pour les amener à prononcer un mot renfermant le son nouveau que l'on va étudier.

2. Décomposition de ce mot en syllabes, s'il y a lieu ; et décomposition de la syllabe renfermant le son nouveau.

3. Prononciation du son nouveau par le maître, puis par les élèves.

4. Écriture de la lettre au tableau noir par le maître, et remarques sur sa forme.

5. Écriture de la lettre par les élèves.

6. Combinaison de la lettre avec des caractères déjà connus : lecture de syllabes et de mots, au tableau noir et sur le livre-tableau.

[2] Voir la *Première leçon du Livre-Tableau*.

craie frappent davantage le regard de l'enfant, dont les facultés se trouvent ainsi concentrées sur l'objet spécial de la leçon.

Après cette préparation, le travail au livre-tableau se trouve simplifié.

2° *Étude au livre-tableau.* — Le maître indique, sans ordre déterminé, les quatre lettres a-o-b-p : il les fait répéter, d'abord à quelques élèves des plus intelligents, puis à ceux qu'il sait moins bien doués ou qu'il a vus inattentifs.

Remarque. — Ici l'exercice du livre-tableau n'est qu'une répétition de celui qu'on a fait au tableau noir ; mais il n'en est pas toujours de même.

S'agit-il par exemple d'étudier les articulations bl, pl, fl ? On peut tracer au tableau noir la consonne fl puis aligner verticalement quelques voyelles comme a-e-i-eu-ou... Le maître indique la manière d'articuler fl et de former les syllabes fla, fle, flou, puis il remplace fl par bl et obtient bla, ble, blou, etc. Cet exercice, qui est comme la clé de la leçon du jour, est forcément limité à quelques exemples ; mais il est complété au livre-tableau par d'autres exercices plus nombreux et plus variés.

3° *Suspension de la leçon.* — Dès que l'attention des élèves paraît se lasser, il est à propos d'interrompre la leçon, et de les appliquer à l'écriture des lettres et des syllabes qu'ils viennent d'étudier. Pendant ce temps, le maître pourra s'occuper d'une autre section, s'il y a lieu.

4° *Syllabation.* — La deuxième partie de la leçon aura pour objet la lecture des syllabes formées avec les quatre lettres étudiées.

Le maître expliquera la manière d'associer les articulations b et p, à des voyelles déjà connues. Ensuite il fera lire collectivement d'abord, puis individuellement, les syllabes ba, bo, pa, po, ainsi que les trois mots baba, bobo, papa.

5° *Écriture et dictée.* — Après les exercices au livre-tableau, les élèves s'occuperont à copier les lettres et les syllabes qui s'y trouvent en caractères calligraphiques. Après un certain temps, on pourra leur en dicter quelques-uns. S'ils ne savent pas encore écrire les lettres, ils s'exerceront à reproduire les syllabes au moyen de caractères mobiles, comme il a été dit précédemment.

Remarques sur la leçon de lecture élémentaire. — 1° Il est essentiel de ne passer à une leçon nouvelle que si les précédentes sont parfaitement sues. Chaque jour, on reviendra rapidement sur l'un des exercices déjà étudiés : c'est nécessaire pour les derniers élèves et très avantageux pour les autres.

2° La lecture collective peut être d'une certaine utilité quand il s'agit d'entraîner les élèves, de *lancer* pour ainsi dire un exercice de syllabation; mais elle ne doit pas être prolongée, car elle est généralement peu profitable. Bientôt l'enfant ne lit plus que d'une manière machinale et distraite, qui rend tous progrès difficiles. Le procédé s'emploie parfois dans les classes très nombreuses ; mais, pour qu'il y produise des résultats satisfaisants, il faut que les syllabes soient nettement détachées, avec beaucoup d'ensemble, et que le maître exige une prononciation franche et distincte de chacune d'elles, sans permettre que l'exercice se transforme en une sorte de psalmodie chantée ou criée.

3° En donnant un soin convenable au jeu des organes vocaux qui concourent à la prononciation exacte de chaque syllabe, le maître s'efforcera de corriger les défauts de prononciation que les enfants auraient contractés.

4° Dès que les enfants sont capables de lire des mots sur le livre-tableau, on leur en fait donner la signification, et, par quelques interrogations, on les exerce à former oralement de petites phrases à propos de ces mots.

5° On évitera de trop multiplier les sections de lecture, afin d'avoir le moins possible recours aux moniteurs. Dans les petites classes qui ne comportent que le seul cours préparatoire, on pourrait se borner à un ou deux groupes au commencement de l'année, et à deux ou trois vers la fin. Le premier comprendrait les élèves qui sont à la lecture courante; le deuxième, les plus avancés dans les exercices de la méthode ; le troisième se composerait des enfants peu développés qui sont restés en arrière et de ceux qui sont entrés à l'école depuis peu. Souvent le maître pourra réunir ces deux dernières sections, opérer sur les premières leçons avec les élèves les moins avancés, et sur les suivantes avec ceux qui ont fait plus de progrès. Il pourrait aussi confier les plus faibles à un moniteur, pendant qu'il s'occuperait lui-même des autres, et réciproquement.

6° L'étude des premiers éléments de la lecture présente, quoi qu'on fasse, de sérieuses difficultés pratiques, surtout dans les classes nombreuses. Pour les atténuer, il importe de se ménager le concours des parents.

Les débutants ayant tous le petit syllabaire en rapport avec le livre-tableau, on peut ébaucher en classe la lecture de quelques exercices, et promettre un bon point aux enfants qui les étudieront chez eux de manière à les très bien lire le lendemain. Lorsqu'on a su, par ce moyen, exciter et entretenir l'émulation parmi les jeunes élèves, ils sollicitent eux-mêmes l'aide de leurs parents; et grâce au concours des familles, les progrès des enfants sont beaucoup plus rapides.

7° En vue de la correction des dictées, on exercera aussi les élèves à épeler d'après l'ancienne appellation, mais seulement quand ils sauront lire couramment : d'ailleurs, quelques exercices d'ensemble au tableau noir suffiront pour cela.

Le syllabaire et les premiers livres de lecture courante. — Le syllabaire est d'une grande utilité dans l'enseignement de la lecture. Il reproduit les pages du livre-tableau ; il les complète par des exercices plus nombreux, et insensiblement il conduit les élèves à la lecture courante.

Avant de remettre aux enfants un livre de lecture imprimé en caractères ordinaires, on se sert avec avantage, et comme période de transition, d'un livre à gros caractères où les mots sont divisés en syllabes, avant de se présenter sous leur forme commune.

On fait lire concurremment ou successivement quelques ouvrages d'une rédaction agréable et familière, et autant que possible illustrés : 1° le livre des LECTURES COURANTES, qui contient, entre autres textes instructifs, un certain nombre de leçons de choses très élémentaires, mises à la portée des enfants ; 2° LA VIE DE NOTRE-SEIGNEUR JÉSUS-

CHRIST, ou un abrégé d'HISTOIRE SAINTE; 3° les autres livres de lecture en usage dans nos petites classes.

Dès que l'enfant passe du syllabaire au livre de lecture courante, le maître redouble de soins et d'efforts pour l'habituer *à suivre.*

Quand il s'agit des exercices méthodiques, il faut s'arrêter suffisamment à chacun avant de passer aux suivants : les difficultés qu'offre le mécanisme de la lecture y sont, en effet, présentées dans un ordre qui les rend en quelque sorte solidaires les unes des autres, et passer à une leçon avant de savoir parfaitement celles qui précèdent, c'est compliquer le travail et retarder les progrès. Mais dans la lecture courante, il n'est pas à propos de faire lire plus de deux ou trois fois de suite le même texte ; autrement les élèves finissent par le savoir assez pour que tel mot appelle tel autre mot, et, dès lors, il n'y a plus grand effort d'attention de la part des lecteurs.

Enfin, les enfants auxquels on vient de remettre le livre de lecture courante sont exposés à oublier les difficultés réunies dans la méthode ; aussi, est-il important de leur faire revoir, au commencement de la leçon, une page du livre-tableau. Pendant ce court exercice, on peut choisir la page qu'étudie la seconde section de la classe, de sorte que tous les élèves sont occupés en même temps.

III. — LA LECTURE AUX COURS ÉLÉMENTAIRE ET MOYEN.

Avec les élèves du cours élémentaire, il faut employer la plus grande partie de la leçon à la lecture proprement dite, afin d'en perfectionner de plus en plus le mécanisme.

Au cours moyen, on attache toujours une grande importance à cette lecture matérielle, mais on commence à consacrer un temps un peu plus notable aux explications.

Lecture matérielle. — Du moins au cours élémentaire, il est très utile de débuter par un exercice de lecture au tableau noir. On y écrit les quelques mots du texte dont la prononciation peut présenter une difficulté spéciale; on les explique et on les fait syllaber plusieurs fois.

Voici un autre exercice préparatoire, également très

avantageux, qui peut être employé de temps en temps. Une ou plusieurs phrases du morceau à lire ayant été préalablement écrites au tableau noir, le maître indique par un signe les pauses à observer et les liaisons à faire. Il souligne par un trait certains mots ; il les explique, puis questionne les élèves sur la pensée que renferme la phrase, qu'il lit d'abord lui-même pour la faire lire ensuite par les enfants.

Il est important que le maître commence par lire lentement, ou par faire lire aux meilleurs élèves le texte qui sera l'objet de la leçon de lecture : c'est une sorte de lecture-type plus profitable à l'ensemble de la classe que des observations multipliées. Ensuite il fera lire, tantôt suivant l'ordre des tables et tantôt sans ordre déterminé, afin de tenir en éveil l'attention des enfants.

Le maître s'efforcera d'obtenir des écoliers :

1° Qu'ils lisent sans précipitation, et prononcent bien toutes les syllabes, sans les répéter.

2° Qu'ils lisent assez haut pour être entendus de tous ceux qui suivent la même leçon.

3° Qu'ils ne chantent pas en lisant, mais conservent leur ton de voix ordinaire ; qu'ils lisent avec aisance, simplement et, s'il se peut, sur le ton de la conversation.

4° Qu'ils observent la ponctuation et fassent les liaisons, évitant néanmoins celles qui seraient dures ou affectées.

5° Qu'ils tiennent leur livre à une distance visuelle d'environ vingt-cinq centimètres.

Le maître n'atteindra ce résultat que par une très grande application à l'exercice. Pendant la lecture, il sera donc très exact : 1° à veiller sur les écoliers, afin qu'ils respectent l'ordre et le silence ; 2° à tenir en main le livre de la leçon, et à suivre exactement ; 3° à reprendre le lecteur toutes les fois qu'il fait une faute.

Explication de la lecture. — Il ne faut pas perdre de vue que le but principal de la leçon de lecture, dans ces deux cours, est la lecture elle-même. Les explications n'interviendront qu'à titre secondaire, bien qu'elles soient indispensables.

Cours élémentaire. — Au cours élémentaire, les explications consistent en questions très simples, dans le but d'éveiller l'intelligence des enfants. On leur demande, et on les aide à trouver :

1° Le résumé de ce qu'ils viennent de lire.
2° Le sens de quelques-uns des mots qui se trouvent dans le livre.
3° La nature de quelques mots, trois ou quatre seulement, pour ne pas faire de l'exercice une leçon d'analyse.

Cours moyen. — Simples et peu nombreuses, les questions porteront :

1° Sur quelques-unes des idées exprimées dans la lecture.
2° Sur le sens de quelques mots ; sur un synonyme, un équivalent ou un contraire à trouver.
3° Sur une explication grammaticale à donner, ou une remarque d'orthographe à signaler.
4° Sur le résumé du texte lu et expliqué.

Les livres de lecture ont des chapitres consacrés à la morale et à la religion; un maître zélé s'en sert utilement pour l'éducation de ses élèves. Sans dénaturer l'exercice ni le transformer en un cours de religion, on peut, par une remarque présentée à propos, une adroite allusion, faire pénétrer des idées chrétiennes et des sentiments élevés dans l'esprit et le cœur de l'enfant

Ces mêmes ouvrages contiennent des lectures relatives aux sciences naturelles, à l'industrie, aux inventions et découvertes récentes, à des souvenirs historiques, etc. : ces notions intéressent et instruisent les élèves, et sont la matière de très utiles leçons.

IV. — LA LECTURE AU COURS SUPÉRIEUR.

Au cours supérieur, la lecture a surtout pour but de cultiver l'intelligence de l'enfant, et d'enrichir son esprit de notions variées; mais encore ne faut-il pas négliger la lecture matérielle, sous prétexte de s'appliquer surtout à la lecture expliquée.

Lecture matérielle. — Ce n'est pas sans peine et sans de nombreux exercices, que l'élève parvient à donner à sa lecture le ton convenable ; à en bannir la précipitation d'où naissent les redites, les méprises et les non-sens ; à faire les liaisons harmonieuses, et à éviter celles qui sont forcées ; à varier les intonations et les inflexions suivant les sentiments exprimés, c'est-à-dire à faire de la *lecture expressive.*

Le maître commencera la leçon par indiquer en quelques mots le sujet développé dans le texte ; puis il lira lentement une partie du passage choisi, en donnant à sa lecture les qualités qu'il se propose d'exiger de celle des élèves.

Il fera lire ensuite ce même texte par le plus grand nombre d'élèves possible, et il n'oubliera pas qu'il importe moins de lire beaucoup de pages pendant la leçon, que d'en très bien lire quelques-unes.

Lecture expliquée. — Le maître s'appliquera spécialement à tirer parti, pour l'instruction générale de ses élèves, des ressources nombreuses qu'offre la lecture expliquée.

Parmi les exercices qui peuvent être faits utilement sur un texte, par des élèves de ce cours, il faut signaler :

1° La décomposition d'une phrase en ses propositions, pour en faire saisir le sens et la structure.

2° La recherche des idées principales, et celle des pensées secondaires qui servent de développement aux premières.

3° L'explication des mots dont le sens est, pour l'enfant, obscur ou ignoré.

4° La décomposition des mots, la recherche de leurs racines, et l'étude de certains autres mots de la même famille.

5° La substitution, aux mots du texte, d'équivalents destinés à en faire mieux comprendre la signification.

6° Les remarques sur les expressions figurées.

7° L'explication de quelques particularités grammaticales, autant que possible en rapport avec les leçons de grammaire.

Lecture du latin. — On apprendra à lire le latin aux enfants qui savent suffisamment lire la langue maternelle, ce qui n'a ordinairement lieu que dans les cours moyen et supérieur.

Autant qu'elles seront à leur portée, on leur fera quelques remarques pour les aider à prononcer correctement le latin liturgique, et à respecter les pauses indiquées par les signes de ponctuation.

CHAPITRE III

ÉCRITURE

I. **Directions pour l'enseignement de l'écriture** : Le but à atteindre. Les deux moyens : la leçon d'écriture et la constance à exiger que tous les devoirs des élèves soient bien écrits. Procédés d'enseignement : les modèles, le calque intermittent, les cahiers-modèles. Remarques générales sur l'écriture dans les petites classes. Emploi des ardoises. — II. **Principes généraux d'écriture** : Position du corps et de la main; tenue du cahier et de la plume; pente et régularité de l'écriture. — III. **La leçon d'écriture** : Explication des principes par le maître. Application des principes par les élèves. Correction de l'écriture : conditions d'une belle écriture; quelques défauts de l'écriture et leurs causes; manière de corriger l'écriture.

I. — DIRECTIONS POUR L'ENSEIGNEMENT DE L'ÉCRITURE.

But à atteindre et moyens généraux. — Le but principal des exercices d'écriture est de faire acquérir peu à peu, par l'enfant, une expédiée très lisible, ferme et élégante.

Pour atteindre plus sûrement ce résultat, il faut que le maître soit méthodique dans son enseignement; qu'il connaisse bien les principes de l'écriture [1], et qu'il les explique au tableau; qu'il corrige avec intelligence et constance le

[1] Ces principes sont résumés sur la couverture de nos cahiers-modèles, afin que le maître puisse y renvoyer plus facilement les élèves.

travail des élèves, et qu'il soit très attentif à rectifier en eux, surtout dans les débuts, la position du corps et la tenue de la plume.

Ce n'est pas seulement sur le cahier de calligraphie que les élèves doivent s'appliquer à l'écriture, mais aussi sur ceux d'orthographe, de devoirs écrits et de calcul. Sans cette attention, les enfants perdent en un temps ce qu'ils ont acquis en un autre, et leurs progrès sont peu sensibles. On ne le constate que trop dans les écoles où certains maîtres attachent peu d'importance à l'écriture des devoirs, rédigés, soit en classe, soit dans la famille. Livré à lui-même, l'enfant donne aux lettres des formes irrégulières ou fantaisistes ; il se fait une écriture désagréable à l'œil et difficile à lire.

Un maître expérimenté comprend que le temps consacré à l'écriture n'est pas suffisant pour former les élèves à une bonne expédiée ; il y supplée donc en exigeant que tous les devoirs soient très bien écrits, et il fait, au moyen des divers cahiers, de fréquentes compositions d'écriture expédiée, sans prévenir à l'avance les enfants.

Procédés d'enseignement. — Concurremment à la leçon donnée au tableau, et que rien ne saurait remplacer, trois procédés principaux sont employés pour l'enseignement de l'écriture. Ce sont : les modèles, le calque intermittent et les cahiers-modèles.

Modèles d'écriture. — Le premier procédé consiste à placer, après la leçon au tableau, un modèle devant l'écolier, à gauche de son cahier ; à le lui faire copier sur papier libre, marquant la hauteur du corps d'écriture ; à visiter ensuite son travail et à lui montrer, par des corrections, en quoi son imitation est défectueuse.

L'emploi des modèles permet de retenir les enfants à un même exercice d'écriture aussi longtemps qu'on le croit utile ; et peut-être favorise-t-il moins que les cahiers-modèles le travail rapide et routinier, surtout chez les élèves qui n'en sont plus aux premiers éléments. Pour les élèves du cours moyen, il serait bon que, sur le papier libre, une réglure intercalaire indiquât la hauteur des boucles et la pente ; mais on peut y suppléer par l'emploi de transparents spéciaux.

Calque intermittent. — Le procédé du calque consiste à remettre à l'élève un transparent-modèle, à l'exercer au calque jusqu'à ce qu'il ait donné à son écriture les formes du genre, puis à lui ôter ce moyen artificiel et à placer le modèle sous ses yeux, comme dans le premier procédé.

Il existe aussi des transparents qui offrent, de deux en deux lignes, le modèle à calquer; après la ligne de calque, l'enfant s'exerce à reproduire le même exercice, sans autre guide que la réglure du transparent indiquant le corps et la pente.

Les modèles sont numérotés selon la grosseur et les difficultés de l'écriture. Pour obtenir de changer de transparent, l'élève doit, après l'avoir calqué aussi bien qu'on peut l'exiger de lui, le reproduire en entier et avec la même perfection, sans recourir au calque.

Employé par un maître qui a de la constance et qui explique avec soin les principes au tableau, le calque donne toujours d'excellents résultats. Il est utile surtout pour améliorer les écritures défectueuses.

Cahiers-modèles. — Les cahiers-modèles que l'on donne aux élèves présentent, à la première ligne de chaque page et parfois au milieu, le modèle à reproduire, puis au-dessous, une esquisse d'abord suffisante pour que l'imitation soit facile; mais cette esquisse devient ensuite de moins en moins complète, afin que l'enfant s'affranchisse de tout moyen artificiel. Ce procédé tient donc des deux précédents.

Parce qu'il s'adapte le mieux à l'inexpérience des commençants, il a été adopté généralement dans nos écoles; mais en aucun cas il ne dispense de la leçon au tableau, pour l'explication des principes. On doit beaucoup veiller pour que les élèves ne se hâtent pas de *remplir la page*, sans aucun souci de s'appliquer à l'écriture.

La méthode exposée dans les cahiers-modèles édités par notre Institut comprend les trois genres principaux en usage aujourd'hui : cursive, ronde et bâtarde, et elle se divise en dix degrés ou ordres.

Les huit premiers cahiers sont consacrés à l'étude de la cursive, et chacun n'étudie qu'un groupe restreint de lettres, ce qui permet de retenir les enfants à ces exercices autant qu'on le croit utile. Les cahiers sont visités chaque semaine, et l'élève n'est autorisé à passer à l'ordre suivant d'écriture, que s'il a obtenu la note *Bien* ou *Très bien* pour le cahier qu'il vient d'achever.

Au point de vue de l'application et des progrès, il importe que les changements d'ordres soient réservés au frère Inspecteur, autrement l'emploi des cahiers-modèles conduit à un travail routinier, sans direction et, par conséquent, sans résultats sérieux. D'ailleurs, l'usage des cahiers-modèles ne dispense pas les élèves des cours moyen et supérieur de reproduire, sur des cahiers de papier libre, les lettres analysées et les mots écrits au tableau noir pendant la leçon. Le frère Inspecteur visitera aussi ces cahiers, pour s'assurer de la bonne direction de l'enseignement.

Les cahiers-modèles pour la ronde et la bâtarde renferment, dans un même cahier, tous les exercices relatifs à chaque genre. Il est donc plus nécessaire encore que pour la cursive, de faire répéter par les élèves, sur un cahier de papier libre, chacun des exercices du cahier-modèle et autant de fois qu'on le jugera nécessaire. Les cahiers quadrillés à ligne verticale facilitent ce travail.

Pendant que les élèves étudient la ronde et la bâtarde, ils n'abandonnent pas la cursive. Après les 6ᵉ, 7ᵉ et 8ᵉ cahiers de la méthode, ou concurremment, on leur fera copier sur papier libre des modèles lithographiés. Pour textes des modèles, on choisira de préférence des factures, des effets de commerce, des mémoires d'ouvriers, choses qui exercent aussi l'élève à bien écrire les chiffres et à disposer avec goût les éléments d'un compte.

L'écriture dans les petites classes. — Pour obtenir de bonnes écritures dans une école, il est important que le frère Directeur ou le frère Inspecteur donnent une attention spéciale aux débutants, sinon ces enfants contractent des habitudes défectueuses qu'il est presque impossible de corriger ensuite.

Dans la petite classe, la *leçon* d'écriture doit être donnée à tous les élèves en même temps, si l'on veut exercer une surveillance efficace et obtenir une position normale du corps, ainsi qu'une bonne tenue de la plume. Ce serait abuser de la facilité que présentent les cahiers-modèles, de faire écrire une division sur ces cahiers pendant qu'on en fait lire une autre ; on peut occuper des enfants à la copie, mais non les laisser remplir, sans presque aucun contrôle, les cahiers de la méthode. Et quant à la copie des textes, on commence toujours par des textes calligraphiés, tels qu'en offre le syllabaire ; on ne passe aux textes imprimés que si les enfants connaissent suffisamment la forme des lettres.

Emploi des ardoises. — L'écriture sur l'ardoise a été recommandée, pour les tout jeunes élèves, comme un exercice accompagnant la lecture élémentaire. Mais pendant ce travail, on n'abandonne pas l'enfant à lui-même : on l'oblige à poser son ardoise sur la table comme il devra y placer son cahier, et à tenir son crayon comme il tiendrait son porte-plume. De plus, si l'on veille à ce que la pointe du crayon soit suffisamment fine et à ce que l'élève n'appuie pas trop en écrivant, il ne s'appesantira pas la main ; on l'aura préparé à l'écriture sur le cahier, et les inconvénients que peut présenter l'emploi de l'ardoise seront évités. Quand le crayon-pierre est devenu trop court, il faut l'enchâsser dans un porte-crayon, nécessaire en ce cas comme le porte-plume l'est pour la plume [1].

II. — PRINCIPES GÉNÉRAUX D'ÉCRITURE.

Position du corps et du bras. — 1. Le corps est tenu droit, d'aplomb sur le devant du siège, le côté gauche un peu rapproché de la table et sans la toucher.

Les jambes ne sont ni croisées, ni repliées en arrière; les deux pieds posent à terre, le gauche un peu en avant.

Les maitres combattront avec esprit de suite la tendance qu'ont presque tous les enfants à prendre, durant l'écriture, des postures nonchalantes et défectueuses qui compriment la poitrine, déforment le corps et, à la longue, produisent la myopie.

2. L'avant-bras gauche est posé en entier et presque horizontalement sur la table. La main est étendue ; les doigts sont sur le cahier, pour le faire mouvoir selon le besoin.

---

[1] Plusieurs maîtres emploient avec avantage l'ardoise blanche factice, et le crayon à mine de plomb.

3. Le bras droit est libre. L'avant-bras est posé, vers les deux tiers de sa longueur, sur le bord de la table, et le coude demeure écarté du corps, d'environ la largeur de la main. Le poignet droit est posé presque à plat ; la main droite, supportée par le dernier doigt un peu recourbé, est mollement arrondie, et disposée de façon que l'extrémité du porte-plume se dirige vers l'épaule.

4. La tête n'est penchée en avant qu'autant que la vue l'exige.

Tenue du cahier et de la plume. — 1. Le cahier est incliné à gauche, de manière que le bord inférieur soit sensiblement perpendiculaire à l'avant-bras droit, ou que la ligne de pente soit à peu près perpendiculaire au bord du pupitre[1].

2. La plume est tenue, sans effort ni pression, entre les trois premiers doigts de la main qu'on incline un peu vers la droite. Le pouce et le doigt majeur soutiennent la plume et la dirigent ; l'index appuie plus ou moins fortement sur le porte-plume, selon qu'il faut produire les pleins ou les déliés ; l'annulaire et l'auriculaire sont tenus courbés, afin de rendre plus souples et plus faciles les mouvements des trois autres doigts.

3. La plume est posée d'aplomb sur le papier, ce qui s'obtient parfois assez difficilement des commençants.

Le maître interrogera fréquemment les enfants sur les règles relatives à la tenue du corps, du cahier et de la plume, et il ne tolérera pas qu'ils contractent, à cet égard, des habitudes défectueuses.

Remarque. — Avant d'exercer les petits enfants à écrire sur des cahiers, il sera utile de leur mettre en main un petit bâtonnet de la grosseur d'un porte-plume, sur lequel trois crans marquent les endroits où ils doivent poser les doigts. On les exercera à prendre une bonne position du corps, et à faire avec facilité tous les mouvements nécessaires pour bien écrire.

---

[1] Pour la ronde, le cahier n'est pas incliné ; les deux coudes écartés s'appuient sur la table, et l'extrémité du porte-plume est dirigé vers la droite.

Il existe des porte-plumes sur lesquels est marquée la place des doigts; mais en général, leurs dimensions n'en permettent pas l'emploi par les tout jeunes élèves.

Pente et régularité de l'écriture. — 1. La pente de l'écriture est obtenue en partageant le côté supérieur d'un carré en quatre ou cinq parties égales, puis en joignant à l'angle inférieur de gauche le troisième ou le quatrième point de division.

2. Ce qui donne à l'écriture son cachet de perfection, c'est, avec la belle forme des lettres et la netteté des pleins, l'uniformité de la pente, la régularité de hauteur et d'écartement entre les lettres de même nature. Cet écartement est égal à la distance entre deux pleins consécutifs.

III. — LA LEÇON D'ÉCRITURE.

Dans son ensemble, une leçon d'écriture comprend : l'explication orale des principes par le maître, l'application de ces principes par les élèves, et la correction des exercices écrits.

Explication des principes par le maître. — Que l'on se serve ou non de cahiers-modèles, la leçon orale d'écriture est faite au tableau noir, et elle adopte la marche suivante :

1° Rappel, sous forme de questions, des principes sur la position du corps, du cahier et de la plume.

2° Tracé, en grand, de l'élément à étudier.

3° Analyse de la lettre, c'est-à-dire : indication et tracé séparé des parties composantes (jambages, parallèles, boucles, rondeurs) ; — indication des dimensions en largeur et en hauteur; — indication du point de croisement des pleins et des déliés; — rapports entre cette lettre et les formes radicales d'où elle dérive.

4° Composition de mots où cette lettre se combine avec d'autres, déjà étudiées.

Pour les commençants, la marche de la leçon est beaucoup plus élémentaire. Elle se borne au tracé, sur le tableau, de la lettre ou des lettres à étudier; à des explications très simples sur leur forme, et à l'exercice d'écriture sur les cahiers.

Application des principes, par les élèves. — Dès que les principes relatifs à une lettre ont été expliqués au tableau, les élèves en font l'application de la manière suivante :

1° Deux ou trois élèves viennent simultanément au tableau, pour y tracer la lettre. Leurs condisciples signalent les défauts du tracé, et le maître le fait recommencer.

2° Tous les élèves reproduisent sur papier libre l'élément ainsi étudié, et ils le recommencent lentement, tant que cette lettre n'est pas très bien écrite par l'ensemble de la classe : c'est la première partie de la leçon.

3° La seconde partie est consacrée à écrire des mots dans lesquels entre la lettre étudiée, soit que ces mots figurent sur une des pages du cahier-modèle, soi que le maître les écrive au tableau et les fasse reproduire sur papier libre.

On exigera que les enfants apportent une très grande application à tous les exercices, et l'on ne tolérera pas qu'ils remplissent des lignes entières à la hâte et en les griffonnant. Ce point est capital.

Correction de l'écriture : son but. — La correction de l'écriture des élèves a pour but de lui donner le cachet qui distingue la belle calligraphie, en la débarrassant des défauts qui la déforment ou la déparent.

Conditions d'une belle écriture. — Les qualités d'une belle écriture sont : la lisibilité, la régularité et l'élégance. Elles dépendent de conditions multiples, dont voici les principales :

1° L'élégance dans la forme des lettres ;
2° La régularité dans la hauteur de l'écriture ;
3° L'égalité, la netteté et la sûreté dans les pleins ;
4° La finesse des liaisons ;
5° La régularité dans la pente ;
6° La distance suffisante et uniforme laissée entre les mots et entre les lettres du même mot ;
7° La légèreté et la hardiesse du coup de plume ;
8° La simplicité, qui rejette les formes fantaisistes.

Quelques défauts dans l'écriture, et leurs causes. — Presque tous les défauts qui se remarquent dans l'écriture des élèves ont pour cause la mauvaise tenue du corps ou de la plume. Voici quelques-uns de ces défauts et leurs causes ordinaires :

DÉFAUTS.	CAUSES ORDINAIRES.
Écriture trop penchée.	Bras droit trop rapproché du corps. Pouce trop raide. Plume tenue trop éloignée des doigts.
Écriture trop droite.	Bras droit trop éloigné du corps. Doigts trop rapprochés de la plume. Index conduisant seul la plume.
Écriture lourde.	Index appuyant trop sur le porte-plume. Emploi d'une plume usée. Porte-plume d'un diamètre trop petit.
Écriture maigre.	Plume tenue trop oblique ou trop droite. Index appuyant trop peu. Porte-plume d'un diamètre trop grand.
Écriture anguleuse.	Pouce trop raide. Porte-plume trop serré entre les doigts.
Écriture tremblée.	Position fausse et gênée du corps. Doigts tenus en crochets. Mouvements trop lents de la main. Raideur dans la tenue de la plume.

Manière de corriger l'écriture. — Pendant l'écriture, le maître examine la tenue des élèves, ainsi que la manière dont ils exécutent les mouvements des doigts et de la main.

La correction de l'écriture est individuelle et collective.

Correction individuelle. — La correction individuelle peut se faire en classe ou hors de la classe. Lorsque la leçon a été bien donnée au tableau, et qu'elle a porté spécialement sur une lettre ou un groupe restreint de lettres, les élèves comprennent très bien le moindre signe tracé sur leur cahier, pour les rappeler à l'observation des principes.

Si les lettres sont mal alignées, le maître tire une ligne droite et horizontale, qui marque celle que l'écolier aurait dû suivre ; si elles ne sont pas de même hauteur, il tire deux lignes parallèles, dont la distance rappelle les dimensions uniformes qu'il aurait fallu donner à ces lettres ; si elles ont différentes pentes ou si les jambages ne sont pas droits, il trace sur les lettres des lignes parallèles, indiquant la pente convenable ; si elles sont trop éloignées ou trop serrées, il fait des traits de plume à la juste distance qui aurait dû être laissée ; enfin, si deux lettres sont mal placées ou mal liées ensemble, il les écrit pour montrer la manière dont il convenait de le faire.

Pour corriger une liaison, il repasse dessus avec la plume et lui donne la forme voulue. Il procède de la même manière pour corriger une lettre mal faite, ou bien il l'écrit dans un interligne.

Signaler un grand nombre de fautes à la fois serait assez inutile ; on se bornera donc à deux ou trois, et les plus considérables. Des corrections multiples partageraient l'attention de l'enfant et mettraient de la confusion dans son esprit ; il est donc sage de poursuivre un même défaut jusqu'à ce qu'il ait à peu près disparu, surtout s'il porte sur quelque point important. En procédant ainsi avec soin et constance, on ne peut manquer d'exciter l'application et d'accélérer les progrès.

Correction collective. — La correction collective est à la fois plus rapide et plus efficace que la correction individuelle. Lorsque, pendant la correction individuelle, le maître s'aperçoit qu'un même défaut se reproduit sur plusieurs cahiers, il fait poser les plumes et il se rend au tableau noir. Il y signale le tracé défectueux, en le reproduisant à la craie ; il demande à un élève de rappeler les principes relatifs à la lettre dont il s'agit, puis il corrige le tracé et écrit la lettre comme elle aurait dû l'être ; il la fait ensuite écrire au tableau par un élève, et l'exercice d'écriture continue.

L'expérience montre tous les jours que, pour corriger l'écriture de ses élèves, un maître n'a pas de moyen plus sûr que de leur offrir, dans la sienne propre, l'application des principes qu'il a expliqués. Les enfants ont alors du goût pour la calligraphie, et l'on voit des classes entières reproduire le cachet spécial d'élégance qu'on admire dans l'écriture du professeur.

CHAPITRE IV

LANGUE MATERNELLE

I. **Exercices d'élocution et de vocabulaire** : Leur but. Les moyens principaux. — II. **Grammaire et exercices grammaticaux** : La leçon de grammaire : deux procédés. L'analyse aux cours élémentaire, moyen et supérieur. Exercices de conjugaisons. — III. **Orthographe** : Orthographe d'usage et orthographe de règles. Procédés pour enseigner l'orthographe : cours préparatoire, élémentaire, moyen et supérieur. Dictée : comment on donne la dictée; comment on corrige la dictée. — IV. **Rédaction** : Procédés pour la rédaction aux cours élémentaire, moyen et supérieur. Correction de la rédaction. — V. **Étude des textes choisis** : Choix des morceaux à étudier. Cours préparatoire, élémentaire, moyen et supérieur.

L'enseignement élémentaire de la langue maternelle comprend des exercices de langue parlée ou usuelle, et de langue écrite. Les premiers sont des exercices d'élocution ; les seconds sont : la grammaire et les exercices grammaticaux, l'orthographe, la rédaction et l'étude des textes choisis.

I. — EXERCICES D'ÉLOCUTION ET DE VOCABULAIRE.

Nature et but. — Par exercices d'élocution, on entend les exercices oraux par lesquels on habitue l'enfant à parler sa langue maternelle avec facilité et correction. Cette correction et cette facilité dépendent d'abord de la première éducation familiale, puis de l'étendue du vocabulaire dont dispose l'enfant. Au maître surtout, il appartient d'augmenter le nombre des *mots* que connaissent les élèves, et en même temps celui des *idées* que ces mots représentent : tel est le but des exercices d'élocution, qui sont aussi l'un des procédés indispensables pour préparer les enfants à la rédaction.

On peut y employer deux sortes de moyens : faire beaucoup et bien parler les élèves, et les soumettre à des exercices spéciaux de vocabulaire.

Premier moyen : Faire beaucoup et bien parler les élèves. — Pour faire beaucoup et bien parler les élèves en classe, le maître aura soin :

1° D'interroger très fréquemment les écoliers pendant les leçons, et de ne pas accepter de réponses monosyllabiques ou incomplètes.

2° De les encourager beaucoup à s'exprimer par des phrases complètes, et qui s'enchaînent entre elles.

3° De les reprendre avec bienveillance pour corriger en eux la précipitation ou les hésitations du langage, les défauts de prononciation, les expressions incorrectes, les répétitions fastidieuses de mots ou de tours.

Les principaux exercices scolaires par lesquels on exerce les enfants au langage sont : 1° les interrogations socratiques et les interrogations de contrôle ; 2° les exercices oraux de grammaire et de lexicologie ; 3° le résumé oral des textes lus pendant les leçons de lecture ; 4° les leçons de choses ; 5° la préparation orale des rédactions (description d'un objet ou d'un site, narration d'un fait, etc.)

Deuxième moyen : Exercices spéciaux de vocabulaire. — Ces exercices oraux, dont les *Cours de Langue française* édités par l'Institut fournissent un choix très varié, sont facilement adaptés au développement intellectuel des élèves. En voici quelques-uns :

1° Faire énumérer les parties d'un objet, d'un tout, montré à l'enfant ou connu de lui (mobilier scolaire, habitation, etc.)

2° Faire énumérer des séries d'objets ou d'êtres de même nature (animaux, quadrupèdes, oiseaux, plantes, vertus, défauts, etc.)

3° Faire énumérer un certain nombre d'adjectifs se rapportant aux aliments, à la couleur, à la vertu, etc. ; des noms ou des verbes relatifs à la parole, au mouvement, à des professions manuelles, etc.

4° Faire remplacer un mot par un équivalent, par plusieurs synonymes, par son contraire, par une périphrase, etc.

5° Faire compléter des propositions auxquelles manque un des éléments constitutifs.

6° Faire ajouter à un mot une ou plusieurs épithètes qui lui conviennent.

7° Faire indiquer la nature, l'usage d'objets connus.

8° Faire expliquer, puis définir, des mots donnés; faire indiquer la différence entre deux expressions, etc.

9° Faire donner à une phrase une forme différente ; la faire commencer successivement par des mots indiqués, etc.

10° Faire expliquer une expression, un proverbe, etc.

Dans ces divers exercices, on ne se bornera pas à une simple recherche de *mots ;* on questionnera beaucoup les enfants sur les *idées* dont ces mots ne sont que le signe.

II. — GRAMMAIRE.

L'étude de la grammaire conduit à la connaissance de l'orthographe de règles. Les exercices qui s'y rapportent sont l'analyse et la conjugaison des verbes.

La leçon de grammaire. — Une leçon de grammaire adopte d'ordinaire la marche suivante :

1° Récapitulation de la leçon précédente, au moyen d'interrogations.

2° Explication d'une définition grammaticale, ou d'une règle orthographique, définition ou règle qu'on a le plus ordinairement déduite d'exemples variés.

3° Invention de phrases d'application, et rédaction de quelques exercices sur la règle expliquée.

4° Indication du devoir à faire et du texte à étudier.

Pour présenter aux enfants une règle grammaticale qu'ils ne connaissent pas encore, on recourt, suivant leur âge, à l'un des deux procédés que voici :

1er Procédé : Aller de la règle aux exemples. — Ce procédé n'est avantageux qu'avec les élèves du cours supérieur.

Le maître formule la règle, ou il la fait lire dans le manuel; il l'explique, puis l'applique à des exemples écrits au tableau ; enfin, il demande aux élèves de trouver eux-mêmes des exemples, en application de cette règle.

2e Procédé : Aller des exemples à la règle. — Pour l'enseignement élémentaire de la grammaire, il est bien préférable d'aller du particulier au général, de remonter des exemples à la règle.

Ainsi, s'agit-il de donner à de jeunes enfants la notion du nom ? Le maître s'adresse successivement à quelques-uns d'entre eux et il leur demande de dire leur nom, ou mieux encore de l'écrire au tableau noir, puis il fait remarquer que *toute personne a un nom.* Indiquant ensuite quelques-uns des objets qui se trouvent dans la classe, il en demande le nom, il le fait écrire, et fait remarquer que *toutes les choses ont chacune un nom.* Il conclut en disant que les mots écrits au tableau sont des *noms,* parce qu'ils servent à nommer, à désigner, les uns des personnes et les autres des choses. Dès lors, la définition se dégage facilement, et le maître n'a plus qu'à en préciser les termes.

De même, on peut écrire au tableau noir le nom d'un être bien connu des enfants, faire énumérer certaines qualités qui lui conviennent, et les indiquer en regard de ce nom ; puis, après quelques explications sur les mots *qualité, qualifier, qualificatif,* on formule la définition de l'adjectif qualificatif.

Ce procédé n'exclut pas l'étude du livre, sans quoi les élèves oublieraient vite les règles et les définitions. Par la leçon orale, on fait *comprendre* la grammaire ; mais c'est par les applications orales ou écrites, et par l'étude de mémoire, qu'on fixe les principes dans l'esprit des enfants.

Remarque. — Il est à désirer que, dans l'enseignement de la grammaire, les maîtres aient égard aux observations suivantes :

1° Les règles à expliquer et à faire étudier doivent être en rapport avec la leçon d'orthographe du jour ou, tout au moins, avec celles de la semaine.

2° Il faut n'aborder les exceptions à une règle que lorsque les enfants possèdent bien cette règle.

3° L'important n'est pas que les élèves connaissent beaucoup de règles, mais qu'ils comprennent très bien les plus utiles, et qu'ils en fassent de nombreuses applications.

Analyse. — L'analyse est logique ou grammaticale, suivant qu'on décompose les phrases en leurs éléments logiques, qui sont les propositions, ou en leurs éléments grammaticaux, qui sont les mots. L'analyse suit l'enseignement du programme de grammaire, dont elle est une application ; mais toujours son but principal est de faire réfléchir les élèves, et de leur donner plus de facilité pour comprendre ce qu'ils lisent, pour rédiger correctement, et mettre à ce qu'ils écrivent une bonne ponctuation.

Cours élémentaire. — Au cours élémentaire, l'analyse grammaticale a surtout pour objet d'apprendre aux élèves à discerner la nature des mots déjà étudiés, autant que le permettent les connaissances acquises en grammaire. Le texte de la leçon de lecture, ou tout autre préalablement écrit sur les cahiers ou sur le tableau noir, sert à cet exercice : le maître y fait relever tantôt une espèce de mot et tantôt une autre. A mesure que se développe l'enseignement grammatical, certaines indications complémentaires viennent s'ajouter, telles que le genre et le nombre, la conjugaison à laquelle un verbe appartient, la personne, le temps et le mode auxquels il est employé.

Pendant cet exercice, on interroge parfois sur les règles grammaticales dont on fait l'application, et l'on exerce l'enfant à raisonner, à justifier son analyse.

Cours moyen. — Dès que les élèves du cours moyen savent reconnaître le sujet et les compléments d'un verbe, ils sont initiés à l'analyse logique, qui, dès lors, précède et simplifie l'analyse grammaticale.

Plus encore que tout autre peut-être, cet enseignement doit être méthodique et progressif. Le maître exercera d'abord les élèves sur des propositions simples, dont les termes essentiels seront exprimés par un seul mot : *Dieu est miséricordieux.* Le sujet sera tantôt un nom propre et tantôt un nom commun, auxquels on substituera bientôt un pronom. Le verbe substantif sera successivement employé à différents temps et à différentes personnes ; puis, après les explications convenables, il fera place au verbe attributif. Peu à peu, on ajoutera au sujet et à l'attribut des compléments qui viendront élargir le cadre de la proposition.

Sans dépasser les connaissances des enfants en grammaire, le maître fera procéder à l'analyse grammaticale, qu'il restreindra souvent aux mots les plus importants du texte qui fait l'objet de l'exercice.

Cours supérieur. — Au cours supérieur, les élèves devront être exercés à la décomposition d'une phrase en ses propositions. Surtout dans les débuts, ce travail ne doit rien avoir de difficile et de compliqué. Le maître se bornera d'abord à une simple distinction des propositions; il ne parlera que de principales et de dépendantes, se réservant de faire remarquer plus tard que les dernières se nomment aussi complétives, et qu'il y en a autant de sortes que de compléments différents. Il insistera d'une manière particulière sur les rapports des propositions entre elles, sur leur enchaînement, et il attirera l'attention des élèves sur le mot qui en est comme le lien. Enfin, il s'appliquera surtout à mettre en lumière la pensée que renferme la phrase. L'analyse grammaticale s'attachera aux difficultés que le cours moyen n'a pu aborder.

Exercices de conjugaison. — Les exercices de conjugaison des verbes sont d'une importance capitale. Par une sorte de procédé intuitif, on les commencera, avec les jeunes enfants, dès les premières leçons de grammaire. Il faut les multiplier dans les cours élémentaire et moyen, et y insister encore au cours supérieur, surtout au début de l'année scolaire. Le plus souvent, ces exercices se feront oralement; mais il en sera rédigé aussi par écrit.

Pour prévenir la routine, le maître ne fera ordinairement conjuguer les verbes qu'à certains temps ou à certaines personnes, et de préférence aux temps les plus usités.

Il est très utile aussi de faire conjuguer oralement par propositions, c'est-à-dire en ajoutant au verbe un complément ou un attribut donnés, que l'on peut changer à chaque personne. Pour s'assurer que les élèves connaissent bien les terminaisons du verbe, et aussi pour les exercer à parler, il est préférable que ce complément ou cet attribut commencent par une voyelle : ainsi on leur fait conjuguer *être attentif, étudier sa leçon, achever une page,* en exigeant qu'ils fassent toutes les liaisons tolérables. De même, pour exercer les enfants à appliquer les règles du participe, on pourrait faire conjuguer à des temps composés certains verbes, tels que : *étudier sa leçon et la réciter, se repentir d'une faute et la réparer.*

III. — ORTHOGRAPHE.

L'orthographe est la manière d'écrire correctement les mots d'une langue, selon l'usage établi. On distingue l'orthographe absolue ou usuelle, c'est-à-dire celle qu'ont les mots dans le dictionnaire, et l'orthographe de règles, c'est-à-dire les modifications qu'adoptent les mots en raison de leurs rapports réciproques dans une même phrase. Cette dernière a pour base l'étude de la grammaire, et la pratique de l'analyse et des conjugaisons, dont il vient d'être question. Dans ce paragraphe, on traitera de l'orthographe usuelle et de la dictée, qui en est le contrôle.

L'orthographe usuelle est surtout affaire de mémoire : plus donc on multiplie les souvenirs différents, relatifs à un même mot, plus il y a de chances que se grave, dans l'esprit de l'enfant, l'orthographe correcte de ce mot. *Faire voir* le mot, par la lecture sur le livre ou au tableau noir ; le *faire entendre*, par la prononciation ; le *faire écrire*, par la copie et la dictée, sont donc les procédés rationnels pour l'enseignement de l'orthographe.

Cours préparatoire. — Les élèves du cours préparatoire sont initiés à l'orthographe : 1° par l'épellation, à livre ouvert puis à livre fermé, de certains mots qu'ils viennent de lire dans le syllabaire ; 2° par la copie.

On leur fait copier le texte du syllabaire à mesure qu'ils apprennent à le lire. Dès qu'ils sont à la lecture courante, ils peuvent être exercés à la copie proprement dite. Le maître choisit pour cela un court alinéa du chapitre qui vient d'être lu : il écrit au tableau les mots qui présenteraient quelque difficulté de sens ou d'orthographe ; il les explique et les fait épeler. Les élèves s'appliquent ensuite à transcrire sans faute le texte indiqué.

De temps en temps, une dictée de trois ou quatre lignes, comprenant quelques-uns des mots copiés et même une courte phrase précédemment écrite, servira de composition et stimulera les jeunes élèves.

Le maître pourrait aussi faire copier au tableau, après les avoir expliqués, des séries de mots ayant entre eux une certaine relation : par exemple, le nom des jours de la semaine, des mois et des saisons de l'année ; celui des dix ou vingt premiers nombres ; celui des dignités et des grades ecclésiastiques, civils, militaires ; ou encore, le nom des objets qui se trouvent dans la classe, dans la maison paternelle, dans l'église, à la campagne, dans la ferme, etc.

Cours élémentaire. — Les élèves de ce cours apprennent l'orthographe d'usage au moyen des exercices suivants : 1° l'épellation de quelques mots, à livre fermé, pendant la lecture ou les exercices de vocabulaire ; 2° la copie ; 3° la dictée.

Nos ouvrages destinés à l'étude de la langue renferment des exercices qui doivent être expliqués par le maître, et faits avec soin par les élèves. Les enfants copient des mots choisis et très variés, dont ils apprennent ainsi l'orthographe. La dictée intervient comme moyen de contrôle : elle est aux exercices orthographiques ce qu'est la récitation à l'étude des leçons de mémoire.

Cours moyen et supérieur. — Aux cours moyen et supérieur, on peut employer avec avantage les procédés suivants, pour l'étude de l'orthographe usuelle :

1° Dans les lectures, on attire l'attention des enfants sur l'orthographe de certains mots.

2° Le maître dresse une liste de mots d'usage auxquels les élèves font ordinairement des fautes, et il en propose quelques-uns après chaque dictée.

3° L'élève écrit une ou plusieurs fois, soit en marge, soit à la suite de la dictée, les mots qu'il a mal orthographiés.

4° On fait apprendre une liste de racines, choisies parmi celles qui concourent à la formation des mots d'un usage courant.

5° Certains maîtres emploient encore avec profit un autre procédé. En temps utile, ils indiquent aux élèves quelques pages d'un livre de lecture dans lesquelles la dictée sera choisie. Parfois même, ils partagent la classe en groupes rivaux ; à la tête de chacun d'eux est un moniteur, qui prépare ses condisciples à l'épreuve d'orthographe par des exercices d'épellation sur le texte indiqué. Les livres de lecture peuvent être remplacés par des recueils de dictées ou de morceaux littéraires, qui sont distribués au moment opportun. Si le maître a de l'autorité et qu'il sache exciter l'émulation, il obtient par ce moyen de rapides progrès.

Dictée. — La dictée doit être bien choisie, bien donnée et bien corrigée.

Choix des dictées. — 1° Puisque la dictée est un exercice orthographique, elle sera choisie en vue de faire appliquer des règles étudiées pendant les leçons de grammaire antérieurement données.

2° Le plus souvent, on dictera un texte suivi ; on le choisira simple et intéressant.

3° Si le texte n'offrait pas assez d'applications relatives à certaines règles importantes, on le ferait suivre de quelques phrases détachées, naturelles et non tourmentées à plaisir pour y multiplier les difficultés.

4° Les dictées doivent être courtes. Mieux vaut se ménager du temps pour la correction, et les exercices oraux ou écrits auxquels la dictée donne lieu. D'ailleurs, il est d'expérience que les élèves progressent beaucoup moins par le nombre et la longueur des dictées, que par l'habileté du maître à tirer le meilleur parti possible de ces exercices.

5° Il est bon que les dictées qui servent de compositions mensuelles soient récapitulatives, c'est-à-dire qu'elles comportent un certain nombre de phrases empruntées aux dictées précédentes. Il est même très avantageux de donner en composition une dictée tout entière déjà faite, et corrigée depuis quelque temps.

Comment on donne la dictée. — Avant de faire écrire le texte, le maître le lira à haute voix et lentement. S'il se trouve dans cette dictée quelques mots d'usage que la plupart des élèves de la classe soient exposés à mal orthographier, ces mots seront épelés à haute voix et même écrits au tableau. Cela est nécessaire pour que les enfants ne conservent pas dans leur esprit des images incorrectes, qui leur feraient reproduire les mêmes fautes.

Voici comment on peut procéder, pour la dictée proprement dite :

Le maître, ayant soin de bien articuler, dicte lentement un membre de phrase; un élève des plus éloignés de l'estrade le redit et tous l'écrivent en silence, ensuite un des plus lents à écrire le répète à haute voix.

On peut, surtout quand la salle n'est pas trop vaste, supprimer cette répétition par les élèves, et même ne dicter ordinairement qu'une seule fois le texte : les élèves s'y habituent facilement et leur attention n'en est que plus soutenue.

Dans les classes à plusieurs cours, on pourra employer une partie du temps pour chacun. Pendant qu'on dictera à ceux d'un cours, les autres s'occuperont à quelque exercice orthographique qu'on leur aura expliqué.

Correction de la dictée. — Voici plusieurs procédés pour la correction de la dictée :

1° Faire corriger après chaque phrase ou chaque groupe restreint de phrases. Le maître fait signe à un élève d'en commencer l'épellation ; puis il avertit le second de continuer, et ainsi jusqu'à la fin de la phrase ou du groupe de phrases. S'il se rencontre des mots importants ou quelque difficulté, il interrompt l'exercice pour faire rendre compte de l'orthographe de ces mots, et questionner les élèves sur les règles dont ils font l'application.

2° Après la dictée entièrement terminée, le maître fait épeler à haute voix les mots auxquels les élèves sont exposés à faire des fautes, et chaque écolier corrige lui-même son travail. Plus que tout autre, ce genre de correction a besoin d'un sérieux contrôle.

3° Les élèves échangent leurs cahiers pour l'épellation. Chacun souligne au crayon les fautes de son condisciple et en indique le nombre en marge ; puis il reprend son propre cahier et corrige les fautes qu'il y trouve signalées. Si les élèves étaient peu avancés, une seconde épellation de certains mots importants deviendrait nécessaire.

4° Faire corriger sans épellation. La dictée ayant été écrite par un élève sur un tableau tourné ou voilé, pendant que ses condisciples la font sur leur cahier, on corrige d'abord au tableau, puis les élèves rectifient chacun leur texte ou celui qui leur a été remis, si l'on procède par changement de cahiers.

Le maître corrigera lui-même les dictées qui serviront de composition, c'est-à-dire qu'il en soulignera les fautes. Ce n'est qu'en faisant personnellement cette correction qu'il se rend compte des progrès de ses élèves; de plus, la nature des fautes qu'il constate doit le guider dans les moyens à prendre pour les faire éviter.

Vérification. — Pour s'assurer que la correction de la dictée a été bien faite, on emploie l'un des procédés ci-après :

1° L'épellation étant finie, le maître lève les cahiers, tantôt d'une table, tantôt d'une autre, mais de manière à les voir tous une fois ou deux dans la semaine; ou bien il se fait apporter ceux des trois ou quatre élèves qu'il a remarqués pour avoir été, soit les plus attentifs à la leçon, soit les plus distraits. Il vérifie ensuite ces cahiers, et il récompense ou punit suivant le nombre de fautes qui ont été laissées sans correction.

2° Le maître lève les cahiers comme il vient d'être dit, et il les fait examiner par quelques-uns des élèves les plus avancés.

3° Dans quelques classes, les écoliers forment des camps rivaux; alors chacun vérifie le cahier de son émule, et celui des deux élèves qui a le mieux corrigé pendant l'épellation reçoit une récompense.

Le maître fera son possible pour que les enfants s'appliquent à l'orthographe non-seulement dans les dictées et les exercices qui les accompagnent, mais encore dans tout ce qu'ils auront à écrire : lettres, rédactions, problèmes, pages d'écriture, etc.

IV. — RÉDACTION.

Aucun exercice ne coûte autant aux enfants qu'un devoir de rédaction, parce qu'aucun ne leur demande plus de réflexion et de travail personnel ; mais la difficulté qu'éprouve l'élève du cours supérieur à faire une narration, une description et surtout d'autres compositions plus abstraites, vient souvent de ce qu'il n'y a pas été suffisamment préparé dans les cours inférieurs. Attendre qu'il soit entré au cours moyen et peut-être même au cours supérieur, pour former l'écolier à la rédaction; lui imposer alors ce que l'on est convenu d'appeler un *sujet de style*, et cela sans préparation de longue main, c'est vouloir édifier sans base. Il ne faut pas s'étonner si les résultats sont très médiocres.

Le jeune enfant connaît peu de choses : il a par conséquent peu d'idées; son vocabulaire est fort restreint, et il ne comprend même pas toujours le sens des mots très simples qu'il emploie. Il faut donc commencer par lui faire acquérir des *idées* et des *mots*, et, par une série logique d'exercices, lui apprendre à enchaîner ses idées et à les exprimer correctement.

Cours élémentaire. — A ce cours, on donnera moins de temps au travail de la rédaction proprement dite qu'aux exercices propres à développer chez les débutants l'esprit d'observation, à augmenter le nombre des idées et des mots dont ils disposent, à leur apprendre à rédiger de petites phrases.

Pour développer l'esprit d'observation chez l'enfant et, du même coup, pour enrichir son vocabulaire et lui permettre d'écrire sans trop de sécheresse et de monotonie, on a recours à divers moyens. L'un des plus pratiques est le suivant :

On présente aux écoliers un objet connu, et, par une série de questions appropriées, on les amène à réfléchir et à trouver les idées et les mots que peut suggérer cet objet : nature, forme, couleur, dimensions, parties constitutives, usages, etc. On habitue les élèves à causer, à exprimer des propositions complètes, au lieu de répondre, comme ils y sont portés, par un seul mot. Ainsi à cette question : *quelle est la couleur de votre règle ?* l'enfant ne doit pas répondre par le seul mot : *noire;* mais on lui fera dire et même écrire au tableau : *ma règle est noire*, ou *ma règle est noire et luisante.* Quelques phrases courtes sur le même objet, écrites au tableau, constituent un résumé de l'exercice oral que l'on vient de faire, résumé que les élèves copieront sur leur cahier.

Pour favoriser l'acquisition des idées et des mots chez le jeune écolier, on se servira des divers moyens dont il a été parlé à propos des exercices d'élocution.

Pour la rédaction proprement dite, on fait donner oralement des réponses à trois ou quatre questions se rapportant au même sujet. Les questions sont écrites au tableau et numérotées, ainsi que les réponses correspondantes. Ces dernières sont ensuite copiées par les enfants : c'est leur rédaction [1].

Le sujet peut être une toute petite lettre, une historiette racontée par le maitre et répétée oralement plusieurs fois par les élèves, la description d'un objet bien connu des enfants, un fait de leur vie d'écoliers, etc.

Cours moyen. — On utilise toutes les ressources dont il a été parlé, pour l'acquisition des idées et des mots, et pour le développement de l'esprit d'observation : lecture expliquée, exercices d'élocution, leçons de choses, etc [2]. On commence à exercer fréquemment les élèves à de petites compositions du genre simple : récits, lettres, sujets d'ordre scientifique ou historique.

Récits. — S'il s'agit d'un récit, le maitre a dû choisir, autant que possible, un fait connu des enfants. Il le raconte, et pose quelques questions pour s'assurer qu'il a été compris ; puis il en fait écrire sommairement au tableau les idées principales. Le plan de cette narration reçoit aussitôt, par un exercice oral et collectif, un commencement d'exécution avant le travail écrit.

Pour cela, le maitre s'adresse aux élèves les plus intelligents, et leur demande de développer oralement la première des idées que renferme le plan. Il choisit la meilleure réponse, il la complète, la corrige autant que de besoin, indiquant le mot propre, l'expression juste que l'élève n'a pu trouver. Il la fait ensuite répéter, mais sans la faire écrire au tableau. Une deuxième, une troisième pensée sont développées ainsi, puis les élèves composent leur rédaction en consacrant un alinéa distinct au développement de chacun des points du plan. Un travail ainsi facilité donne

---

[1] Si l'on fait copier la rédaction écrite au tableau, il sera bon d'y effacer quelques mots ou d'en réduire quelques-uns à leur lettre initiale, afin d'exercer l'intelligence des enfants.

[2] On n'aura garde d'omettre les explications de textes qui figurent dans nos *Cours de Langue française*, de cinq en cinq leçons.

à l'enfant, du goût pour ce genre de devoirs, et rend la correction moins laborieuse.

Lettres. — On exercera beaucoup les élèves du cours moyen à la rédaction de petites lettres : lettres de famille, (jour de l'an, fêtes, deuils), récit d'un petit voyage, lettres d'amitié, lettres sur un événement local ou un incident de la vie scolaire, etc. Elles seront préparées oralement, d'après un plan écrit au tableau, et le maître ne manquera pas d'indiquer les dispositions matérielles qui constituent le cérémonial des lettres. De temps en temps, il pourrait demander que le devoir lui fût rendu comme si la lettre devait être remise à la poste, cachetée et portant une adresse bien disposée.

Sujets d'ordre scientifique ou historique. — Il est des genres de compositions qui réclament de l'élève plus d'efforts intellectuels qu'une simple narration ; ce sont les rédactions sur un sujet scientifique ou historique. Ce devoir demande à être préparé plus complètement que les autres sujets, sans quoi il serait fait d'une manière par trop défectueuse.

Si un maître proposait à ses élèves le sujet suivant : *la boussole*, et qu'il se contentât de leur donner ces deux idées principales : *description*, *usage*, il est certain que ces indications seraient insuffisantes pour des enfants du cours moyen. Le travail leur deviendrait beaucoup plus utile et plus agréable, s'il était préparé de la manière suivante.

On montre une boussole, et l'on en fait énumérer les différentes parties. A tour de rôle, deux ou trois élèves font oralement la description demandée ; après quoi, l'un d'eux est envoyé au tableau pour y écrire en quelques lignes la description faite verbalement. Le maître provoque la critique des autres enfants : l'un fera remarquer la répétition trop fréquente d'un même mot ; un autre, l'abus des pronoms conjonctifs ; un troisième, une faute de ponctuation qui entraîne un non-sens ou une équivoque.

Le maître dirigera ce travail de correction, pour le faire porter d'abord sur l'exactitude des pensées exprimées, ensuite sur la construction des phrases, enfin sur la propriété des termes, la recherche des expressions équivalentes. De plusieurs expressions trouvées par différents élèves, pour exprimer à la même pensée, il fait connaître celle qui est préférable et il dit pourquoi. Toujours il questionne pour exciter à la réflexion. Il félicite l'élève qui s'est montré particulièrement heureux dans les réponses; il encourage ceux qui le sont moins, mais font preuve de bonne volonté, et il résout les difficultés qui embarrassent les enfants.

Le libellé primitif, écrit au tableau, ne doit pas disparaître : on annule ce qui est défectueux, et l'on écrit au-dessus la nouvelle rédaction. Enfin, quand le travail est suffisamment correct pour des enfants, on le lit à haute voix, puis on l'efface. Les élèves reproduisent ensuite de mémoire, sur sur leur cahier, le développement de cette première partie.

Ce travail collectif présente de grands avantages et fait faire de rapides progrès. Il n'a porté que sur quelques phrases et a duré une demi-heure; mais il est bien plus profitable aux élèves qu'un devoir beaucoup plus long et sur lequel, pendant le même temps, on les aurait abandonnés à leur propre initiative.

L'autre partie du sujet : *usage de la boussole*, serait préparée de la même manière, en une autre séance; ensuite les élèves devraient faire le sujet tout entier. La correction n'en serait ni longue, ni compliquée, ce qui est l'un des grands avantages de ce procédé.

Cours supérieur. — Comme aux autres cours, l'enseignement de la rédaction comprend des exercices préparatoires et la rédaction proprement dite.

Exercices préparatoires à la rédaction. — Les exercices suivants, faits avec constance, produisent d'excellents résultats.

1° Exercices variés de lexicologie et de phraséologie, tels que : invention de termes, invention et transformations de propositions ou de phrases, traduction de vers en prose, résumés de lecture, etc.

2° Explication, étude et application des règles générales de la composition et du style.

3° Lecture expliquée de textes choisis, empruntés aux

meilleurs écrivains. A propos de ces textes, les interrogations doivent conduire les élèves à se rendre compte : des idées, ou de l'*invention*; de l'ordre suivi par l'auteur, ou de la *disposition;* des expressions employées, ou de l'*élocution*.

Sujets de rédactions. — Les principaux genres de sujets auxquels on peut appliquer les élèves du cours supérieur sont : les récits historiques, les narrations familières, les descriptions, les lettres sur des sujets divers, et le développement de pensées se rapportant à la morale pratique. Il sera utile de faire entrer ces divers genres de rédactions dans la répartition mensuelle des spécialités, et de donner, au moment où l'on y exerce les élèves, les principes de style propres à chaque genre. On proposera surtout des lettres, narrations, descriptions et autres sujets relatifs à la vie de l'écolier, aux usages ou à l'industrie du pays, aux événements du jour, aux sites de la contrée, aux célébrités de la province, etc. C'est le moyen de former les élèves à exprimer quelques idées personnelles, puis à écrire avec plus de facilité et de naturel.

De temps en temps, le sujet sera préparé par le développement oral des diverses pensées qui composent le plan. Du moins le plan, prévu par le maître, devra-t-il toujours être établi par une préparation orale et collective c'est-à-dire avec la collaboration des élèves.

Il est bon d'indiquer parfois, un ou deux jours d'avance, le sujet de la rédaction à traiter : les élèves ont le temps d'y réfléchir et même d'élaborer un plan. La comparaison qu'ils font ensuite de ce plan avec celui qu'on aura composé en classe excite leur curiosité, exerce leur jugement, et les prépare à écrire des rédactions qui ont un cachet personnel.

Correction des rédactions. — La correction des rédactions comprend : la correction individuelle, le compte rendu et la correction collective.

La *correction individuelle* que le maître fait de chacune des rédactions de ses élèves exige beaucoup de temps ; il faut supprimer, ajouter, rectifier, sans compter les annotations plus ou moins nombreuses à faire en marge. On simplifiera ce travail : 1° en réduisant le nombre des fautes et des incorrections dans les devoirs écrits, au moyen de la préparation collective du sujet; 2° en rendant méthodique la correction, c'est-à-dire en la faisant porter principalement sur deux ou trois défauts, que l'on poursuit dans toutes les copies et durant plusieurs semaines; 3° en donnant un temps convenable à la correction générale ou collective.

Le *compte rendu* des devoirs de rédaction est indispensable. En le faisant, on appréciera certains passages, marqués d'avance d'un signe spécial, et dont la lecture présente un intérêt général, soit que ces citations puissent servir de modèles, soit qu'elles se prêtent à des remarques utiles à l'ensemble des élèves. De temps en temps aussi, un sujet tout entier sera lu et critiqué, et l'on choisira alors parmi les meilleurs.

La *correction générale* est un exercice très propre à faire faire de rapides progrès pour la rédaction, et qui, de plus, présente le grand avantage d'exciter l'activité intellectuelle de toute la classe. Voici comment on y procède :

En corrigeant les devoirs des élèves, le maître a relevé quelques phrases défectueuses ; après le compte rendu, il envoie au tableau un enfant auquel il dicte une de ces phrases, puis il demande quels défauts on y remarque. L'incorrection ou les incorrections étant signalées, tous les élèves s'essayent à donner, sur leurs cahiers, une forme correcte à la phrase. Bientôt, le maître fait lire par quelques-uns le résultat de leur travail ; il adopte le meilleur, le modifie un peu s'il en est besoin, et le dicte à toute la classe. Il fait modifier ainsi les trois ou quatre phrases qui sont l'objet de la correction générale.

Procédé de rédaction et de correction simultanées. — Aux cours moyen et supérieur, on pourrait parfois employer le procédé suivant :

1° Travail d'*invention*. — Le maître annonce le sujet de la rédaction et il recherche, avec le concours des élèves, les principales idées qui s'y rattachent. Toutes les idées présentées par les enfants, et admises par le maître, sont résumées au tableau noir par un mot.

2° Travail de *disposition*. — On marque les chiffres 1, 2, 3, sous les mots qui expriment les idées à développer en premier, en deuxième, en troisième lieu, et l'on supprime les idées qui font double emploi.

Le maître coordonne ensuite ces idées en un plan très court, qu'il dicte aux élèves.

3° Style proprement dit, ou *expression*. — Le tableau noir est partagé en deux colonnes par un trait vertical, et les élèves font la même opération sur leur cahier.

Le maître propose de développer la première idée : alors chacun des écoliers écrit, sur un brouillon d'abord, puis dans la colonne de gauche de son cahier, le développement qu'il a trouvé.

Ce travail est aussitôt contrôlé. Le maître fait lire, par quelques enfants, ce qu'ils viennent de composer ; il écrit au tableau l'un des meilleurs parmi ces développements, il le critique et le corrige avec le concours des élèves. La phrase ainsi modifiée est reproduite par le maître et par les élèves, dans la colonne de droite, sur le tableau et les cahiers.

On procède de même pour les autres idées du plan, et la rédaction se trouve corrigée aussitôt après que la dernière pensée a été travaillée comme il vient d'être dit.

V. — ÉTUDE DES TEXTES CHOISIS.

Il est très utile de faire étudier aux élèves quelques poésies simples et bien choisies. Elles ornent leur esprit, contribuent à former leur goût, et, par les sentiments délicats ou élevés qu'elles renferment, deviennent un moyen d'éducation morale.

Choix des morceaux à étudier. — Il faut que les morceaux choisis pour la récitation réunissent les conditions suivantes : 1° qu'ils soient d'un goût irréprochable, quant aux idées et à leur forme ; 2° que la valeur des idées permette de s'en servir pour l'éducation générale des enfants ; 3° qu'ils ne dépassent pas la portée de ceux qui les apprennent.

On fait apprendre aux élèves de la poésie préférablement à de la prose : ils la retiennent plus vite, et la diction en est d'ordinaire plus facile et plus variée.

L'étude des textes choisis comprend : 1° l'explication préparatoire; 2° l'exercice de diction ou déclamation; 3° la récitation.

Cours préparatoire. — Avec les tout jeunes enfants, l'explication préparatoire est une causerie sur le sujet de la poésie. L'étude se fait par audition et vers par vers, si le sens le permet. Le maître dit le premier membre de phrase, un ou deux vers, avec les inflexions convenables pour son auditoire ; il le fait répéter simultanément par tous, puis par un ou deux élèves seuls, ensuite par des groupes restreints. On continue ainsi, en ajoutant chaque fois un membre de phrase à ceux déjà étudiés.

Cours élémentaire. — Au cours élémentaire, l'étude se fait par l'audition et par la lecture de la poésie, choisie ordinairement dans les manuels à la disposition des enfants. Le plus souvent, la poésie doit être divisée en plusieurs fragments, dont chacun suffit à une leçon; mais avant de faire étudier le premier de ces fragments, on donne une idée de l'ensemble du morceau. Chaque tâche comprend une ou deux strophes, d'abord expliquées quant aux expressions qui le réclament, puis dites par le maître, avec les inflexions et les pauses. La répétition, phrase par phrase, est collective puis individuelle. On exige un débit lent, des pauses suffisantes, des inflexions naturelles, et l'on fait répéter le même passage jusqu'à ce que l'on obtienne un résultat satisfaisant.

Cours moyen et supérieur. — Aux cours moyen et supérieur, le maître procède d'après la marche suivante :

1° Première lecture du texte à étudier, pour donner aux élèves une idée générale des idées et des sentiments qui s'y trouvent exprimés. Si la poésie n'est pas contenue dans un manuel à l'usage des élèves, elle est préalablement dictée.

2° Explication du texte, comme s'il s'agissait d'une lecture ordinaire.

3° Lecture-type, dans laquelle le maître s'efforce de bien faire comprendre les sentiments par les inflexions, les pauses et la mise en relief des mots de valeur. Il donne brièvement et simplement la raison des intonations et inflexions diverses ; il indique le motif des pauses, et dit pourquoi tel mot doit être détaché avec un soin spécial.

4° Répétition de la poésie ou d'un fragment par plusieurs élèves, jusqu'à ce que la diction soit correcte, naturelle et expressive.

5° Pour le cours supérieur : indication de quelques gestes sobres et simples, après l'étude textuelle et la récitation du morceau.

CHAPITRE V

LEÇONS DE CHOSES

Notions usuelles de sciences physiques et naturelles

I. **Généralités sur les leçons de choses :** Nature : une première initiation aux sciences expérimentales, sous forme d'entretiens familiers. Sujets à traiter. Moyens. Préparation. Résultats éducatifs. — II. **Marche de la leçon :** Indications générales. Application à une leçon de choses pour le cours moyen ; à une leçon élémentaire de sciences pour le cours supérieur. — III. **Remarques sur l'adaptation des leçons de choses :** Adaptation d'un même sujet aux cours élémentaire, moyen et supérieur. Adaptation des leçons de choses aux besoins locaux.

I. — GÉNÉRALITÉS SUR LES LEÇONS DE CHOSES.

Les leçons de choses sont des entretiens familiers sur des objets en nature ou représentés en images ; elles sont une première initiation à l'étude des sciences expérimentales.

Deux degrés dans les leçons de choses. — On peut distinguer deux degrés successifs dans les leçons de choses, suivant les sujets et la manière de les traiter. Le maître s'en tient-il à des causeries très élémentaires et sans rien de scientifique, sur des objets usuels : c'est la *leçon de choses* proprement dite. Sans cesser d'être familiers, les entretiens présentent-ils, sous forme expérimentale, quelques connaissances scientifiques : ce sont les *notions usuelles de sciences physiques et naturelles*; cet enseignement est la continuation du précédent.

Ainsi le maître place un morceau de pain sous les yeux de jeunes enfants; il leur demande avec quoi se fait le pain; il leur montre de la farine, puis quelques grains de froment, et, par une série d'interrogations, il les amène à comprendre et même à dire comment se fabrique le pain. Une autre fois, il attire les regards des élèves sur une tablette de chocolat, un morceau de sucre et un échantillon de cacao conservé au musée scolaire ; puis, sans entrer en des détails de fabrication qui ne conviennent qu'aux enfants plus âgés, il indique d'une manière suffisante la composition du chocolat. Ce sont des leçons de choses, l'une sur le pain et l'autre sur le chocolat.

Pour donner à des élèves plus avancés des notions usuelles sur le thermomètre, par exemple, on commencerait la leçon par quelques expériences élémentaires ; puis on arriverait à la description de l'appareil, au principe sur lequel il repose, à son fonctionnement et à ses usages.

Sujets à traiter. Moyens. — Les sujets à traiter, dans les leçons de choses et les notions usuelles de sciences, sont empruntés aux trois règnes de la nature et aux objets dont on se sert communément. Les leçons peuvent donc être très variées, toujours vivantes et intéressantes.

Dans cet enseignement, on recourt surtout aux moyens intuitifs, qui sont ici : 1° les *choses*, ou objets présentés aux élèves pour être la matière de la leçon ; 2° les *expériences* très simples qui rendent sensibles les propriétés des choses.

En bien des cas, il est facile de se procurer les objets matériels dont on a besoin : articles d'alimentation, métaux divers, spécimens de bois, plantes, graines, produits industriels. Le tout peut être collectionné au musée scolaire. Il existe d'ailleurs des moyens très simples et très ingénieux de rendre intuitif et expérimental l'enseignement élémentaire des sciences, sans qu'on soit obligé de recourir à ce matériel coûteux dont sont pourvues certaines écoles spéciales.

Pour que les leçons de choses laissent des traces plus profondes dans l'esprit des enfants, il est bon d'exiger d'eux un résumé par écrit ; ce résumé servira de sujet de rédaction. Les enfants du cours élémentaire peuvent copier les mots écrits au tableau noir, et qui fixent les idées essentielles de la leçon, ou quelques courtes propositions résumant l'enseignement du jour. Le résumé dicté aux autres cours sera évidemment plus complet, mais toujours succinct.

Préparation. — Résultats éducatifs. — Les leçons de choses demandent au maître une préparation sérieuse. Non seulement il doit bien posséder le sujet qu'il veut traiter, mais encore déterminer à l'avance ce qu'il est à propos d'en dire. Circonscrire la question, en éliminer tout ce qui est inutile ou trop connu des élèves, c'est le moyen d'être clair et pratique. Il faut savoir, en effet, se borner dans les explications, et, sous prétexte de documenter son enseignement, ne pas s'exposer à sortir du sujet. Ainsi, le maître veut-il donner une leçon sur les combustibles, devant lui se trouvent des échantillons de houille, de coke, d'anthracite, de tourbe, etc; il parle de l'origine de chacun d'eux, il en dit les qualités et en compare les avantages. Mais si, à propos de la houille, il voulait parler du gaz, du goudron et de ses différents produits, il porterait, par ces digressions, la confusion dans l'esprit des enfants.

Le résultat éducatif qu'on doit se proposer dans ces sortes de leçons, c'est de faire l'éducation des sens de l'enfant, de développer chez lui l'esprit d'observation, de l'accoutumer à constater les faits et à remonter à leur cause ; c'est aussi de lui faire acquérir quelques-unes des connaissances qui lui seront très utiles dans la vie pratique. Le maître chrétien n'aura garde de matérialiser en quelque façon cet enseignement utilitaire ; mais, par quelques réflexions opportunes et peu nombreuses, il aura soin d'élever les esprits vers le Dieu qui a tout créé et qui conserve tout pour l'homme.

II. — MARCHE D'UNE LEÇON DE CHOSES.

Voici comment on peut procéder, pour donner une leçon de choses :

1° Interroger sur la leçon précédente, surtout si elle a quelque rapport avec celle qu'on va donner.

2° Montrer l'objet et ses parties ; les faire nommer ; faire indiquer sa nature et ses usages ; en un mot, inviter les élèves à dire tout ce qu'ils savent sur l'objet montré.

3° L'attention étant excitée, le maître donne la leçon sous forme de courte exposition, et suivant un plan qu'il a préparé.

4° Reprendre la matière de la leçon, sous forme d'interrogations variées.

5° Faire résumer la leçon et, surtout si les élèves n'ont pas de manuel, la réduire à un sommaire dicté pour être appris.

6° Indiquer un devoir à rédiger.

Aux élèves du cours élémentaire, on ne dicte pas de résumé et l'on ne donne pas de devoir à faire.

Leçon sur la pomme de terre (*Cours moyen*). — 1° Montrer une pomme de terre et faire dire à quel règne elle appartient. Demander aux enfants s'ils ont déjà vu arracher des pommes de terre, et ce qu'ils ont alors remarqué concernant les tiges, les tubercules, etc. Interroger brièvement sur les usages divers de la pomme de terre.

2° Le maître donne la leçon, suivant le plan qu'il a préparé :

a. — Nature de la pomme de terre. Par qui elle fut propagée en France.
b. — Parties de la plante : tiges, feuilles, racines et tubercules.
c. — Usages de la pomme de terre : aliment, fécule, alcool.

3° Interrogations sur la leçon et résumé.

4° Indication de l'étude à faire et, s'il y a lieu, du devoir à rédiger.

Leçon sur l'air (*Cours supérieur*). — 1° On fera quelques interrogations, mais assez peu nombreuses, sur ce que les élèves savent déjà concernant l'existence et le rôle de l'air.

2° La plus grande partie du temps sera consacrée à la leçon, donnée à peu près selon le plan suivant :

a. — *Existence de l'air.*

Elle sera *montrée* par quelques expériences :

1° Résistance que l'on éprouve en plongeant vivement dans l'eau une carafe, l'ouverture en bas.

2° Sortie des bulles d'air, quand on remplit d'eau la carafe en l'inclinant.

3° Coller un morceau de sucre au fond d'un verre que l'on plonge dans l'eau verticalement, et renversé : l'air comprimé dans le verre empêche l'eau de monter jusqu'au sucre.

b. — *Composition de l'air.*

La *montrer* par des expériences :

1° Existence de deux gaz dans l'air, dont l'un est favorable à la combustion. Poser sur l'eau une rondelle de liège, portant un morceau de bougie allumée sous un verre que l'on soutient au niveau du liquide : la bougie brûle, puis s'éteint et l'eau monte. Dire pourquoi.

2° Remplacer le verre par une éprouvette graduée. Proportions d'oxygène et d'azote : 1 à 4.

c. — *Substances renfermées dans l'air.*

Acide carbonique et vapeur d'eau : dire d'où ils proviennent.

Poussières, organismes vivants ou microbes.

d. — *Rôle de l'air.*

Comment il est indispensable aux animaux, aux plantes, à la combustion.

III. — ADAPTATION DES LEÇONS DE CHOSES.

Adaptation d'un même sujet aux trois cours. — Les leçons de choses peuvent présenter, sur un même sujet, des notions plus ou moins complètes, selon que l'on s'adresse au cours élémentaire, au cours moyen ou au cours supérieur. Toutefois le maître n'oubliera pas que, même au cours supérieur, les leçons doivent être dégagées des théories purement scientifiques.

Si l'on veut parler du phénomène de la dilatation, par exemple, on n'ira pas disserter sur les coefficients de dilatation ; mais on s'attachera, une fois la loi constatée par quelques expériences, à en étudier les principales applications industrielles.

De même, si l'on donne une leçon sur le fer, on se gardera bien d'aborder les questions de chimie qui se rattachent à la métallurgie du fer et à la fabrication de l'acier ; mais, après un aperçu plus ou moins sommaire sur le traitement du minerai, on insistera sur les propriétés et plus encore sur les usages du fer.

Voici, d'ailleurs, comment pourrait être adaptée aux trois cours une *leçon sur le fer :*

Cours élémentaire. — On met sous les yeux des élèves un morceau de fer et un de fonte, puis, si l'école en possède, un échantillon de minerai. Une gravure représentant l'intérieur d'une mine serait aussi très utile.

Le maître dit aux enfants que le fer est renfermé dans le minerai, et qu'en soumettant celui-ci à l'action d'un feu intense, le métal fond et coule : c'est la *fonte*. Il indique ou fait indiquer quelques objets en fonte. Il fait remarquer ensuite que ce premier produit est du fer qui contient un peu de *charbon*, ce qui le rend cassant ; qu'on le refond, et que, pendant la fusion, le vent de grosses machines soufflantes en fait brûler le charbon et le transforme ainsi en *vrai fer*.

Cours moyen. — On ajoutera aux données précédentes quelques détails sur le traitement du minerai par les hauts fourneaux. Une gravure représentant la coupe d'un haut fourneau serait presque indispensable ; on pourrait toutefois y suppléer, dans une certaine mesure, par un croquis au tableau noir. En quelques mots, on fera connaître les caractères distinctifs et les usages de la fonte grise et de la fonte blanche.

A propos du fer, il pourrait être parlé de la tôle, du fer-blanc, du fer galvanisé, etc. En parlant de l'acier, on se contentera d'expliquer pourquoi il est plus dur et plus cassant que le fer, et l'on terminera en faisant nommer quelques objets en acier.

Cours supérieur. — Si elle s'adressait au cours supérieur, la même leçon serait complétée à peu près comme suit :

Le maître donne des explications plus détaillées sur la métallurgie du fer, sur le parti que l'industrie tire de la fonte, et sur la conversion de la fonte blanche en fer. Il ajoute quelques notions sur la fabrication de l'acier, sur la trempe et les propriétés qu'elle lui donne, enfin sur les usages des différents aciers. Il pourrait aussi faire mention des composés chimiques du fer qui sont d'une application courante en médecine et dans l'industrie.

Le plan de cette leçon sur le fer est celui d'une leçon transposée, c'est-à-dire qui doit être successivement donnée aux trois cours, avec des développements proportionnés à l'âge des élèves. Mais la leçon pourrait être commune et s'adresser aux différents cours de la même classe ; il y aurait toujours certaines parties de l'enseignement qui seraient accessibles aux plus jeunes enfants, et sur lesquelles ils pourraient être interrogés.

Adaptation des leçons aux besoins locaux. — Le choix des sujets doit être fait avec discernement et s'inspirer des besoins locaux. Une leçon sur la fabrication du vin peut être très instructive pour les enfants d'une grande ville, laquelle serait d'un médiocre intérêt dans les pays vignobles, où les élèves connaissent déjà, pour en avoir été témoins, les faits dont on veut les entretenir. Dans ce dernier cas, au lieu de traiter la question en détail, mieux vaudrait se borner à faire la leçon sur la fermentation alcoolique du vin, phénomène dont ils ne connaissent ni les causes ni les conséquences.

De même, une leçon sur les céréales ne sera pas présentée aux enfants de certaines villes importantes, comme à ceux des campagnes. On se bornera généralement à faire distinguer aux premiers les tiges et les grains du blé, de l'orge, de l'avoine, etc., à leur en faire connaître les qualités et les usages, à dire quelques mots sur l'époque des semailles, sur la récolte et le battage, etc. Avec des élèves de la campagne, on se placerait à un autre point de vue. On leur présenterait différentes espèces de blé, d'orge ou d'avoine ; on indiquerait les avantages et les inconvénients de chacune ; on spécifierait celles qui conviennent le mieux au sol du pays, et, d'une manière générale, on donnerait les détails qui peuvent être d'une utilité pratique aux cultivateurs. En résumé, ce serait, sous forme de leçon de choses, une véritable leçon d'agriculture.

CHAPITRE VI

HISTOIRE

I. Programmes : Cours préparatoire, élémentaire, moyen et supérieur. — **II. La leçon d'histoire** : Marche de la leçon d'histoire. Adaptation aux cours préparatoire et élémentaire; aux cours moyen et supérieur. Emploi du manuel. Usage des cartes. Récapitulations et revisions. — **III. Enseignement civique** : Utilité et forme de cet enseignement.

I. — PROGRAMMES.

La connaissance de l'histoire nationale est demandée aujourd'hui à tous les élèves des classes primaires, dans la mesure qui convient à leur âge et à leur développement intellectuel. Pour que cette étude soit intéressante et pratique, on aura soin de ne pas consacrer trop de temps aux époques éloignées, afin de pouvoir en réserver davantage à la période moderne et contemporaine.

Dans cet enseignement, on distingue les faits, les biographies, les dates, et les considérations par lesquelles on enchaîne les faits entre eux, et on les explique par leurs causes et leurs conséquences. La part qu'il convient de donner à ces éléments divers, dans chaque cours, dépend de l'âge des écoliers, comme aussi des programmes en usage dans les différents pays.

Cours préparatoire. — Au cours préparatoire, on doit se borner à des récits biographiques, à des entretiens familiers sur quelques-uns des faits importants de l'histoire. Ce qui convient aux petites classes, c'est l'anecdote racontée par le maître et redite par les élèves. Les images ou tableaux historiques seront d'un grand secours pour captiver l'attention des jeunes écoliers. On commence par expliquer les gravures que renferme le manuel édité pour ce cours, par l'Institut; il sera ensuite très facile d'intéresser les enfants aux récits qui s'y rapportent.

Cours élémentaire. — Au cours élémentaire, l'enseignement porte sur les grands faits et sur les personnages remarquables de l'histoire. Un épisode important, une biographie intéressante, viendront distinguer entre elles les différentes périodes, et présenter ce qu'on pourrait appeler le côté caractéristique de chacune. C'est ainsi qu'a été rédigé et illustré le manuel de ce cours; on en expliquera les gravures, afin de donner aux élèves une certaine notion exacte sur les coutumes, les personnages et les faits qu'on veut leur faire connaître.

Cours moyen. — Au cours moyen, on étend et l'on précise le programme jalonné, pour ainsi dire, l'année précédente au cours élémentaire. Il serait encore inopportun de donner beaucoup de détails, mais on enchaînera entre eux les faits principaux, et l'on précisera les données historiques au moyen de la géographie et de la chronologie. On attirera donc l'attention des élèves sur les cartes et sur les gravures que renferme leur manuel. On sera très sobre de dates, et l'on se bornera aux plus importantes.

Cours supérieur. — Au cours supérieur, le maître fait d'abord une revue sommaire de la première partie du programme, et il insiste sur les événements de la période moderne.

Il ne se contente pas, comme dans les autres cours, d'exposer les faits; mais il en dit les causes et les conséquences; il suit d'étape en étape la marche du pays vers l'unité nationale; il parle de ses institutions politiques et administratives, et fait connaître les grands hommes qui ont illustré la patrie, ainsi que les découvertes et les inventions qui lui font honneur.

II. — LA LEÇON D'HISTOIRE.

Marche générale. — 1° Interrogations sur la leçon précédente, avec quelques questions sur la partie du programme déjà étudiée, autant que cela prépare au sujet.

2° Exposé succinct de la leçon du jour : mettre en lumière les faits et les personnages importants ; grouper les notions sous forme de *plan synoptique*, écrit au tableau noir ; se servir de cartes murales, de croquis géographiques et de gravures, s'il y a lieu.

3° Explication du manuel.

4° Interrogations sommaires, puis indication de la leçon à apprendre ou du devoir écrit à faire.

Adaptation de la marche générale aux divers cours. — Plus les élèves sont avancés, plus le maître donne de temps à l'exposition des faits et aux réflexions qu'ils suggèrent.

Cours préparatoire et élémentaire. — Aux cours préparatoire et élémentaire, l'enseignement de l'histoire est anecdotique, intuitif et pittoresque. Il cherche à faire comprendre aux enfants qu'on n'a pas toujours eu, dans la société, la même manière de vivre qu'aujourd'hui. Cette notion très simple n'entre dans leur esprit que par des récits et surtout par l'explication des gravures.

Le maître racontera les faits dans une causerie animée, entremêlée de questions très nombreuses. Les termes indiquant les personnages, les usages, les villes seront écrits au tableau à mesure qu'ils se présentent dans le récit ; et cela afin de captiver davantage l'attention des écoliers.

Le récit terminé, on le fera répéter par fragments, puis en entier par plusieurs enfants, et l'on terminera par une interrogation, puis par la lecture expliquée du manuel d'histoire.

Cours moyen. — Les leçons ne devront, en aucun cas, être un exposé ininterrompu du sujet ; mais des interrogations feront intervenir fréquemment les élèves, excitant ainsi leur intérêt et leur activité intellectuelle. Quant aux dates, les principales seront seules données.

Après la lecture expliquée du texte du manuel, on rappellera qu'il faut apprendre à peu près textuellement le sommaire et lire plusieurs fois les développements qui l'accompagnent, afin d'en rendre compte avec exactitude.

Cours supérieur. — La leçon est un exposé à la fois narratif, explicatif et comparatif, exposé coupé d'interrogations adressées aux enfants. En composant son plan, le maître cherche, autant que possible, à grouper dans une seule leçon les divers éléments qui se rapportent à une même question, et à donner ainsi aux élèves quelques idées d'ensemble sur les faits historiques.

Il se gardera d'entrer en beaucoup de détails relativement aux expéditions militaires et aux descriptions de batailles ; le cours d'histoire doit surtout faire connaître les principales transformations relatives au territoire national, à la civilisation et aux conditions sociales.

Emploi du manuel d'histoire. — Il est nécessaire de mettre entre les mains des élèves un bon manuel d'histoire, sans quoi ils ne retiennent que des notions vagues et sans liaison entre elles. Nos manuels d'histoire correspondent aux divers degrés de l'enseignement ; ils sont concentriques, c'est-à-dire qu'ils contiennent un ensemble de connaissances qui va se développant du cours élémentaire au cours moyen, et de celui-ci au cours supérieur. Ce sont de précieux auxiliaires pour le maître, mais ils ne le dispensent jamais de donner la leçon.

Voici deux manières de se servir de ces manuels, pour l'enseignement de l'histoire :

1° Après avoir indiqué brièvement le sujet de la leçon, le maître fait lire une partie du texte qui le développe. Il en explique les termes qui pourraient être obscurs, attire l'attention sur les faits et les personnages, ajoute au besoin certains détails intéressants, puis interroge et fait continuer la lecture, qu'il interrompt ainsi autant de fois qu'il est utile. Le chapitre épuisé, le maître interroge les élèves sur l'ensemble de la leçon et leur indique la partie du texte qu'ils devront apprendre par cœur, aussi bien que celle dont ils devront seulement reproduire le sens.

D'après ce procédé, la leçon du maître a donc consisté dans un exposé très succinct du sujet, dans l'explication des termes du manuel et le récit de quelques détails supplémentaires.

2° Le second procédé consiste à ne se servir du manuel

qu'après la leçon orale et les interrogations sommaires dont elle a été suivie. Le texte est lu, et s'il renferme quelques termes obscurs pour les élèves, on les leur explique.

En aucun cas, la simple lecture et l'étude du manuel ne peuvent constituer une leçon d'histoire; il y faut la parole du maître.

Usage des cartes. — Quelle que soit la forme donnée à la leçon d'histoire, on doit recourir aux cartes historiques ou, à leur défaut, aux cartes géographiques, pour y montrer les villes et les contrées qui furent le théâtre des événements; les provinces annexées ou retranchées au pays, par suite d'un traité; les accidents géographiques, — montagnes, cours d'eau, — dans lesquels une armée en campagne a rencontré un moyen ou un obstacle, etc.

Si les cartes géographiques sont trop surchargées, il convient d'en tracer au tableau noir les traits essentiels, relatifs à la leçon du jour; ce tracé est plus clair et plus intéressant pour les élèves. Il est vrai qu'il demande un certain temps et peut absorber le maître aux dépens de la surveillance; mais on pare à ces inconvénients par la préparation, en dehors des heures de classe, d'un croquis très simple qu'un enfant exercé reproduit à grande échelle au tableau noir [1].

Nos manuels, — cours moyen et cours supérieur — renferment des cartes relatives aux différentes époques de l'histoire nationale : on indiquera aux élèves comment ils doivent s'en servir pendant l'étude.

Récapitulations et revisions. — Des récapitulations fréquentes sont nécessaires, si l'on veut que les faits et les dates se gravent dans l'esprit des élèves. Mieux vaut entretenir que recommencer sans cesse. Au commencement de chaque leçon, le maître interroge donc sur ce qui a fait l'objet de la leçon précédente; parfois il pose encore quelques questions sur une partie du programme déjà étudiée.

---

[1] On peut tracer en grand certaines cartes importantes sur du papier fort, pour n'avoir pas à les reproduire chaque année. On obtient d'excellents résultats avec le pinceau à filer, ou avec du fusain et des craies de couleur. Si l'on emploie ce dernier procédé, on se sert ensuite de fixatif pour conserver le travail.

De temps en temps, la leçon sera consacrée à la revision d'un ensemble de faits se rattachant à la même cause : par exemple, une longue guerre, l'œuvre d'un ministre ou d'un souverain. Un tableau synoptique, fait avec la collaboration des élèves, et permettant d'embrasser d'un seul coup d'œil la question tout entière, serait pour le maître un excellent auxiliaire.

III. — ENSEIGNEMENT CIVIQUE.

On ne se contentera pas d'apprendre à l'enfant l'histoire nationale ; on l'instruira encore de ses droits et de ses devoirs comme membre de la nation.

Quand la constitution d'un pays appelle tous les citoyens à prendre part aux affaires publiques dans une mesure déterminée, il est nécessaire de faire connaître à l'enfant comment les pouvoirs sont organisés et comment fonctionnent les administrations ; ce qu'est le droit de vote, quels sont les devoirs d'un électeur, etc.

Les leçons d'enseignement civique consisteront en exposés et en explications ; mais on se gardera de toute critique sur les institutions, lois et règlements actuels du pays.

La méthode d'enseignement est la même que pour l'histoire, en donnant une part beaucoup plus large aux interrogations socratiques.

Le plus possible, l'instruction civique doit être présentée sous forme concrète ; aussi le maître fera-t-il bien de collectionner des pièces diverses qui lui serviraient dans ce but : feuille d'impositions, patentes, modèle de budget communal, extrait du plan cadastral de la commune, bulletins de vote, etc.

Cet enseignement se rattache à l'histoire par l'étude des institutions nationales, et à la géographie politique par ce qui concerne le fonctionnement des diverses administrations. On pourra donc le donner parfois en même temps que la leçon d'histoire ou de géographie.

CHAPITRE VII
GÉOGRAPHIE

I. Directions pour l'enseignement de la géographie : La leçon. Matériel de géographie. Croquis d'étude. Détails et nomenclatures. — II. La géographie aux différents cours : Cours élémentaire : termes géographiques ; géographie locale et régionale. Cours moyen : programme ; remarques sur l'étude de l'orographie d'une contrée ; sur l'étude des cours d'eau. La géographie au cours supérieur.

I. — DIRECTIONS POUR L'ENSEIGNEMENT DE LA GÉOGRAPHIE.

La leçon. — L'enseignement de la géographie est caractérisé par le recours très fréquent aux interrogations socratiques et par l'emploi continu des procédés intuitifs.

La marche des leçons de géographie varie suivant leur objet : orographie ou hydrographie d'une région, productions naturelles, géographie politique, etc. Sauf les modifications relatives au cours élémentaire, voici la marche à suivre dans une leçon de géographie physique :

1° Interrogation sur la leçon précédente. Cette interrogation se fait au moyen d'une carte muette, ou de croquis si les élèves sont assez avancés pour en tracer au tableau.

2° Exposé de la leçon devant une carte relative au sujet traité [1]. Le professeur trace au tableau des croquis très simples, très clairs, qui seront reproduits par les élèves. Pour épargner du temps, il pourra faire parfois des croquis sur la carte muette ardoisée.

3° Interrogation sur l'objet de la leçon.

4° Indication de l'étude à faire dans le manuel, et du tracé cartographique qui sert de devoir.

Le rôle du manuel, dans l'enseignement de la géographie, n'est que secondaire ; le maître n'y donnera rien à apprendre

[1] Si la leçon porte sur une région restreinte dont on possède une carte murale séparée, le maître exposera en même temps, pour s'y reporter, la carte d'ensemble du pays auquel appartient la région étudiée.

qu'il ne l'ait préalablement expliqué et montré, autant que possible. Le devoir peut être la mise au net du tracé géographique relevé pendant la leçon, ou un travail sur un cahier cartographique, ou un tracé que l'élève devra faire d'après son atlas et dans des conditions déterminées.

Matériel pour l'enseignement de la géographie. — L'enseignement élémentaire de la géographie s'est perfectionné dans la mesure où se sont améliorés les moyens de donner aux élèves une idée juste et claire des notions qu'on leur présente. Ces moyens, qui constituent le matériel géographique, sont : les vues et les reliefs, les globes terrestres, les cartes murales, muettes ou parlantes, les manuels illustrés, les atlas et les cahiers cartographiques.

Les tableaux, images, vues et reliefs géographiques servent à substituer aux notions abstraites, l'image sensible et comme l'impression de la réalité. Ils sont en particulier d'une grande utilité pour *faire voir* les accidents géographiques dont les manuels renferment la définition.

Les globes donnent la notion vraie des formes terrestres, et celle de la position d'une contrée, d'un lieu, dans l'ensemble d'un continent. Ils sont indispensables pour expliquer aux élèves ce qu'on entend par pôles, équateur, longitude et latitude, courants marins, tour du monde, etc.

Les cartes murales parlantes, où les accidents et les lieux géographiques sont accompagnés de leur nom, servent à donner la leçon. Les cartes murales muettes sont employées pour les interrogations de contrôle.

Les atlas sont peu utilisés pendant les leçons orales ; les élèves y recourent pour l'étude, et pour la mise au net des croquis relevés au moment où le professeur les a tracés au tableau, ou sur la carte ardoisée.

Les cartes des cahiers cartographiques servent, tantôt pour y inscrire les accidents et les noms, à mesure que le maître les signale au cours de la leçon ; tantôt pour être complétées pendant l'étude, suivant les indications du manuel ; tantôt pour être reproduites, d'abord à vue, puis de mémoire.

Croquis d'étude. — Les croquis exécutés par les élèves satisferont aux conditions suivantes :

1° Être très simples quant aux formes et au tracé, peu

chargés d'écritures, et ne porter aucun nom dont l'élève ne puisse justifier la présence.

2° N'être jamais le calque d'une carte ou d'un fragment de carte, ni la copie à même échelle.

3° Être de préférence exécutés aux crayons de couleur.

4° Demeurer des tracés soignés, mais sommaires, sans coloriages au pinceau, ni exercices de calligraphie exigeant beaucoup de temps.

Détails et nomenclatures. — Le peu d'heures dont on dispose pour l'enseignement de la géographie, et plus encore le souci de donner aux élèves des impressions vives et des idées nettes, font au maître une obligation de se borner, dans ses leçons, aux détails caractéristiques et aux nomenclatures indispensables.

Par rapport aux nomenclatures, on rejettera celles qui ne font appel qu'à la mémoire, comme les listes trop longues de villes ou d'accidents géographiques. On aura soin de toujours localiser sur la carte ce dont on parle, et de l'expliquer lorsque cela est possible; enfin d'envoyer les élèves à la carte muette pour les interrogations.

II. — LA GÉOGRAPHIE AUX DIFFÉRENTS COURS.

Cours élémentaire — Le programme du cours élémentaire comprend d'abord l'étude des termes géographiques, et c'est à propos de la géographie locale qu'on initie les enfants au sens de ces mots, si nouveaux pour eux. Il serait inopportun de citer et d'expliquer certains termes trop abstraits pour les tout jeunes élèves, comme la longitude et la latitude, par exemple. On étudiera très sommairement les divisions administratives dont la localité fait partie : commune, canton, arrondissement, département, province, etc.; après quoi, on donnera quelques généralités sur la géographie nationale et même sur la géographie générale.

Termes géographiques. — On ne fera pas apprendre la définition des termes géographiques sans avoir donné, de chacun d'eux, une idée aussi exacte que possible, par des représentations concrètes. Il faut *faire voir* les lieux et les choses, au moins par des reliefs ou des tableaux représentant, sous forme de paysages, l'ensemble des principaux accidents géographiques. Que seraient en effet les mots pour l'enfant, s'ils n'évoquaient aucune image dans son esprit et s'ils ne répondaient, pour lui, à aucune réalité concrète ? Le maître pourrait suppléer au matériel indiqué ci-dessus par un tracé au tableau noir.

Le procédé le plus rationnel et le plus efficace est d'instruire l'enfant par l'aspect de la contrée qu'il habite. Il est peu de localités d'où l'on ne puisse apercevoir une colline, où l'on ne voie une pièce d'eau, où l'on ne trouve, dans les formes saillantes du sol, des comparaisons qui feront comprendre certains accidents géographiques dont le pays n'offre aucun type.

Après avoir montré et expliqué aux élèves un accident géographique, on indiquera au tableau noir la manière dont il est représenté sur les cartes. Les différents tracés du tableau pourraient être reproduits sur l'ardoise ou sur le cahier.

Géographie locale et régionale. — Pour initier l'enfant à la lecture des cartes et au tracé des croquis géographiques, on peut commencer par faire le *plan de la classe* au tableau noir. Un élève mesure lui-même les dimensions de la salle ; le maître les inscrit sur le plan, et fait remarquer le rapport qui existe entre la ligne du plan et la longueur réelle qu'elle représente ; il montre sur le plan où doit se trouver telle porte, telle fenêtre, etc. Tout ce travail est fait avec la collaboration des enfants. Le maître le dirige ; il questionne, et provoque à l'observation des faits et à la réflexion. L'exercice se termine par une reproduction, sur l'ardoise ou le cahier, du tracé exécuté au tableau noir.

Dans une autre leçon, on trace une ligne représentant une rue principale de *la commune* ou du *village ;* un élève est appelé à en représenter une seconde, puis une troisième. On indique ensuite l'emplacement de l'école, de l'église, de la mairie, de la gare, etc. Le plan ainsi commencé pourrait être conservé et continué à la leçon suivante. Il doit être très simple et ne rien contenir que d'utile au but qu'on se propose. Dans une autre séance, on élargit le cadre et l'on place autour de la commune un bois, un cours d'eau, un étang qui se trouvent dans le voisinage et que les enfants connaissent.

Pour l'étude du *canton*, de l'*arrondissement*, du *département*, de la *province*, il serait bon que le maître fît lui-même les cartes nécessaires, s'il ne peut pas se les procurer en librairie. Elles ne contiendraient que les choses essentielles à son enseignement, et seraient ainsi plus claires et plus lisibles que la plupart de celles qui sont éditées.

Dès le cours élémentaire, les élèves seront exercés au tracé des cartes. On les guidera dans les premiers essais, par l'indication de procédés pratiques qui peuvent simplifier leur travail.

Cours moyen. — Au cours moyen, on étudie surtout la géographie nationale, avec quelques notions générales sur l'Europe et les autres parties du monde ; mais on s'en tient aux questions essentielles, laissant pour le cours supérieur tout ce qui serait trop compliqué. L'enseignement conserve son caractère intuitif.

S'agit-il, par exemple, d'une *leçon sur l'orographie d'une contrée?* Pendant que le maître nommerait les montagnes et indiquerait leur situation, un élève les montrerait à la carte murale, et un deuxième les indiquerait dans un tracé fait séance tenante, au tableau noir ou sur la carte ardoisée. Le même tracé serait ensuite exécuté simultanément par tous les écoliers, soit sur l'ardoise, soit sur un cahier.

Le croquis terminé, le maître pourrait entrer dans quelques détails intéressants sur la formation des montagnes, sur leur utilité, sur le rôle de telle chaîne ou de tel massif au point de vue de la défense du pays, sur un volcan, un glacier, etc. Ces aperçus éveillent la curiosité des enfants, et concourent à fixer dans leur esprit ce qui fait l'objet principal de la leçon.

Aidé du manuel et de l'atlas, l'élève étudie la leçon expliquée, pour en rendre compte à la carte muette. De temps en temps, le maître demandera, sous forme de récitation, un croquis avec les indications correspondant à une partie ou à l'ensemble de la leçon.

L'étude des cours d'eau se fera d'une manière analogue.

Les croquis ne porteront que les affluents importants et ne mentionneront que les villes remarquables par la population, l'industrie ou les souvenirs historiques. Un mot sur chacune d'elles est nécessaire et donne de l'intérêt à la leçon.

Cours supérieur.— Au cours supérieur, le programme de géographie comprend la revision de la géographie nationale, que l'on complète par une étude plus détaillée. On y ajoute la géographie des colonies, ainsi que des notions sur la géographie physique et politique de l'Europe, et celle des autres parties du monde, traitées plus brièvement.

Les procédés d'enseignement sont les mêmes que ceux du cours précédent ; mais les croquis sont un peu moins sommaires. Sans toutefois entrer en des explications d'ordre trop scientifique, le maître s'attache à faire comprendre quelques-unes des causes auxquelles sont dus les faits géographiques qu'il expose : origine du globe, formation des montagnes, érosion des vallées, etc.

CHAPITRE VIII

ARITHMÉTIQUE

I. **Calcul oral et écrit** : Addition. Soustraction. Multiplication. Division. — II. **Calcul mental** : Nature et importance. Le calcul mental aux cours préparatoire, élémentaire, moyen et supérieur. Remarques. — III. **La leçon d'arithmétique** : Cours préparatoire : numération et calcul. Cours élémentaire : numération, calcul et questions diverses. Cours moyen et supérieur : marche de la leçon. — IV. **Les problèmes** : Les problèmes-types. Conseils à donner aux élèves, pour la résolution des problèmes.

Dans les classes primaires élémentaires, l'enseignement de l'arithmétique comprend : 1° le calcul oral et écrit ; 2° le calcul mental ; 3° les définitions et les démonstrations, objet ordinaire de la leçon orale ; 4° la résolution des problèmes et leur mise en solution.

I. — CALCUL ORAL ET ÉCRIT.

Mécanisme des quatre opérations fondamentales.

Pour amener les enfants à calculer avec rapidité et surtout avec exactitude, il faut beaucoup les y exercer dans les cours inférieurs. Il est même très utile, au cours supérieur, de consacrer les premiers instants de la leçon d'arithmétique au mécanisme du calcul : additions assez complexes, multiplications ou divisions. Donner un bon point, une bonne note, aux premiers élèves qui trouvent la réponse exacte, suffit pour mettre une grande émulation dans la classe, et pour assurer le succès.

En même temps que l'on commence à initier les élèves au calcul, on leur donne des notions pratiques sur la numération. Cela est indispensable ; autrement, il se trouverait des enfants qui, connaissant le mécanisme des quatre règles, seraient incapables d'écrire des nombres sous la dictée, et qui, de plus, ne pourraient être exercés au calcul mental. Au lieu donc de faire calculer en classe sur les nombres indiqués dans un manuel[1], on dictera le plus souvent possible aux élèves les éléments des opérations à faire.

Addition. — Il importe que les élèves acquièrent une grande sûreté en faisant l'addition.

On apprendra d'abord aux débutants à *lire* et à *écrire* les nombres, dizaine par dizaine, jusqu'à cent. On les leur fera nommer ensuite de deux en deux, de trois en trois, de cinq en cinq, etc ; mais en mentionnant toujours la quantité constante ajoutée à un nombre pour obtenir le suivant.

Ainsi on fera dire :

2 et 2...	4 et 2...	6 et 2...	8 et 2...	10 et 2...	12
3 et 3...	6 et 3...	9 et 3...	12 et 3...	15 et 3...	18
5 et 5...	10 et 5...	15 et 5...	20 et 5...	25 et 5...	30

Ou encore :

1 et 2...	3 et 2...	5 et 2...	7 et 2...	9 et 2...	11
2 et 3...	5 et 3...	8 et 3...	11 et 3...	14 et 3...	17

[1] Le manuel, ou livre d'*Exercices de calcul*, est très utile pour y choisir les opérations que les élèves devront faire dans la famille.

Certains maîtres se servent avantageusement de la table d'addition. D'autres font compter sur les doigts : ce procédé peut être utile aux débutants, mais il faut les en affranchir le plus tôt possible, car il retarde les progrès.

Après ces préliminaires, pendant lesquels on fait cependant opérer au tableau noir sur de courtes additions, on pourra écrire une colonne de chiffres que l'on fera compter à haute voix et à tour de rôle, d'abord de haut en bas, puis de bas en haut, et que l'on allongera pendant quelques jours suivant les progrès des élèves. De temps en temps, on y remplacera un chiffre par un autre.

On insistera au tableau noir sur ce fait, que le dernier chiffre d'une somme est déterminé par les derniers chiffres des nombres qui ont servi à la former. On fera remarquer, par exemple, que

3 et 4 font 7
13 et 4 font 17
23 et 4 font 27

et que ces trois résultats se terminent par le même chiffre 7, formé de 3 et de 4. En peu de temps, les élèves se familiarisent avec cette remarque, dont ils tirent profit.

Soustraction. — Le mécanisme de la soustraction est peu compliqué, surtout pour l'enfant qui sait additionner : quand il a dit 5 et 4 font 9, il est facile de lui faire comprendre que si de 9 on retranche l'un des nombres 5 ou 4, il restera l'autre.

Dans les premiers exercices, les chiffres du nombre supérieur devront être tous plus forts que leurs correspondants du nombre inférieur. Peu à peu, on intercalera dans le nombre supérieur quelques chiffres plus faibles que leurs correspondants du nombre inférieur. Enfin, on présentera quelques difficultés plus grandes, par exemple une suite de deux ou trois zéros dans le nombre supérieur.

On habituera les élèves à faire la preuve de la soustraction, soit par l'addition, soit par une autre soustraction.

Multiplication. — Il faut que les élèves étudient par cœur la table de multiplication ; mais on n'attendra pas qu'ils la sachent en entier pour les exercer à multiplier. On leur fera faire des opérations dès qu'ils connaissent le produit, par deux, des neuf premiers nombres. A mesure qu'ils avancent dans l'étude de la table de multiplication, on emploie d'autres chiffres comme multiplicateur.

Quand on s'est assuré que les enfants possèdent très bien les produits des neuf premiers nombres deux à deux, il y a lieu de les exercer à des multiplications quelconques. Pour les y préparer, on recourt à quelques exercices spéciaux. Le maître fait écrire au tableau et en ligne horizontale les neuf premiers nombres, mais sans les placer par ordre ; ainsi, par exemple :

1 9 8 2 3 7 6 4 5

Il fait écrire au-dessous le chiffre par lequel il veut qu'on multiplie, soit 4 ; puis il fait calculer oralement les élèves à tour de rôle, sans poser le produit, ni tenir compte des dizaines retenues. Lorsqu'on a employé trois ou quatre fois le même multiplicateur, on lui en substitue un autre pour s'en servir de la même manière.

Remarque. — Aux cours moyen et supérieur, il est très utile que les enfants sachent les carrés de 11, 12, 13, 14 et 15, ainsi que les produits de ces derniers nombres par 2, 3, 4..... 8 et 9.

Division. — L'élève qui possède bien la table de multiplication passe facilement à la division. Il sait, par exemple, que 6 fois 7 font 42 : sans difficulté, on lui fait comprendre que 42 contient 6 fois le nombre 7, ou 7 fois le nombre 6.

Voici par quels exercices progressifs il convient de former les élèves à la division :

1° Division sans reste, avec un chiffre au diviseur, et un au quotient. Elle se fait oralement d'abord ; puis, au tableau noir. Ex. : en 20, combien de fois 4 ?... en 54, combien de fois 9 ?.... combien de fois 6 ?....

2° Division avec reste, à un chiffre au diviseur, et un au quotient. Comme la précédente, elle se fait oralement et au tableau noir. Ex. : En 13, combien de fois 4 ?.... En 68, combien de fois 9 ?.... combien de fois 7 ?... combien de fois 8 ?... Et toujours on fera indiquer le reste.

3° Division à un chiffre au diviseur, mais devant en donner plusieurs au quotient. Ici se rencontre une nouvelle difficulté, d'ailleurs peu sérieuse : premier chiffre du dividende plus faible que celui du diviseur, et dividendes partiels plus petits que le diviseur.

Il ne faut pas toujours limiter le quotient aux unités ; mais de temps en temps on fait mettre la virgule en place et l'on continue l'opération.

4° Divisions à deux, trois et quatre chiffres au diviseur.

La principale difficulté pour l'enfant est de déterminer le chiffre du quotient. Il y arrive par des exercices répétés ; mais il peut y être aidé par certaines remarques du maître. On a, par exemple, à diviser 965 par 217 : l'élève cherche combien 2, premier chiffre du diviseur, est contenu de fois dans 9, premier du dividende. Il met 4 au quotient : c'est le vrai chiffre. Mais si, au lieu de 217, il y avait eu 289 au diviseur, son procédé lui donnerait encore 4 pour chiffre du quotient, ce qui est faux. C'est l'occasion de faire comprendre aux enfants que 289 approchant de très près le nombre 300, on aurait eu plus de chance de trouver le chiffre exact du quotient en divisant 9 par 3, qu'en le divisant par 2.

Quelques indications de ce genre, données à propos d'exemples bien choisis, aideront à déterminer avec plus d'assurance les chiffres du quotient.

Remarques. — 1° Il faut apprendre aux élèves à se servir des termes propres en calculant, et tenir à ce qu'ils n'emploient aucune expression inutile.

2° On exigera qu'ils mettent beaucoup d'ordre dans leurs opérations et forment bien les chiffres.

3° Ils feront habituellement la preuve de leurs opérations. En ce qui concerne la multiplication et la division, on exigera la preuve par neuf, à partir du cours moyen.

II. — CALCUL MENTAL.

Nature et importance. — On ne donne pas le nom de calcul mental à des opérations exécutées de mémoire selon les procédés du calcul écrit, mais seulement à des calculs faits par la pensée, au moyen de la décomposition des nombres sur lesquels on opère.

Le calcul mental ne constitue pas un cours indépendant du cours d'arithmétique; il en faut faire des exercices dans toutes les classes, sur des opérations et des problèmes analogues à ceux qu'on y résout par écrit.

L'importance du calcul mental est indiscutable, tant au point de vue éducatif qu'au point de vue pratique. A condition que les élèves sachent expliquer les procédés qu'ils emploient, le calcul mental constitue une gymnastique intellectuelle des plus efficaces : il porte les enfants à réfléchir, à raisonner sans le secours d'un objet matériel; il contribue à leur faire acquérir la rectitude d'esprit et la précision; il les accoutume à discuter en eux-mêmes la solution d'un problème, avant de se mettre à le résoudre. Il répond de plus aux nécessités journalières de la vie : en effet, ce n'est pas seulement l'entrepreneur ou le marchand qui s'en servent avec profit, mais tous ceux auxquels se posent sans cesse les petits problèmes de la comptabilité domestique.

Cours préparatoire et élémentaire. — Au cours préparatoire, les exercices de calcul mental se bornent à des additions et à des soustractions, sur des nombres de deux chiffres, trois au plus; mais il faut intéresser l'enfant, et pour cela ne jamais le faire opérer sur des nombres abstraits. On lui fait donc ajouter ou retrancher des pommes, des noisettes, des bonbons, des billes, etc.

Au cours élémentaire, on consacrera tous les jours quelques instants au calcul mental. Les problèmes écrits seront préparés par un problème oral, résolu mentalement, et présentant la même question, en termes différents. Mais pour ne pas fatiguer les élèves, on évitera de se servir de grands nombres, s'il s'agit de calcul mental.

Cours moyen et supérieur. — Dans les cours moyen et supérieur, il faut enseigner, par de nombreux exemples, les procédés qui conduisent rapidement à une réponse juste : car, pour ces élèves, le calcul mental ne consiste plus à faire de mémoire une addition, une multiplication, etc., en opérant successivement sur chaque chiffre comme pour le calcul écrit.

Ainsi, pour additionner 257 avec 138, l'élève devra, par la pensée, décomposer les deux nombres en centaines, dizaines et unités : 200 du premier nombre et 100 du second font 300; 50 du premier et 30 du second font 80; en tout 380 auquel on ajoute 7 + 8 pour faire 395[1].

De même, pour multiplier 28, par exemple, par 150, on multipliera 28 par 100, ce qui fait 28 centaines; on ajoutera à ce produit la moitié de 28 centaines, ce qui fera un total de 42 centaines ou 4.200.

Pour multiplier un nombre par 99 ou par 101, on le multipliera d'abord par 100, puis on retranchera ou l'on ajoutera au produit une fois le nombre.

Pour le multiplier par 109 ou 111, on le multipliera d'abord par 100 et ensuite par 10; et de la somme des deux produits, on retranchera ou l'on ajoutera une fois le nombre.

Pour multiplier un nombre par 25, on le multipliera par 100 et l'on prendra le 1/4 du produit, ou mieux encore, le 1/4 du nombre sera multiplié par 100. Pour le diviser par 25, on le divisera par 100 et l'on quadruplera le quotient.

Si l'on proposait de trouver l'intérêt d'une somme, 8.000 francs par exemple, placée à 5 % pendant 3 mois, on pourrait raisonner ainsi : « En un an, chaque billet de 100 fr. rapporte une pièce de 5 fr. et 80 billets rapporteront 80 pièces. Or, 3 mois représentent le 1/4 d'une année : l'intérêt cherché sera donc représenté par le 1/4 de 80 pièces, ou 20 pièces de 5 fr.; soit 100 fr. » — Si le taux eût été 4, la question se résolvait plus simplement encore : un billet de 100 fr. rapportait 1 fr. pendant le trimestre, et les 80 billets rapportaient 80 fr.

S'il s'agissait de trouver ce que rapportent 3.800 francs, placés à 6 % pendant 3 ans 4 mois, l'élève ferait mentalement les calculs suivants :

---

[1] On peut aussi faire les additions mentales en *arrondissant* l'un des nombres aux dépens de l'autre :

257 + 138 = 260 + 135
26 (dizaines) + 13 = 39; d'où 390 + 5 = 395

100 fr. rapportent en 1 an	....	6 fr.
1.000 fr. » »	....	60 fr.
3.000 fr. » »	....	180 fr.
800 fr. » »	....	48 fr.
3.800 fr. » »	....	228 fr.
3.800 fr. » 3 ans	....	684 fr.
3.800 fr. en 4 mois ($\frac{1}{3}$ de 228)	....	76 fr.
	TOTAL.....	760 fr.

Ces exemples suffisent pour montrer comment on peut former l'enfant aux combinaisons des chiffres.

Après avoir posé une question à toute la classe, le maître laisse aux élèves un instant de réflexion, puis demande la réponse à un, deux, trois, quatre d'entre eux, et il fait rendre compte des procédés de calcul employés.

Remarques. — 1° Pour que les questions se suivent sans hésitation, il faut que l'exercice de calcul mental ait été bien préparé par le maître.

2° Il est préférable que l'exercice ait surtout pour but une opération donnée — addition, multiplication, etc. — qui soit comme le centre de la leçon, et que cet exercice soit suivi de problèmes écrits, dans lesquels figurent les nombres sur lesquels on a spécialement opéré mentalement.

3° Parfois, toutes les opérations roulent sur une question principale, afin que plusieurs nombres étant fixes, l'attention des élèves soit moins fatiguée.

Ainsi, au cours supérieur, on pourrait poser la série des opérations suivantes sur les nombres fondamentaux 60 et 40 :

Une boîte rectangulaire munie de son couvercle a 60 cm. de long, 40 cm. de large et 40 cm. de haut ; dire : 1° le nombre total des arêtes ; 2° la longueur totale de ces arêtes ; 3° la surface de chaque côté ; 4° la surface totale des côtés ; 5° ce qu'il en coûterait de recouvrir la boîte d'une étoffe à 6 centimes le décimètre carré ; 6° le volume de la boîte en décimètres cubes ; 7° combien de litres, de doubles litres représente la moitié de la boîte ; 8° ce que l'on dépenserait à la remplir entièrement d'un légume sec à 40 centimes le litre?

III. — LA LEÇON D'ARITHMÉTIQUE.

Cours préparatoire. — Au cours préparatoire, la leçon d'arithmétique comprend deux parties :

1° Des notions simples de numération, enseignées par des procédés intuitifs.

2° Des exercices de calcul sur les quatre règles.

On commence par apprendre au jeune enfant à *distinguer* et à *écrire* les dix premiers nombres, et l'on cherche à lui en donner la notion exacte par des objets matériels.

Si l'on n'a pas de boulier-compteur, on peut avantageusement se servir de bûchettes représentant les unités, de bâtonnets représentant les dizaines, et procéder ainsi :

Montrant une bûchette aux élèves, le maître écrit 1 au tableau, en assez grande dimension, puis il fait reproduire ce chiffre par les enfants, sur le cahier ou sur l'ardoise. Il ajoute une nouvelle bûchette à la première, pour former le nombre 2, qu'il nomme et fait nommer, qu'il écrit ensuite au tableau et fait copier, comme pour le nombre 1 ; puis il passe aux nombres 3, 4, etc. C'est ainsi qu'il indique d'une manière sensible comment se forment les nombres et comment est composée une *dizaine*. Au lieu de représenter les dizaines par des bâtonnets, on pourrait lier ensemble dix bûchettes et en faire un paquet, lequel rappellerait mieux à l'enfant les dix unités simples. Dix paquets semblables, destinés à former la centaine, seraient faciles à faire et à conserver.

On formera les nombres de la deuxième dizaine, 11, 12, 13, etc., à l'aide d'un paquet auquel on ajoutera une, deux, trois... bûchettes. De même, pour former les nombres de la troisième dizaine, on ajoutera à deux paquets, une, deux, trois, quatre bûchettes ; et l'on obtiendra 21, 22, 23, etc., qu'on fera toujours nommer et écrire. Peu à peu, les élèves remarqueront que le dernier chiffre du nombre représente des bûchettes, et le premier, des paquets, c'est-à-dire l'un, des unités, et l'autre, des dizaines.

Un procédé récréatif pour les jeunes enfants, consiste à leur remettre à chacun une petite boîte contenant cent morceaux de carton de même forme et de faibles dimensions. Chaque enfant les compte par dizaines qu'il aligne devant lui. Sur un signe du maître, les élèves font des piles de dix morceaux de carton chacune, qu'ils remettent ensuite une à une et avec ensemble dans la boite. En les replaçant ainsi, ils comptent tout haut : *une dizaine, deux dizaines..., neuf dizaines, dix dizaines* ou *une centaine*. Le maître recueille une à une ces petites boites confiées aux élèves ; ils les place dans une plus grande qui porte le nom de mille, et fait compter tout haut : *une centaine, deux centaines..., dix centaines ou mille*.

On pourrait, à la suite de cet exercice, écrire un nombre de trois chiffres et le représenter matériellement. Le nombre 234, par exemple, se représenterait par deux boites, trois piles de carton et quatre cartons séparés.

Quand on s'adresse à de tout jeunes enfants, il faut éviter de faire calculer avec des nombres abstraits. Voici, parmi beaucoup d'autres, quelques exemples des moyens qui peuvent intéresser les élèves : on leur présente un mètre ; on leur en indique l'usage en mesurant, par exemple, la longueur de la classe, et en leur faisant compter : un mètre, deux mètres, trois mètres, etc. Le nombre est écrit au tableau et la largeur de la classe est mesurée de la même manière, ce qui fournit le deuxième nombre de l'addition ; on les répète tous les deux et l'on calcule le total. On vérifierait le résultat en faisant mesurer, à la suite, les quatre murs de la classe.

On peut encore, pendant un certain temps, additionner et soustraire des *mètres* de toile, de fil, de soie. Dans une autre leçon, les nombres représenteront des *francs*. Après une explication sur ce qu'est un *litre*, les opérations porteront sur des litres de vin, d'huile, de vinaigre, etc.

Cours élémentaire. — Au cours élémentaire comme au cours préparatoire, la leçon d'arithmétique se compose de deux parties : la première est consacrée à des explications sur la numération, les quatre opérations et le système métrique ; on emploie la seconde à des exercices de calcul, soit oral, soit écrit.

Numération. — Il est nécessaire de revenir souvent à la

numération et d'insister sur la lecture, l'écriture et le calcul des nombres entiers et des nombres décimaux.

Après qu'ils ont étudié au cours préparatoire, et par des procédés concrets, la formation des nombres jusqu'à 1000, les élèves comprennent facilement que l'on compte par mille comme on a compté par unités ; que l'on obtient ainsi des unités de mille, des dizaines et des centaines de mille; puis, que les unités de mille s'écrivent au quatrième rang, en comptant de droite à gauche, les dizaines au cinquième et les centaines au sixième. Quand le maitre dictera 45.305, par exemple, un élève interrogé devra dire que le 4 représente des dizaines de mille et qu'on l'écrit au cinquième rang.

Pour les décimales, on peut s'en tenir aux dixièmes, centièmes et millièmes. D'ailleurs, une petite observation pourrait guider les enfants s'ils avaient à écrire d'autres décimales. Soit, par exemple 25 unités et 328 cent millièmes : on demande à un élève combien le nombre 100.000 a de zéros; après la réponse qu'il en a *cinq*, on fait remarquer que le chiffre 8, des cent millièmes doit donc occuper le cinquième rang après la virgule, et par conséquent qu'il faudra placer deux zéros après la virgule, et écrire : 25,00 328.

Explications sur les quatre opérations. — Les explications sur les quatre règles, et spécialement sur la multiplication et la division, seront données peu à peu, en graduant les difficultés.

Les *définitions* doivent toujours suivre et non pas précéder les explications. Il faut d'abord *faire comprendre*, puis *formuler*, et seulement après, *faire apprendre*.

Veut-on expliquer le but de la *multiplication ?* On procédera par des exemples tels que celui-ci :

Un ouvrier gagne 4 francs par jour ; combien aura-t-il gagné au bout de 5 jours ? On amènera les élèves à ce raisonnement : en un jour, l'ouvrier gagne 4 francs ; en deux jours, 2 fois 4 francs... en cinq jours, 5 fois 4 francs. Un enfant passe au tableau, écrit en colonne verticale 5 fois le nombre 4 et en fait la somme. Le maitre fait remarquer la longueur qu'aurait l'addition s'il fallait trouver le gain de 20, 50, 80 jours, et dit qu'il y a un moyen plus rapide de répéter tant de fois le nombre 4. On arrive ainsi à faire comprendre que la multiplication sert à répéter un nombre autant de fois que l'indique un autre, ou, si l'on veut, autant de fois qu'il y a d'unités dans un autre.

Après quelques exemples, le maître donne les explications utiles sur les termes *multiplicande, multiplicateur, produit;* et seulement alors, il formule la définition de la multiplication et il la fait répéter à un certain nombre d'élèves.

Pour la *division*, on pourrait débuter par une question du genre de celle-ci : *J'ai dépensé 5 francs pour un voyage; combien de voyages semblables pourrais-je faire avec 30 francs?* L'élève interrogé raisonnera ainsi :

Après le premier voyage, il me restera 30 fr. — 5 fr. = 25 fr.
Après le deuxième voyage, il me restera 25 fr. — 5 fr. = 20 fr.

. . . .

Après le sixième voyage, il me restera 5 fr. — 5 fr. = 0 fr.

L'enfant compte le nombre de soustractions et constate qu'avec 30 francs on pourrait faire 6 voyages ; il comprend par suite que 5 est contenu 6 fois dans 30.

Quelques remarques sur la longueur du procédé, dans la plupart des cas, feront comprendre le but de la division. Après avoir expliqué les termes *dividende, diviseur, quotient*, le maître formulera cette définition : *La division est une opération par laquelle on cherche combien de fois un nombre, appelé dividende, en contient un autre, appelé diviseur.*

A la vérité, ces notions sont un peu abstraites pour de jeunes intelligences ; mais elles sont nécessaires. Si l'on se bornait au mécanisme des quatre opérations fondamentales, il serait très difficile aux commençants de faire un judicieux emploi de chacune d'elles dans la solution des problèmes. En effet, le problème le plus élémentaire demande un raisonnement qui doit se conclure par le choix de l'opération convenable; or, pour discerner cette opération, il faut en comprendre la définition et l'usage.

Problèmes sur les quatre règles. Questions diverses. — Si l'on pose une question comme celle-ci : *A 7 francs le mètre, combien aura-t-on de mètres d'étoffe pour 84 francs?* on ne permettra pas aux élèves de répondre *a priori* : « *Il faut faire une division.* » Ce n'est pas là un raisonnement ; d'ailleurs, la réponse est donnée le plus souvent au hasard, ou par analogie avec des exercices faits précédemment. On apprendra donc au jeune enfant à raisonner ainsi : « Avec 7 francs on a un mètre d'étoffe ; avec deux fois 7 francs on en aura deux mètres ; avec trois fois 7 francs, trois mètres... Autant de fois 7 seront contenus dans 84, autant de mètres d'étoffe on aura. » Dans les débuts, on pourra même demander que l'élève termine en disant : « mais l'opération par laquelle on cherche combien de fois un nombre est contenu dans un autre, c'est la division. »

Avec les élèves du cours élémentaire, on se bornera aux premières notions du *système métrique*. Les mesures de surface et de volume seront réservées au cours moyen. Les explications, toujours très simples, seront données à l'aide du matériel spécial, ou *nécessaire métrique*, qui se trouve dans l'école. Montrer les objets, les faire manier au besoin, c'est simplifier l'enseignement, le rendre agréable, et en graver profondément les notions dans la mémoire des élèves.

Il convient aussi de faire quelques exercices d'initiation à l'étude des *fractions ordinaires*. D'ailleurs, ces premières notions sont nécessaires aux enfants : pour les exercices de calcul mental, il faut qu'ils sachent comment on prend la *moitié*, le *tiers*, les *trois quarts* d'un nombre. Un procédé toujours facile consiste à représenter l'unité par une ligne que l'on partage en un certain nombre de parties égales, 5, par exemple. Un trait plus ferme sur les deux ou trois premières parties indique la portion de la ligne à évaluer. Cette préparation graphique permet de montrer, sur la ligne même, ce que signifient le numérateur et le dénominateur d'une fraction.

On peut aussi procéder inversement, c'est-à-dire donner la fraction et la faire représenter matériellement au tableau noir. Il serait utile de recommencer la démonstration à l'aide d'un fruit, d'une baguette de bois ou de tout autre objet pouvant être facilement partagé.

Remarque. — Le maître placera ces explications au commencement de la leçon, alors que l'attention des enfants n'est pas encore fatiguée. Il n'y emploiera que peu de temps chaque fois, et, avant de passer à un autre article de son programme, il s'assurera que le précédent est parfaitement compris. Pour cela, il questionnera de préférence, non les premiers élèves, mais surtout ceux qui composent la dernière moitié de la classe.

Cours moyen et supérieur. — Aux cours moyen et supérieur, l'enseignement de l'arithmétique conserve son cachet pratique; mais il provoque de plus en plus l'enfant à la réflexion, et il l'exerce au raisonnement.

La marche générale des leçons peut être ordonnée comme il suit :

1° Interrogation sur la leçon précédente, avec exercices au tableau, surtout lorsque cette leçon renferme des principes dont on va se servir dans la leçon du jour.

2° Explication de la leçon nouvelle, en faisant intervenir le plus possible les élèves, au moyen de questions socratiques.

3° Exercices d'application au tableau et sur les cahiers.

4° Indication d'un devoir : c'est ordinairement un problème dont, le plus possible, les données sont empruntées à la vie pratique.

IV. — LES PROBLÈMES.

Choix des problèmes. — Les recueils de problèmes sont des sources où le maître doit puiser avec discernement. Suivant l'âge et la capacité des élèves, les questions seront plus ou moins compliquées; elles seront plus ou moins nombreuses sur un même sujet, selon le temps qu'on peut consacrer à l'enseignement de l'arithmétique.

Le maître choisira donc avec soin les problèmes à donner comme application de ses leçons. Il serait à désirer qu'il les résolût lui-même avant de les proposer aux élèves, afin d'éviter les tâtonnements au moment de l'explication.

Le meilleur des recueils est celui que le maître compose et qu'il améliore d'année en année, en y ajoutant de nouvelles questions trouvées, soit dans les livres, soit dans les revues pédagogiques. S'il invente des problèmes, il aura soin d'en préparer les données de manière que les résultats soient vraisemblables, et non pas en contradiction avec la nature des choses ou les usages de la vie.

Avec des élèves qui doivent quitter les classes vers l'âge de douze ans, il n'est pas à propos de faire résoudre des questions compliquées, bonnes sans doute pour exercer l'intelligence, mais qui n'ont pas de côté pratique. On choisira de préférence les problèmes ayant trait à l'économie domestique, ou portant sur des faits d'ordre industriel ou agricole. Il est très moral aussi de faire calculer ce que coûtent certaines habitudes, comme par exemple, l'usage du tabac, des liqueurs alcooliques, etc.; ou de faire évaluer les économies résultant de l'ordre et de la tempérance.

Résolution des problèmes. — Les *problèmes-types* feront l'objet d'explications spéciales de la part du maître. Il sera bon d'en écrire l'énoncé au tableau, d'en souligner les données importantes, d'attirer l'attention des élèves sur l'inconnue à dégager, et de poser, en les enchaînant d'une manière logique, les questions qui doivent conduire les élèves à la solution. La mise au net de ces problèmes est très utile.

Avec les jeunes enfants, les données des problèmes d'application seront d'abord à peu près les mêmes que celles du problème-type résolu au tableau ; elles n'en différeront guère que par les nombres.

L'important n'est pas de multiplier les problèmes, mais de les bien faire comprendre. Il faut habituer l'enfant à lire très attentivement, à relire plusieurs fois un énoncé avant d'effectuer aucun calcul. On exigera généralement des solutions écrites, et de temps en temps on en reproduira quelques-unes au tableau noir pour en montrer, ou la justesse, ou les défauts.

Quand il s'agit d'un problème important, le maître ne craindra pas, après l'avoir expliqué, d'en faire écrire avec précision et netteté une solution modèle au tableau noir.

On pourra, au cours supérieur surtout, enseigner à résoudre certains problèmes au moyen de notations algébriques. Quelques exercices sur la réduction des termes semblables et la mise en facteur commun, sur l'addition, la soustraction et la multiplication, permettent de passer aux équations du premier degré à une et plusieurs inconnues, et, par suite, de résoudre facilement un grand nombre de questions difficiles à traiter par l'arithmétique.

Conseils à donner aux élèves pour la résolution des problèmes. — Les élèves sont ordinairement portés à s'engager très vite dans une voie quelconque, pour la résolution des problèmes; et lorsqu'ils ont élaboré une solution, ils négligent de s'assurer si, manifestement, ils n'aboutissent pas à une réponse inacceptable, tant elle concorde peu avec les données. On ne saurait trop les mettre en garde contre cette précipitation. Dans ce but, on pourrait leur renouveler de temps en temps les conseils suivants :

1° Aussitôt que le problème est proposé, en relire lentement les données et se dire : *que demande-t-on ?*

2° Rechercher avec attention le moyen de trouver ce que l'on demande ; travailler avec soin et une lenteur convenable.

3° En écrivant la solution :

aller à la ligne pour chaque indication nouvelle des opérations à faire, afin qu'elles se détachent nettement dans l'ensemble du raisonnement;

faire les calculs dans la partie de la feuille qui leur est destinée.

4° S'assurer qu'on a suivi une bonne marche, en se rendant compte que la réponse n'est pas hors de proportion avec les données, en un mot qu'elle n'est pas absurde.

5° S'assurer que les virgules, qui ont un rôle si important dans le système décimal, sont bien placées.

CHAPITRE IX

GÉOMÉTRIE ÉLÉMENTAIRE

Enseignement au cours préparatoire ; au cours élémentaire. Exemples divers pour l'enseignement de la géométrie élémentaire aux cours moyen et supérieur.

L'enseignement de la géométrie à l'école primaire se réduit ordinairement à certaines notions très simples, d'une application journalière, et qui n'exigent pas les démonstrations de la géométrie proprement dite.

Dans les cours inférieurs, cet enseignement se confond en partie avec celui du dessin ; il consiste surtout à *montrer*, à faire *nommer* et à faire *tracer*.

Cours préparatoire. — Pour les petits enfants, un fil représente une ligne, ligne droite quand il est tendu, ligne courbe quand il ne l'est pas. On peut en faire également un fil à plomb, qui fournira la notion de la verticale. Les murs de la classe, un tableau, un cahier, serviront à fixer dans les esprits l'image du rectangle ; celle du triangle leur sera fournie par une équerre de dessinateur. D'ailleurs, les différents polygones peuvent être découpés en carton, et porter chacun leur nom écrit en gros caractères.

Dans les petites classes, on ne formulera pas les définitions. On ne posera pas de questions comme celles-ci, par exemple : *Qu'est-ce qu'une horizontale ? Qu'est-ce qu'un rectangle ? Qu'est-ce qu'un cercle ?* Mais on dira : *Comment se nomme cette figure ? et cette ligne ? et cette autre ?* Ou encore, on enverra un élève au tableau pendant que les autres travailleront sur l'ardoise ou sur le cahier, et le maître dictera : *Tracez une ligne droite... une ligne courbe... une ligne verticale... un angle... un triangle... un carré, etc.*

Cours élémentaire. — Au cours élémentaire, l'enseignement se donnera sous la même forme, mais avec quelques notions nouvelles qui étendent le programme du cours préparatoire. Par exemple, au lieu de se borner simplement au tracé d'un triangle quelconque, on donnera le nom de ses divers éléments. On pourrait aussi apprendre à distinguer les différentes sortes de triangles : on tracerait un triangle équilatéral, dont on écrirait le nom et cette mention : *trois côtés égaux* ; puis un triangle isocèle, avec la mention : *deux côtés égaux* ; enfin, avec le nom seulement, serait présenté le triangle scalène.

Ainsi qu'au cours préparatoire, on se contentera de *montrer*, d'*analyser*, de *faire tracer* ; on réservera les définitions et les calculs pour les cours moyen et supérieur.

Cours moyen et supérieur. — Après une revue sommaire des éléments déjà étudiés, que l'on complète par l'étude des définitions, on passe à l'évaluation des surfaces et des volumes.

Le procédé employé en système métrique, pour prouver que le mètre carré contient cent décimètres carrés, peut servir à démontrer qu'on obtient la surface du rectangle en multipliant sa longueur par sa largeur.

Exemples. — 1° Un rectangle tracé au tableau est censé avoir 7 mètres de long et 3 mètres de large. On le partage en trois bandes ayant chacune 7 mètres de long sur 1 de large ; la première bande est divisée en 7 parties égales représentant des mètres carrés : il est facile de faire comprendre que l'aire du rectangle vaut 3 fois 7 mètres carrés ou 21 mètres carrés, et que, pour obtenir ce résultat, il a fallu faire le produit des deux dimensions, longueur et largeur[1].

2° On considère ensuite le carré comme un rectangle dont les deux dimensions sont égales.

3° En joignant les milieux des côtés adjacents d'un rectangle, on obtient un losange dont les diagonales représentent la longueur et la largeur du rectangle. Le maître peut faire le tracé sur une feuille de papier rectangulaire, puis,

[1] En commençant ces sortes de problèmes, avec les élèves du cours moyen, on pourrait prendre le décimètre pour unité, et tracer sur le tableau des figures dont les côtés auraient réellement 3 et 7 décimètres. On passerait ensuite à des figures dont les dimensions sont *supposées* avoir des valeurs données.

découpant les angles du rectangle suivant les côtés du losange, il recouvre ce dernier par les parties enlevées. Les élèves constatent que le rectangle vaut bien deux fois le losange ; de là, il est aisé de conclure.

4° Le procédé de découpage permet de transformer un parallélogramme en rectangle équivalent et de mêmes dimensions : la conclusion sera que la surface du parallélogramme s'obtient en multipliant sa base par sa hauteur.

5° En découpant suivant l'une de ses diagonales une feuille de papier rectangulaire, on obtiendra deux triangles qui peuvent coïncider. On fera remarquer que chaque triangle a pour base et pour hauteur la base et la hauteur du rectangle, mais qu'il n'en vaut que la moitié : de là, on déduira que la surface du triangle est égale au demi-produit de sa base par sa hauteur. La démonstration peut se faire avec le parallélogramme.

6° Le maître passe ensuite aux polygones réguliers, qu'il décompose en autant de triangles égaux ayant leur sommet au centre, que ces polygones ont de côtés. On cherche la surface d'un triangle, et on la multiplie par le nombre de côtés du polygone considéré, C'est le moment de faire comprendre que l'ensemble des bases des triangles, ou périmètre du polygone, peut être multiplié par la moitié de l'apothème ou hauteur de ces triangles.

7° Le cercle, considéré comme un polygone régulier d'un nombre infini de côtés a aussi son apothème, le rayon, et son périmètre, la circonférence. Pour enseigner aux élèves à calculer la circonférence, on peut se borner à leur dire qu'elle s'obtient en multipliant son diamètre par le nombre 3,1416. Il serait bon de se servir d'un objet cylindrique et d'en mesurer la circonférence à l'aide d'un fil : le fil développé serait porté sur le diamètre ; après avoir fait constater aux élèves que le diamètre est contenu un *peu plus* de trois fois dans la circonférence, on écrirait au tableau le rapport 3,1416 et l'on ferait des applications.

8° On se sert de solides en carton ou en papier fort, et qui puissent se développer : dès lors, il est facile de rattacher la surface du prisme à celle du rectangle, la surface de la pyramide à celle du triangle, etc.

9° Sur les côtés d'un triangle rectangle, auxquels on attribue respectivement 3^m, 4^m, 5^m, on construit des carrés : par le quadrillage, on montre que le carré fait sur l'hypoténuse vaut 25^{m2}, autant que les deux autres réunis, $16^{m2} + 9^{m2}$. Le maître ajoute qu'il en est ainsi pour tous les triangles rectangles, c'est-à-dire que le carré fait sur l'hypoténuse est égal à la somme des carrés faits sur les deux autres côtés. Des applications variées feront retenir le principe.

Tous ces procédés, donnés comme exemples, sont empiriques ; ils ressemblent à des preuves, à des vérifications, plus qu'à de véritables démonstrations. Ils n'en sont pas moins très utiles, car ils gravent dans le souvenir de l'enfant la règle qu'on a déduite, et ils aideraient à la retrouver au besoin.

Il est même des formules importantes qui ne seront amenées par aucune explication, et qu'il est utile aux élèves du cours supérieur de connaître et de savoir appliquer. Ainsi, par exemple, sans avoir passé par la série des démonstrations qui conduisent à la formule de la surface du triangle en fonction des trois côtés, les élèves peuvent très bien apprendre à s'en servir ; il suffit que le maître leur en donne la clé, et qu'il fasse faire quelques applications au tableau noir. On pourrait en dire autant d'un certain nombre d'autres formules, telles que celles du volume du tronc de cône, de la surface et du volume de la sphère, etc.

Le dessin linéaire exige la connaissance de certains principes de géométrie; mais ici encore, on peut faire appliquer ces principes sans les avoir démontrés. En voici quelques exemples :

1° Le maître énonce cette proposition : *Plusieurs lignes perpendiculaires à une même droite sont parallèles*, puis il l'explique par un tracé au tableau noir. Prenant ensuite la règle et l'équerre, il en fait quelques applications.

2° *Quand une série de parallèles déterminent des parties égales sur une sécante quelconque, elles déterminent aussi des parties égales sur toute autre sécante.* Après avoir attiré l'attention des élèves sur les termes de cette proposition, le maître en fera l'application au partage d'une droite en un certain nombre de parties égales.

Un procédé différent consiste à commencer par le tracé, puis à en déduire le principe. Après avoir élevé une perpendiculaire sur le milieu d'une droite, on fait remarquer aux élèves qu'en posant la pointe du compas sur n'importe quel point de la perpendiculaire, on peut toujours décrire un arc passant par les deux extrémités de la droite, ce qui prouve que tout point de la perpendiculaire est équidistant des deux extrémités de cette droite.

Ces principes seront appris et récités par les élèves ; on les leur fera énoncer aussi en expliquant les problèmes graphiques qui servent de préparation au dessin linéaire. Par exemple, s'il s'agit d'une question comme celle-ci : *Par un point donné sur une droite, raccorder un arc passant par un autre point donné*, le maître montrera comment le problème consiste à trouver le centre de l'arc de raccord. Or : 1° ce centre doit se trouver sur une perpendiculaire à la droite ; 2° il doit être situé à égale distance des deux points donnés. Il y a là deux principes à appliquer, et les élèves les indiqueront au moment voulu, pendant le tracé.

Ainsi compris, l'enseignement de la géométrie est suffisant pour les écoles primaires ; de plus, il prépare les écoliers à la géométrie telle qu'on la démontre aux cours complémentaires.

Remarque. — Dans les écoles où le cours moyen et le cours supérieur ne sont pas réunis dans une même classe, on peut donner à ce dernier un programme distinct. On complète l'évaluation des surfaces et des volumes qui figuraient au programme du cours moyen, par des problèmes élémentaires sur le cercle, la pyramide, le cône et la sphère. Les formules importantes seront données sans démonstrations, et appliquées à de nombreux exercices.

Si le développement intellectuel des élèves le permettait, il serait toutefois utile de démontrer et de faire étudier les principaux théorèmes relatifs aux perpendiculaires et aux parallèles, aux tangentes, aux lignes proportionnelles, aux figures équivalentes et aux figures semblables, et de donner quelques applications. Cette étude se bornerait à une vingtaine de théorèmes fondamentaux, d'ailleurs fort simples, qui auraient le double avantage d'initier les élèves au raisonnement et de leur permettre de mieux comprendre les constructions du dessin géométrique.

CHAPITRE X

DESSIN

I. **Observations générales** : But du dessin à l'école primaire. Caractères d'une bonne méthode. — II. **Modèles de dessin** : Tracés au tableau noir. Grandes feuilles murales. Cahiers-modèles. Objets en nature. — III. **Procédés d'enseignement** : Modèle au tableau noir, tracé et expliqué pièce à pièce. Modèle quelconque, expliqué brièvement au début de la leçon. Modèle du cahier de l'élève, expliqué avant la copie. — IV. **Le dessin aux différents cours** : Le programme en général. Cours préparatoire, cours élémentaire, cours moyen, cours supérieur. Les expositions annuelles de dessin, dans l'école. — V. **Le travail manuel** : Le travail manuel, auxiliaire et complément du dessin. Conseils relatifs au travail manuel dans les différents cours.

I. — OBSERVATIONS GÉNÉRALES.

But du dessin à l'école primaire. — Le but que cet enseignement doit atteindre à l'école primaire, c'est de former le goût de l'enfant, de développer sa faculté d'observation, et surtout de lui fournir le moyen d'exprimer avec facilité sa pensée, par des tracés représentant des objets variés qui concernent l'habitation, l'ameublement, l'outillage et les industries locales. Ainsi, on ne considérera pas le dessin comme un art d'agrément, ni un moyen de favoriser une vocation artistique, mais comme un art usuel et pratique, un mode d'expression indispensable dans l'industrie moderne, une véritable écriture des formes matérielles.

Dans cet enseignement, le maître doit s'appliquer à faire acquérir à l'élève : 1° une adresse manuelle suffisante ; 2° une grande précision dans l'observation visuelle. Ce second résultat est beaucoup plus important que le premier ; car la sûreté d'observation, le talent de bien voir, est la qualité indispensable à tout bon dessinateur.

Caractères d'une bonne méthode de dessin. — La méthode adoptée doit offrir les avantages suivants :

1° Présenter des exercices intéressants et bien gradués.

2° Être à la portée de presque tous les élèves de la classe, ou de la division, qui doivent faire en même temps le même travail.

3° Restreindre autant que possible la copie servile des gravures et lithographies ombrées, et, par le choix des modèles, donner une large part à l'éducation du sens de la vue, à la réflexion et à l'initiative personnelle de l'enfant.

4° Sans négliger la théorie relative au tracé géométrique et aux règles de la perspective à vue, ne pas trop s'y attarder ; mais passer rapidement à des études pratiques, surtout si l'élève doit quitter la classe vers l'âge de douze ou treize ans.

5° Conduire finalement l'enfant à dessiner, en perspective à vue et surtout en projections, des objets d'après nature et quelques ornements élémentaires.

Ce qu'il importe d'éviter dans l'enseignement du dessin, c'est :

1° De transformer l'enseignement simultané en enseignement individuel, chaque élève ayant un modèle différent et le reproduisant à sa fantaisie, sans explications ni corrections efficaces de la part du maître, qui, dans ces conditions, ne peut donner qu'un temps très court à chaque enfant.

2° De faire transcrire les modèles exactement avec la même grandeur, et par des procédés mécaniques, tels que le calque, les quadrillages, l'usage exclusif du compas à pointes sèches ou des bandes de papier. Ces procédés ont le grave inconvénient de ne pas exercer suffisamment chez l'élève la faculté d'observation, et d'éloigner son attention de la vue d'ensemble et de la recherche des proportions générales, dont il est si important et si difficile de lui faire tenir compte.

3° D'imposer à l'élève une notable perte de temps en lui faisant copier, d'après l'estampe, de grands dessins à détails compliqués, dont il ne comprend ni les jeux d'ombres ni les déformations perspectives.

II. — MODÈLES DE DESSIN.

Les modèles usités sont : 1° les tracés au tableau noir ; 2° les grandes feuilles murales ; 3° les cahiers-modèles ; 4° les objets en nature. Le cours de dessin doit varier l'emploi de ces modèles d'une manière intéressante.

Tracés au tableau noir. — Dans la leçon de dessin, le tracé au tableau noir est le procédé démonstratif par excellence. Au cours préparatoire, le maître y dessine à peu près tous les modèles que l'élève doit reproduire. Dans les cours suivants, le tableau noir sert aussi pour recevoir les figures géométriques et les tracés théoriques, ou certains détails sur lesquels on veut attirer l'attention, afin de préciser une forme incomprise, ou de redresser une erreur commise par plusieurs élèves. C'est encore au tableau noir que l'on trace l'esquisse préparatoire au dessin d'un modèle mural ou d'un objet en nature.

Grandes feuilles murales. — Ce sont des dessins préparés à l'avance sur une feuille de papier grand format. Les dessins au tableau noir ont cet avantage que l'élève voit de quelle manière le maître commence, continue et achève le travail ; mais ces sortes de modèles sont destinés à être effacés à bref délai, tandis que les dessins sur grandes feuilles peuvent être préparés avec soin en dehors de la leçon, être conservés indéfiniment pour servir plusieurs fois.

Dans le dessin d'imitation, le modèle mural reste sous les yeux des élèves pendant tout le travail ; dans le dessin géométrique, le professeur retire le modèle dès que les élèves en ont pris, sur leur cahier, le croquis coté; et c'est à l'aide de ce croquis personnel qu'ils exécutent leur dessin au net, suivant une échelle déterminée.

Aussi bien que le modèle tracé à la craie au tableau noir, le modèle mural doit avoir plusieurs qualités indispensables :

1° *Il doit être visible à distance.* — Le papier choisi est blanc ou faiblement teinté. Le modèle y est dessiné largement, avec des contours vigoureux et nets, tracés au pinceau, au crayon conté ou au fusain fixé. Sa lisibilité est encore augmentée si l'on recouvre d'une faible teinte d'aquarelle, soit la surface de l'objet dessiné, soit le fond sur lequel il se détache; mais on évite les tons éclatants ou trop sombres.

2° *Il doit être de bon goût.* — Rien ne saurait être trop correct pour les yeux des enfants, qui conservent si fidèlement l'empreinte des premières sensations; aussi faut-il chercher les sujets de bon style, et rejeter ceux qui manquent d'élégance, de vérité, d'équilibre ou d'harmonie dans les proportions.

3° *Il doit avoir des proportions simples.* — Il est utile que les modèles élémentaires présentent des rapports simples entre leurs différentes dimensions. Ainsi la longueur et la hauteur seront dans les rapports de 1/2, 2/3, 3/4, etc.; tel détail sera au 1/3, au 1/4, au 1/5, etc., de la hauteur totale du motif. Outre qu'elles sont aisées à découvrir par l'élève, ces proportions facilitent le travail du professeur, et lui permettent de constater d'une manière rapide l'exactitude du dessin.

4° *Il doit employer exclusivement la vue géométrale,* c'est-à-dire ne pas représenter d'objets en perspective. Lorsqu'il s'agit de dessiner une perspective à vue, il faut toujours prendre pour modèle un objet en nature et le représenter tel qu'on le voit de l'endroit où l'on se trouve placé : c'est le seul moyen d'apprendre la perspective. Un modèle mural qui représente une perspective n'offre qu'une seule apparence de l'objet, parmi le nombre indéfini de celles que cet objet peut prendre sous les yeux du spectateur. Il n'est donc pas à propos de copier habituellement ces sortes de modèles.

Cahiers-modèles. — Les cahiers-modèles sont des recueils de dessins ou de croquis cotés, que les élèves doivent reproduire à une échelle différente, et en les modifiant ou les complétant (voir la Méthode de dessin éditée par l'Institut).

Objets en nature. — Ce sont les meilleurs modèles. Pour le dessin d'imitation, ils comprennent : des surfaces et des solides en carton, des moulages d'ornements rudimentaires; des figures géométriques en bois découpé, se détachant en blanc sur un panneau, également en bois, peint en gris; des objets usuels; des feuilles naturelles ou artificielles de diverses plantes. Pour le dessin géométrique, ils comprennent des objets de forme simple : un solide, une brique, une boîte, un petit banc, un arrosoir, un outil, un ustensile, un meuble peu compliqué, tel qu'un bureau ou une table.

III. — PROCÉDÉS D'ENSEIGNEMENT.

Les principaux procédés d'enseignement du dessin, applicables aux écoles primaires élémentaires, sont les suivants, qui peuvent être utilisés alternativement ou combinés entre eux.

1° *Modèle au tableau noir, expliqué et tracé pièce à pièce.* — Chaque détail de l'opération graphique est tracé, puis expliqué au tableau noir par le professeur, tandis que les élèves reproduisent immédiatement, et comme trait par trait, le modèle indiqué. Le professeur passe dans les rangs, pour voir si les explications ont été comprises et mises en pratique. Ce procédé, qui convient aux commençants, leur laisse peu d'initiative ; mais il a l'avantage d'imprimer une excellente direction à la marche du travail de toute une classe, et il met le professeur en communication permanente avec ses élèves.

Dans une classe nombreuse, on peut placer un élève adroit entre deux autres moins habiles : il leur servira de moniteur, mais toutefois son rôle se bornera à les guider. Il suffira alors au professeur de corriger le travail de cet élève. C'est ainsi que, plus facilement, on donnerait de l'unité à la marche d'ensemble.

2° *Modèle quelconque, expliqué brièvement au début de la leçon.* — Le professeur donne à ses élèves des explications orales sur un modèle (feuille murale ou objet en nature), préparé à l'avance, et exposé devant toute la classe ou la division. Il en exécute l'esquisse au tableau noir ; et, s'il est utile, les élèves prennent quelques notes sur les explications du professeur ; puis ils commencent leur dessin au net, suivant une échelle et des conditions déterminées. Ce procédé laisse aux élèves une grande initiative, mais il ne convient qu'à ceux qui sont déjà exercés. Il permet au professeur, qui a peu de temps à sa disposition, de donner la leçon successivement à plusieurs groupes d'élèves : les uns travaillent pendant que les autres reçoivent ses explications. Cette marche est également employée quand il s'agit d'une composition ou d'un concours périodique.

3° *Modèle du cahier de l'élève, expliqué avant la copie.* — Un même modèle graphié, ordinairement choisi dans le cahier-modèle, est mis à la disposition de chacun des élèves ; il doit être copié non servilement, mais dans des conditions de dimension, de position ou d'achèvement déterminées à l'avance par le professeur. Suivant que ces conditions sont plus ou moins détaillées et précises, l'interprétation demande à l'élève une part d'initiative personnelle, ou restreinte, ou plus grande. Les explications, les tracés au tableau noir, les interrogations du professeur ont d'ailleurs préparé le travail de copie. Ce procédé peut être employé à tous les degrés de l'enseignement.

IV. — LE DESSIN AUX DIFFÉRENTS COURS.

Le programme en général. — Représenter un objet avec les déformations et les illusions de la perspective, c'est-à-dire tel qu'on le voit, c'est faire du *dessin d'imitation.* Représenter ce même objet avec ses formes et ses dimensions précises, réduites ou non, et par un tracé conventionnel qui fournit tout ce qui est nécessaire pour sa reconstruction par l'ouvrier : c'est faire du *dessin géométrique.*

Dans le dessin d'imitation, les instruments de tracé sont réduits au minimum : le crayon est presque le seul outil ; l'œil et la main jouent le rôle principal. Dans le dessin géométrique, au contraire, la règle et le compas ne cessent d'être employés. Un autre genre de dessin qui participe des deux précédents, c'est le *croquis coté* : il se fait à main libre, au crayon ou à la plume, et il emploie le tracé conventionnel du dessin géométrique. Dans le cours supérieur, le croquis coté est souvent transcrit au net avec la règle et le compas.

Après avoir débuté par des exercices élémentaires à main levée, d'après le modèle plan, l'élève aborde peu à peu les modèles en relief ; il dessine des croquis cotés, et quand sa main est devenue assez adroite pour tenir le compas, il s'exerce au dessin géométrique, qu'il poursuit jusqu'à l'étude des projections, théorie et applications.

Cours préparatoire. — Dans le cours préparatoire, on étudie successivement le point et ses orientations ; la ligne droite, ses directions, la manière de la diviser en parties égales, l'évaluation des rapports de plusieurs droites entre elles; les parallèles, les perpendiculaires et les obliques; les angles, leurs variations de grandeur et de position; le carré, le rectangle, le triangle, et des notions générales sur les courbes. Enfin, de petites combinaisons symétriques de ces divers éléments, des silhouettes d'objets usuels à contours simplifiés complètent le cours.

Dans les débuts, l'attention de l'enfant doit être attirée beaucoup plus vers l'examen et le discernement des formes et des couleurs, que sur la précision des tracés. Avant tout, il faut qu'il apprenne à regarder, à comparer, à saisir les ressemblances, les dissemblances et les positions relatives des objets que l'on propose à son observation. Les traits et les surfaces doivent être montrés *matériellement* avant d'être reproduits sur l'ardoise. On emploiera pour cela des bâtonnets, des bandes de papier, des surfaces en carton, etc. La vue des objets et leur représentation doivent être des exercices simultanés.

Cours élémentaire. — Avec les élèves de ce cours, commence ce qu'on appelle vulgairement le dessin d'ornement, parce que les sujets étudiés appartiennent, pour la plupart, à l'art décoratif, dans ce qu'il a de plus élémentaire. Les exercices se groupent autour de quatre éléments : la ligne droite, la ligne circulaire ou elliptique, la ligne sinueuse et la spirale. Chacun d'eux, seul ou combiné avec d'autres, offre des motifs variés et intéressants que l'on entremêle aussi avec des dessins de fleurons, de feuilles, de cartouches, de vases à contours très simples, empruntés aux meilleurs styles. Tous ces modèles sont présentés sur une surface plane.

Le maître donne aussi des notions rudimentaires sur la manière de grouper avec harmonie de petits motifs décoratifs ; il exerce les enfants à des études de symétrie, de répétition et d'alternance. De temps en temps, il fait colorier légèrement les figures dessinées.

Cours moyen. — Le programme du cours moyen comprend :

1° L'étude, plus complète qu'au cours élémentaire, des lignes ondulées et des spirales.

2° Des tracés d'éléments décoratifs, des exercices simples de combinaisons et d'agencement, d'après des canevas donnés.

3° Corrélativement avec ces études, la copie d'ornements d'un faible relief sur un fond plat. Ces modèles peuvent être en carton, en bois ou en plâtre.

4° Le dessin de quelques solides, en plein relief et de grandes dimensions.

Les notions perspectives nécessaires à l'élève peuvent s'acquérir par la seule observation, et sans aucune théorie scientifique. Le maître dirige ce travail d'investigation en partant des phénomènes constatés, et il amène l'élève à en déduire les principes de tracé linéaire et de mise en place des ombres. Ces principes, énoncés avec précision, sont ensuite d'une continuelle application.

Au cours moyen, on peut aussi aborder les premiers exercices de dessin géométrique, au crayon seulement : tracé des droites, des parallèles, des perpendiculaires, des triangles et des polygones. L'élève y apprend le maniement de la règle, de l'équerre et du compas. Les compas à crayon, qu'on trouve à bas prix dans le commerce, suffisent à ce genre de travail.

Il est utile de faire suivre chaque problème d'une ou de plusieurs applications pratiques, empruntées à des motifs très simples de carrelage, de mosaïque, de vitrail ou de marqueterie.

Cours supérieur. — Les élèves du cours supérieur sont exercés au dessin d'imitation et au dessin géométrique.

Dessin d'imitation. — Le programme du cours moyen se complète par des exercices élémentaires d'arrangements décoratifs d'après des motifs donnés, et par le dessin d'ornements et d'objets en plein relief : rosaces, feuillages, moulures, objets usuels ; on peut y ajouter quelques croquis de feuilles de plantes, dessinées *d'après nature*. Il faut toujours observer que la mise en place de l'ensemble et celle des principaux détails constituent la partie essentielle du dessin d'un objet ; des ombres crayonnées avec soin et habileté n'ont que peu de valeur sur un dessin dont l'esquisse est défectueuse.

On pourrait énoncer ainsi la série des opérations à faire sur la feuille de papier, pour dessiner un objet en nature :

a) *Mise en place des traits de contour.* — 1° Tracer le rectangle proportionné qui est censé envelopper l'ensemble du modèle ; 2° esquisser les principales lignes du dessin, après avoir pris à vue, et attentivement, leurs positions et leurs distances respectives ; 3° descendre peu à peu jusqu'au dessin des détails, corrigeant et améliorant sans cesse les lignes déjà tracées.

b) *Mise en place des ombres.* — 1° Tracer avec légèreté les limites des ombres proprement dites, et recouvrir d'un ton uniforme toutes les masses d'ombre ; 2° poser les demi-teintes, en se gardant bien d'exagérer leur valeur ; 3° renforcer quelques ombres vigoureuses qui peuvent être situées en des points caractéristiques du modèle, mais sans pousser ces ombres trop au noir.

De temps en temps, on demande aux élèves d'exécuter de mémoire un des modèles qu'ils ont déjà copiés, ou un objet usuel de forme connue.

Dessin géométrique. — Les élèves du cours supérieur doivent être munis d'une boite de compas. Le programme comprend : des problèmes de tracé sur le raccordement des lignes, suivis d'applications immédiates ; des tracés de moulures, et enfin les projections et les croquis cotés.

Il est indispensable que les élèves qui sortent du cours supérieur possèdent les éléments du dessin de projections. On donne pour base à cet enseignement l'observation directe des objets, sans trop s'arrêter à des figures et à des notions abstraites. Après une courte théorie sur les principaux cas des projections de lignes, de surfaces et de solides entiers ou tronqués, on passe aux projections d'objets simples : bancs, chevalets, tréteaux, outils, petits meubles, assemblages de charpente, détails d'organes de machines, et même quelques plans d'habitations ouvrières.

Les *croquis cotés d'après nature* sont préférables aux meilleurs dessins que l'on pourrait faire d'après modèles graphiés. Voici, pour ce genre de travail, l'une des manières de procéder :

Le maître expose à la vue des élèves l'objet à dessiner en croquis ; cet objet doit être de dimension suffisante pour être aperçu dans ses détails par toute la classe. Il le dessine, ou le fait dessiner au tableau noir par un élève, et donne toutes les explications nécessaires au tracé. En même temps, les élèves copient sur leur carnet, à main libre et au crayon, le tracé fait au tableau. Le croquis achevé, le maître mesure ou fait mesurer les cotes de l'objet, puis il les dicte et les écrit au tableau noir ; au fur et à mesure qu'il les énonce, les élèves les écrivent sur leur croquis. Le dessin du tableau noir est ensuite effacé, et chaque élève l'exécute au net et à l'échelle, en se servant de son croquis personnel.

Exposition de fin d'année. — Il est d'usage, dans un assez grand nombre d'écoles, d'exposer temporairement au parloir, ou sous un préau couvert, un certain nombre de dessins exécutés dans l'année et recueillis parmi les meilleurs. Cette exposition ne doit pas seulement contenir des travaux spéciaux exécutés par quelques élèves choisis ; il est préférable qu'elle soit composée d'un choix de dessins empruntés aux différents cours.

A chacun des cours préparatoire, élémentaire, moyen et supérieur, est affectée une surface murale bien déterminée, où l'on place les spécimens les plus caractéristiques du programme. L'ensemble d'une telle exposition permet de suivre la marche méthodique et progressive de l'enseignement, depuis les naïfs essais des tout petits jusqu'aux dessins très exacts des élèves les plus avancés. Ainsi les meilleurs élèves de chaque classe ont le plaisir de voir apprécier leur travail.

Dans les expositions scolaires, on doit toujours préférer la qualité à la quantité, et ne pas exhiber des travaux que pourrait attaquer une judicieuse critique, surtout si ces travaux dépassaient le niveau des cours de l'école primaire.

Le dessin est l'élément principal des expositions de fin d'année ; mais il est utile d'y voir figurer aussi des croquis géographiq· des exercices d'écriture, des cahiers de devoirs, des spécimens de travaux manuels, etc.

V. — LE TRAVAIL MANUEL.

Le travail manuel, auxiliaire et complément du dessin. — Le travail manuel et le dessin se prêtent un mutuel appui, et il est très avantageux de ne pas isoler ces deux enseignements. Tantôt l'élève dessine un modèle qu'il a confectionné lui-même avec des bâtonnets, des bandes de papier, des cartons découpés, etc. ; tantôt il réalise en nature un dessin spécialement préparé en vue de l'exécution, c'est-à-dire ayant des mesures et des proportions bien déterminées.

Le travail manuel a le même but que le dessin : il aide puissamment à l'éducation des sens, surtout de l'œil et de la main ; il fortifie les aptitudes natives de précision et de goût. Il fait voir que le dessin n'est pas une simple combinaison de lignes, de couleurs et d'ombres, mais la représentation d'un objet matériel que l'on peut construire.

Le professeur se sert aussi avec succès du travail manuel pour rendre sensibles et matérielles les premières abstractions du calcul et de la géométrie. Les exercices de pliage et de découpage sont souvent la preuve ou l'application des propriétés géométriques relatives au carré, au rectangle, au triangle. Ajoutons à cela que le travail manuel procure un utile et agréable délassement, que l'on peut réserver pour le moment de la journée où l'intelligence de l'enfant est fatiguée par l'étude.

Conseils relatifs au travail manuel. — Pour être pratiques, les exercices de travail manuel ne doivent, ni nécessiter un outillage coûteux et encombrant, ni absorber trop de temps. Vers la fin de l'année scolaire, le programme pourrait lui donner une part un peu plus large que dans les premiers mois. Les meilleurs objets confectionnés par les élèves seraient exposés dans la classe ; on les remplacerait de temps à autre par de nouveaux travaux.

A· urs *préparatoire* et *élémentaire*, le travail manuel est surto . un délassement utile, un moyen d'occupation pour l'activité de l'enfant. Ce sont des arrangements de bâtonnets, de bandelettes ou de surfaces géométriques en papier de couleur.

Aux *cours moyen* et *supérieur*, le travail devient progressivement sérieux. A des pliages, découpages et tressages, exécutés d'une manière plus précise, succèdent la construction de solides en carton, le modelage, le travail en fil de fer, etc.

CHAPITRE XI

AGRICULTURE

But et nature de l'enseignement agricole à l'école primaire. — Le musée agricole. — La leçon d'agriculture. — L'agriculture aux cours élémentaire, moyen et supérieur.

But et nature de l'enseignement agricole. — La leçon d'agriculture à l'école primaire a pour but principal d'éveiller chez l'enfant l'esprit d'observation, de recherche et d'expérimentation ; de le préparer à comprendre et à raisonner les procédés de culture et, par suite, à tirer de la terre des produits meilleurs et plus abondants. C'est un moyen de faire aimer l'agriculture, même par les élèves qui ne se croient pas destinés à vivre habituellement à la campagne, et de combattre la routine et la prévention qui souvent empêchent les populations agricoles de bénéficier des découvertes et des progrès. Le cours doit avoir encore pour objectif de faire estimer le travail des champs, et de diminuer l'émigration vers les grandes villes.

L'enseignement de l'agriculture se donne le plus souvent sous forme de leçons de choses. Il est à la fois théorique et pratique : la théorie comporte, pour le cours supérieur seulement, des notions très élémentaires de botanique et de chimie agricole ; la pratique consiste, pour tous les cours, en quelques expériences faites spécialement dans le jardin de l'école.

Il serait sans doute hors de propos de vouloir exposer aux enfants des écoles primaires les ressources offertes par les sciences naturelles, pour les exploitations agricoles ; néanmoins il faut que les élèves sachent ce que c'est que l'azote, l'acide phosphorique, la potasse, la chaux, avant d'étudier la question des engrais, et que l'action fertilisante de ces éléments soit mise en évidence par des cultures comparées, établies soit dans un jardin, soit dans des caisses ou des pots à fleurs. Après avoir montré, par des expériences, que la plante est un organisme vivant qui a besoin de se nourrir, qui se développe et grandit, on donnera quelques leçons très simples et concrètes sur la végétation, l'alimentation et la multiplication des végétaux.

Le musée agricole. — Pour donner de l'intérêt aux leçons et les rendre pratiques, il est nécessaire que le maître montre aux élèves des échantillons bien choisis, — terres, graines, plantes, etc. — appropriés aux sujets qu'il traite.

Un cours d'agriculture, même très élémentaire, suppose donc l'organisation d'un musée agricole. Pour le constituer, le maître recueillera lui-même diverses espèces de terres, et il les conservera dans des bocaux en verre soigneusement étiquetés. Il pourra se procurer, chez les marchands, des graines et des spécimens des principaux engrais ; chez les cultivateurs voisins, les plantes de la région. Enfin, il aura des gravures murales représentant des instruments agricoles, des plantes et des animaux.

La leçon d'agriculture. — La leçon d'agriculture se donne, ou sans manuel, ou avec le secours d'un manuel. Dans le premier cas, l'exposé oral doit être suivi de la dictée du résumé qui sera l'objet de l'étude.

Il y a deux manières de se servir d'un manuel. 1° Après la leçon orale, on fait lire dans le manuel et l'on explique le texte se rapportant au sujet que l'on vient de traiter.

2° Plus simplement encore, on peut faire lire par les élèves, dans leur manuel, ce qui est le sujet de la leçon du jour. Alinéa par alinéa, on leur explique les termes qui le réclament, et on ajoute quelques courts développements.

Que la leçon soit donnée par l'un ou l'autre de ces procédés, le maître n'oubliera pas d'apporter en classe des échantillons empruntés au musée agricole, ou des spécimens cultivés dans le jardin de l'école. Il fera même quelques expériences élémentaires, si toutefois le sujet le comporte. Il établira des rapprochements entre les idées exprimées et la façon dont les cultivateurs opèrent dans la région, en tenant compte que certains principes et certains procédés ne sont pas également applicables dans tous les pays.

Pour fortifier l'enseignement, il serait utile que, de temps en temps et à titre de récompense, le maître conduisît les élèves dans les jardins ou les fermes du voisinage, autant du moins que les circonstances le permettent. Là, il rappellerait les leçons données en classe, et, par des remarques pratiques, il développerait chez les enfants l'esprit d'observation.

Enfin, les dictées, rédactions et problèmes d'arithmétique pourraient avoir souvent pour objet, dans les écoles rurales, des faits d'ordre agricole : le rendement d'une basse-cour ou d'une culture donnée, les semailles, la moisson, etc ; et tous ces exercices se rapporteraient aux notions qui sont au programme mensuel d'agriculture.

Cours élémentaire. — Au cours élémentaire, on prépare le travail plus sérieux réservé aux cours moyen et supérieur.

Avec les jeunes enfants, il faut autant que possible parler aux yeux et rendre concrètes les explications, par la vue des objets en nature. Ainsi, on peut se procurer une série de plantes de la région : blé, seigle, avoine, orge, maïs, colza, chanvre, lin, pavot, moutarde sauvage, liseron, chiendent, etc., et, par ce moyen, donner aux élèves une foule de connaissances élémentaires.

Après avoir montré et nommé la plante, on en fait remarquer les différentes parties : racine, tige, bourgeons, feuilles, fleurs. On donne sur les fonctions de chaque organe des explications simples et à la portée des petits enfants. Il ne faudrait pas entrer dans certains détails qui relèveraient plutôt du cours moyen, comme seraient, par exemple, la nutrition des plantes, les éléments qu'elles absorbent, et leur provenance, etc. Par contre, on pourrait *montrer* comment germe une semence et comment se développe le sujet qu'elle produit ; ces petites expériences, d'ailleurs nécessaires, piquent la curiosité des écoliers et laissent des souvenirs durables dans leur esprit.

Par exemple, on remplirait presque entièrement de mousse un vase de verre, au fond duquel on entretiendrait toujours un peu d'eau, et l'on déposerait sur la mousse, de préférence près des parois du vase, une graine assez volumineuse : pois, haricot, fève, etc. En tenant le vase à une température convenable, la tigelle et la radicule ne tardent pas à apparaître. Tandis que la première s'élève, la seconde s'enfonce et se ramifie aux parois du vase. Si l'on soigne assez longtemps la plante, on finit par obtenir fleurs et fruits. Ainsi l'enfant se rend compte non seulement du phénomène de la germination, mais il suit avec intérêt les différentes phases de la végétation.

On pourrait également faire assister les élèves au semis de telles ou telles graines dans une plate-bande du jardin de l'école ; on compterait le nombre de grains semés, et plus tard ceux qui auraient levé, et l'on ferait remarquer alors qu'un certain nombre ont germé et que d'autres n'ont rien produit. Le fait constaté, on en donnerait la cause : ou les graines n'étaient pas toutes bonnes, ou elles avaient été enterrées trop profondément. De là, trois questions se poseraient naturellement : Quand les graines sont-elles bonnes ? Quand sont-elles mauvaises ? Pourquoi ne lèvent-elles pas, si elles sont trop enterrées ?

Ces exemples suffisent pour faire comprendre comment on peut préparer les jeunes enfants aux leçons d'agriculture qu'ils recevront plus tard.

Cours moyen et supérieur. — Sans démonstrations pratiques, les leçons d'agriculture seraient peu utiles. D'autre part, s'il est avantageux d'avoir à proximité de l'école un jardin pour les expérimentations, il n'est pas moins vrai que, dans la plupart des cas, le véritable champ d'expériences, ce sera la campagne environnante.

L'enfant a vu labourer ; mais il ignore pourquoi les labours sont plus ou moins profonds. Il sait d'une manière vague que, sans engrais, on n'aurait pas de belles récoltes ; mais il ne se doute pas qu'il y a dans la localité des terres cultivables de natures différentes ; que, suivant leur composition, elles sont plus ou moins fertiles et qu'il existe des moyens de les améliorer. S'il peut distinguer les prairies naturelles des prairies artificielles, du moins il ne sait pas comment on crée ces dernières, ni quels soins réclame leur entretien. Il voit que, dans un même terrain, on varie les cultures, et il n'en connait pas la raison.

C'est au maître à faire réfléchir les élèves sur ces faits. Leur expliquer ce qu'ils n'ont pas compris jusqu'alors ; leur découvrir ce qu'ils n'ont pas soupçonné ; leur indiquer, avec raisons à l'appui, les avantages de telle méthode de culture et les inconvénients de telle autre ; leur faire part de quelques-unes des découvertes récentes et montrer les avantages des progrès réalisés : tel est le but du programme primaire d'agriculture.

Le maître doit viser à être utile aux populations au milieu desquelles il exerce. Veut-il donner, par exemple, des notions sur les terres cultivables ? il devra se renseigner exactement sur la nature du sol, ainsi que sur les qualités et les défauts des terres dans la localité, afin de pouvoir signaler plus sûrement les procédés d'amélioration qui leur conviennent.

Les besoins d'une région peuvent obliger le maître à spécialiser son enseignement. Dans une commune, on devra insister sur la culture des différentes sortes de céréales ou de légumineuses, ainsi que sur les conditions de succès qu'elle réclame ; dans une autre, on étudiera plus particulièrement les plantes industrielles, les engrais spéciaux qui conviennent à chacune d'elles, leur traitement et leurs usages. Ailleurs, on donnera plus d'importance aux notions d'arboriculture : choix, plantation, taille, greffe des arbres, moyens artificiels de les multiplier, soins à leur donner dans les maladies. Ailleurs encore, la viticulture sera l'objet de notions spéciales.

On complétera le cours par des indications sommaires sur les insectes et les plantes utiles, les insectes et les plantes nuisibles, spécialement choisis parmi les types qu'on trouve dans la contrée et que l'on conserve au musée de l'école.

CHAPITRE XII

CHANT

I. Généralités sur l'enseignement du chant : Son rôle éducatif. Le chant religieux : chant liturgique, cantiques et musique sacrée. Musique profane. — II. La leçon de chant : Remarques relatives à la bonne exécution. La leçon aux cours préparatoire et élémentaire. La leçon aux cours moyen et supérieur : conseils pour la leçon de chant; la dictée musicale.

I. — GÉNÉRALITÉS SUR L'ENSEIGNEMENT DU CHANT.

Rôle éducatif. — Le chant a une influence éducatrice que les maitres chrétiens doivent utiliser. Bien dirigé, cet enseignement développe la sensibilité et ouvre les âmes aux impressions les plus diverses : sentiments de joie et de douce mélancolie, de recueillement et de piété, comme les font naitre certains cantiques et les chants de l'Église; enthousiasme provoqué par les chants patriotiques; gaieté saine, entretenue par les mélodies enjouées.

C'est à l'éducation intellectuelle et morale des élèves qu'il faut faire servir le chant. Il importe, en effet, de former le goût de l'enfant, de lui faire apprécier et rechercher ce qui est vraiment beau; de le mettre en garde contre les productions vulgaires ou bouffonnes, auxquelles généralement il n'est que trop enclin; de le détourner de la chanson légère, si proche de la chanson immorale. Pour la même raison, on évitera de faire apprendre des chansonnettes qu'on ne peut présenter à une société honnête qu'en les mutilant ou en les arrangeant; les chanter en public, ne serait-ce pas leur faire une sorte de réclame, et engager indirectement les élèves à se les procurer dans leur dangereuse intégralité?

Chant liturgique. — Le chant liturgique est l'un des modes de la prière : de là, ce cachet de simplicité et d'adoration dont il est empreint. C'est la mélodie dans sa forme à la fois la plus naturelle et la plus expressive. Il ajoute l'unisson des voix à l'unisson des cœurs, et l'une de ses qualités est sa fidélité à traduire les sentiments si variés de l'office divin.

Le *plain-chant* doit être étudié dans les écoles chrétiennes, où les enfants, ceux des premières classes surtout, sont généralement appelés à prêter le concours de leur voix au chant dans l'église.

L'exécution du plain-chant suppose la lecture correcte des paroles latines, et l'intelligence au moins générale du texte. Comme dans tout exercice de chant, le maître exigera et obtiendra que les enfants modèrent beaucoup leur voix; il ne doit pas tolérer qu'ils crient, ou même qu'ils donnent à leur voix tout son volume ou son intensité.

On se bornera à faire apprendre un nombre restreint de fragments liturgiques, et l'on ne passera de l'un à l'autre qu'après avoir obtenu une exécution satisfaisante, qui permet de leur donner en public une interprétation à peu près irréprochable. Et lorsque les morceaux de plain-chant auront été ainsi étudiés, on aura soin de ne pas laisser s'introduire la routine et les autres défauts qui naissent de la négligence et du laisser-aller.

Bien que les éditions du plain-chant n'aient pas toutes la même valeur, on ne peut que suivre celle adoptée dans le diocèse où l'on exerce; mais on cherchera à en faire exécuter les mélodies selon les vrais principes.

Cantiques. — Il a déjà été question du chant des cantiques au chapitre III de la première Partie de cet ouvrage. Voici quelques remarques relatives à leur exécution.

1° Une condition importante, pour donner au chant l'expression convenable, est de se bien pénétrer du caractère général des cantiques. Ils sont tour à tour, et suivant les sujets, gracieux ou graves, simples ou majestueux, calmes ou entraînants. Un cantique sur la *mort*, par exemple, demande une tout autre expression qu'un cantique sur le *bonheur du ciel*, qui aurait peut-être même tonalité, même mesure et même mouvement.

2° Les cantiques étant des prières ou des instructions

chantées, le sentiment de la piété doit donner à leur exécution un cachet spécial, qui les distingue essentiellement des chants profanes. Avant d'appliquer les paroles à un air, il est donc utile de les lire ou de les faire lire, en exigeant une bonne articulation. On pourrait même en faire l'analyse rapide pour en faciliter la compréhension, pour montrer la beauté des idées et des sentiments.

3° Il faut éviter de trop accentuer les syllabes muettes à la fin des vers, ou de ne les point prononcer suffisamment.

4° Un cantique ne produit d'ordinaire tout son effet que lorsqu'il est su à peu près par cœur; c'est dire qu'on doit le répéter assez souvent.

5° Ainsi que pour le chant liturgique, le maître ne doit accepter de faire chanter un cantique à l'église, sous sa seule responsabilité, que s'il a conscience d'une préparation suffisante qui assure une exécution au moins correcte et convenable.

Musique sacrée. — Il arrive souvent que les maîtrises ou psallettes paroissiales recrutent les voix d'enfants parmi les élèves des écoles chrétiennes. La formation première de ces enfants se trouvera réalisée par les notions de musique et les exercices de chant dont se composent les leçons données en classe. Si un Frère devait faire chanter à l'église, par ses élèves, quelques morceaux de musique sacrée, il ferait choix de pièces plutôt faciles, et qui réunissent les conditions exigées par la Sacrée Congrégation des Rites : mélodies graves et pieuses, exclusion des motifs ou réminiscences de musique profane, paroles du texte sacré reproduites sans omissions ni mutilations.

Musique profane. — Il est avantageux de former, dans les écoles chrétiennes, un répertoire de chants profanes : les uns seront utilisés à l'occasion des solennités scolaires, telles que visites d'un évêque, d'un curé, d'un bienfaiteur, distributions mensuelles des billets d'honneur, distribution des prix, etc.; d'autres pourront servir aux enfants dans la famille.

On ne saurait apporter trop de soin dans le choix des morceaux à une, deux ou trois voix, au point de vue des idées, des paroles qui les expriment et de la musique qui les interprète. Il faut élever l'esprit des enfants et former leur goût : c'est donc parmi les œuvres des bons compositeurs que l'on choisira les fragments à étudier. Les idées doivent être morales, clairement et correctement exprimées, et renfermer un enseignement facile à saisir. Comme on l'a dit pour le chant des cantiques, il convient de faire lire et d'analyser brièvement le texte avant de le chanter.

La difficulté du morceau à choisir doit être calculée par le maître, suivant les éléments dont il dispose. Un chœur de facture simple, bien compris et bien exécuté, plaira davantage aux exécutants et aux auditeurs qu'un chant difficile et mal interprété. Pour toute exécution publique, on ne devra pas se contenter d'une exécution à peu près correcte, mais il faut encore soigner les nuances et l'expression qui la complètent, en y ajoutant un certain charme artistique.

II. — LA LEÇON DE CHANT.

La bonne exécution du chant. — Quel que soit l'objet de la leçon de chant; le maître exigera toujours que le morceau soit bien exécuté. Voici quelques remarques à ce sujet :

1° Les élèves ne doivent jamais être courbés sur eux-mêmes en chantant ; mais au contraire, se tenir la tête élevée et la poitrine saillante.

2° On doit éviter les cris, les voix forcées qui rendent le chant désagréable et nuisent à la justesse. Les enfants sont naturellement portés à chanter en voix de poitrine, il faut les ramener souvent à la voix de tête ou petite voix. Un moyen de les y contraindre est d'élever parfois la tonalité d'un demi-ton, ou même d'un ton.

3° Il faut tenir à la netteté de l'articulation et à la pureté de la prononciation. Dans certains pays, l'articulation est très nette, mais la prononciation est défectueuse; en d'autres, on articule moins bien, mais on prononce mieux. On fera donc les remarques et les exercices utiles, pour corriger ces défauts.

4° Plus on chante *piano*, mieux il faut articuler.

5° Le moyen d'obtenir un ensemble satisfaisant, c'est

d'observer la mesure aussi exactement que possible ; il faut, par conséquent, donner aux notes et aux silences leur véritable valeur. Commencer et finir tous ensemble, bien s'entendre chanter, en se rendant compte que l'on ne va ni plus vite ni plus lentement que la masse, voilà deux points qu'il est important de faire observer.

6° Dans un chœur, il faut avoir soin d'équilibrer convenablement les différentes parties, et faire en sorte que la mélodie ne soit jamais couverte et comme absorbée par l'accompagnement.

7° On doit tenir à la franchise dans les attaques; pour cela, il est avantageux qu'en tête de chaque partie du chœur se trouvent quelques chanteurs plus exercés pour entraîner les autres.

8° Il faut aussi exiger les nuances et y habituer les élèves. Dans les *forte*, ils ne doivent pas excéder la puissance naturelle de leur voix, ni chercher à dominer celle des autres.

9° Ce qui commande l'expression, dans un chant, c'est le sens des paroles et les indications marquées par l'auteur pour l'interprétation de la mélodie. Le maître s'inspirera du caractère du morceau et de ces indications, pour faire aux élèves les remarques utiles.

Cours préparatoire et élémentaire. — De même qu'on apprend à parler avant d'apprendre à lire, on chante avant de connaître les règles de la musique. Dès leur entrée à l'école, les jeunes élèves seront exercés au chant par le procédé auditif, en attendant que leur âge permette de les appliquer à l'étude du solfège. Cette première éducation donne de l'oreille et forme à chanter avec douceur.

On fera un choix de petits airs faciles à retenir, d'un caractère simple et chantant, sur des poésies de bon aloi, morales et se rapportant aux jeux enfantins, aux scènes de la nature, aux vertus chrétiennes, aux souvenirs patriotiques. Les airs doivent être chantants, bien rythmés et ne pas renfermer de notes ni trop graves, ni trop élevées.

Voici comment le maître peut procéder pour apprendre un chant à de petits enfants :

1° Il écrit au tableau un fragment du texte; il le fait lire et en explique le sens.

2° Il chante lui-même, deux ou trois fois de suite, les premières mesures du morceau formant un sens musical.

3° Il fait répéter ces quelques mesures par un groupe des meilleurs chanteurs d'abord, puis par toute la classe, et avec une lenteur suffisante, pour permettre à l'oreille de se faire à certaines intonations qui pourraient présenter des difficultés.

4° Le maître chante une seconde phrase, la fait répéter de la même manière, puis la réunit à la première et ainsi de suite.

En faisant exécuter ces chants, on donnera quelques explications familières sur les signes musicaux, pour initier les jeunes élèves à la théorie du solfège ; mais ces explications seront très peu nombreuses à chaque leçon. On commencera à surveiller les défauts des voix, pour les corriger, et l'on évitera de fatiguer les enfants par un chant trop prolongé.

Cours moyen et supérieur. — Bien que l'étude de la musique puisse commencer plus tôt, ce n'est guère qu'à partir de neuf ou dix ans qu'on peut cultiver les voix des enfants.

Les voix d'enfants se classent en trois catégories : le soprano ou premier dessus, le mezzo-soprano ou second dessus, le contralto ou troisième dessus.

Les premiers et seconds dessus ne doivent donner en voix de poitrine que de l'*ut* grave au *sol* du médium ; et en voix de tête, les premiers dessus, du *sol* au *la* situé au-dessus de la portée, et les seconds, du *sol* au *mi*. Les véritables voix de contralti s'étendent du *sol* grave au *si* et même à l'*ut*.

Les voix doivent être groupées au commencement de l'année scolaire ; il sera bon de contrôler ce classement une ou deux fois par an, et de le modifier s'il y a lieu.

Le temps consacré à l'enseignement du chant ne permet guère d'aborder les difficultés musicales. Ce qui importe, pour les enfants des écoles, c'est de leur donner les connaissances élémentaires qui les rendront aptes à déchiffrer un chant simple, à faire une partie dans un chœur, et qui les prépareront au jeu d'un instrument. Ces notions suffisent à la plupart des élèves, et elles peuvent servir de base aux études plus sérieuses auxquelles seraient appelés quelques-uns d'entre eux.

Conseils pour la leçon de chant. — Les leçons seront partagées entre les exercices de solfège[1] et l'étude de quelques chants avec paroles.

Pour les exercices de solfège : 1° on fait dire le nom des notes ; 2° on fait *rythmer*, c'est-à-dire lire en mesure, par deux ou trois élèves des plus exercés, puis par l'ensemble de la classe ; 3° on fait exécuter, sur une gamme écrite au tableau noir, les intervalles plus difficiles que présente le morceau ; 4° on fait *solfier*, c'est-à-dire chanter le morceau par groupes d'abord, puis tous ensemble. Le groupe que l'on fait chanter le premier doit être composé des enfants ayant la voix la plus juste et la plus agréable.

Pour les chants accompagnés de paroles, le maître explique d'abord les paroles, puis il chante ensuite lui-même, pour y mettre l'expression convenable, avant d'exercer les élèves.

Mieux vaut se borner quant au nombre des chants, mais exiger qu'ils soient parfaitement sus ; autrement les élèves ne conserveraient de chacun que quelques bribes sans cohésion.

Afin d'assurer les progrès des élèves, le professeur aura égard aux remarques suivantes :

1° N'aborder que très peu de difficultés nouvelles à la fois, et même une seule à chaque leçon, par exemple un nouvel intervalle, et récapituler quelques-unes de celles qu'on a déjà étudiées.

2° Insister sur les premières difficultés qui se présentent dans chaque catégorie : lecture des notes, intonations, rythme. Un grand nombre d'élèves perdent le temps et le

---

[1] *Musique chiffrée.* — Dans les écoles primaires élémentaires de quelques pays, on fait usage de la *musique chiffrée.* Les enfants apprennent vite par ce système, où les signes sont plus simples, où toutes les gammes sont ramenées à une seule, au moyen d'une indication placée en tête du morceau et marquant à quelle note correspond le *la* du diapason.

Mais la connaissance de la musique notée est indispensable aux élèves qui veulent apprendre à jouer d'un instrument, ou qui désirent chanter des morceaux publiés par les éditeurs : la musique chiffrée ne suffit donc qu'aux enfants des classes élémentaires.

goût au cours de solfège, pour n'avoir pas été suffisamment familiarisés avec ces notions.

3° Multiplier les exercices d'application relatifs à une même difficulté; pour cela, on peut utiliser des cantiques notés, choisis en rapport avec les difficultés étudiées.

4° Apprendre aux enfants à respirer à temps et profondément : cela n'importe pas moins à leur santé, en diminuant la fatigue, qu'à la bonne exécution des mélodies.

5° Faire souvent exécuter les exercices par groupes restreints d'enfants et même individuellement, sinon l'élève n'acquiert jamais la sûreté nécessaire.

6° Pendant les premières leçons au cours moyen, donner encore un temps notable à la méthode auditive, en faisant apprendre par cœur quelques chants et cantiques simples, selon le procédé indiqué pour le cours élémentaire.

7° Varier les exercices, en faisant alterner, au cours supérieur, lecture des notes sans chant, intonations, vocalises, exercices de rythme, et toujours en graduant les difficultés dans chaque genre d'exercices. On peut écrire ces exercices au tableau noir.

8° Comme pour les autres spécialités, recourir aux moyens qui peuvent exciter et entretenir l'émulation.

Dictée musicale. — Lorsque les élèves seront assez avancés, on pourra les exercer à la dictée musicale. Elle se fait de deux façons : oralement et graphiquement.

Pour la dictée orale, le maître vocalise lui-même une phrase très courte d'un air connu des élèves, chanson ou cantique; et, leur nommant la première note, il les exerce à nommer successivement, de mémoire, celles qui constituent la phrase musicale énoncée. Après avoir obtenu cette *solfiation* orale, le maître reprend la même phrase en battant la mesure, et les élèves doivent répéter en indiquant la valeur des notes chantées.

Pour la dictée graphique, lorsque les élèves ont acquis une habitude suffisante de l'écriture musicale, le maître leur dicte une série de notes dont il indique la valeur, rondes, blanches, noires, etc. Quand ces notes sont écrites, il demande aux élèves de placer convenablement les barres de mesure, suivant celle qu'il détermine : quatre temps, trois temps, deux temps, etc. Plus tard, on pourra leur donner à reproduire de mémoire et en notation correcte, des mélodies courtes et connues. Le maître vocalise d'abord le morceau en entier, dont, pendant cet exercice, les élèves ont dû reconnaître le ton, le mode et la mesure; la dictée se fait ensuite, mesure par mesure, en vocalisant, et l'on termine chaque fragment par la première note de la mesure suivante.

Ces exercices variés doivent se faire préalablement au tableau noir.

CHAPITRE XIII

GYMNASTIQUE

I. **Considérations générales :** Rôle et utilité de la gymnastique. Remarques pratiques sur les leçons de gymnastique. — **II. Enseignement de la gymnastique :** Cours préparatoire et élémentaire. Cours moyen et supérieur.

I. — CONSIDÉRATIONS GÉNÉRALES SUR LA GYMNASTIQUE.

Rôle et utilité. — L'activité musculaire est le ressort principal du développement physique chez l'enfant; sans cesse elle le sollicite au mouvement, à la course, au jeu; elle stimule et régularise la circulation du sang, fortifie les muscles et donne de la vigueur à tout l'organisme. Comprimer trop longtemps cette activité, au lieu de la diriger et de lui fournir un exercice convenable, c'est en quelque manière méconnaître sa raison providentielle.

Il s'ensuit qu'on ne doit pas prolonger outre mesure les moments d'inertie imposés aux élèves par le règlement de la classe. Les petits enfants, surtout, changeront souvent d'exercice : pour eux, se déplacer, s'asseoir, se tenir debout, constitue un délassement indispensable.

D'autre part, les jeux, particulièrement ceux que l'on appelle athlétiques et qui exigent des efforts, sont considérés comme essentiels à l'éducation physique de l'enfant. D'ailleurs ils offrent, au point de vue moral et même au point de vue intellectuel, des avantages qui n'ont pas peu contribué à les mettre en honneur.

Cependant la gymnastique a sur les jeux cette supériorité, qu'elle exerce alternativement et d'une manière rationnelle tous les muscles du corps, au lieu d'agir seulement sur quelques-uns d'entre eux. C'est en quelque sorte la science raisonnée des mouvements corporels.

Pour les enfants des villes, elle est nécessaire au développement normal de l'organisme, à l'activité de la circulation et de l'assimilation, et souvent elle prévient ou corrige les défauts physiques. Avec les enfants de la campagne, il faut y recourir pour assouplir leurs muscles, ou du moins pour rendre plus dégagées leur démarche et leurs allures.

Remarques pratiques. — 1° Pendant la leçon de gymnastique, le silence est exigé.

2° On évite de placer les leçons trop tôt après les repas.

3° Les leçons se donnent en plein air. Pendant les saisons extrêmes, il est à désirer qu'elles aient lieu à l'abri, dans une salle ou sous un préau.

4° Aucun enfant n'est habituellement dispensé de la gymnastique, à moins d'infirmité ou sur la demande du médecin.

5° Pendant les leçons, le maître exerce une active surveillance sur les élèves; d'ailleurs, la loi le rendrait civilement responsable des accidents qui surviendraient par manque de vigilance.

II. — ENSEIGNEMENT DE LA GYMNASTIQUE.

A l'école primaire, l'enseignement de la gymnastique consiste le plus souvent en des mouvements d'ensemble.

Cours préparatoire et élémentaire. — Avec les petits enfants, il serait bon de consacrer quelques-unes des courtes récréations qui partagent la matinée et la soirée, à des marches ou à quelques mouvements très élémentaires de la tête, des bras et des jambes. Des chants simples et bien choisis peuvent les accompagner, pour y mettre de l'entrain et pour aider à la cadence. De plus, ces exercices habituent les écoliers à l'ordre et à la discipline.

Cours moyen et supérieur. — Vers l'âge de huit ans, les élèves reçoivent les premières leçons méthodiques de gymnastique. La durée de chaque leçon est ordinairement d'une demi-heure; le frère Directeur en déterminera le nombre.

Dans les manuels spéciaux, on trouve des séries d'exercices gradués, propres à assouplir et à développer les membres de l'enfant. Il n'est pas nécessaire, et parfois il n'est pas à propos, de faire exécuter tous les mouvements indiqués dans le manuel ; après en avoir fait un choix prudent, le maître reviendra souvent aux plus utiles, et il les variera de manière à exercer tour à tour, pendant une même leçon, les différents organes du corps.

La leçon. — La leçon de gymnastique a toujours comme préliminaires l'alignement des élèves par rangs de taille.

Dans les cours inférieurs, elle commence par des marches et par les exercices qui s'y rattachent. Dans les cours plus avancés, elle peut débuter aussi, surtout quand il fait froid, par des marches et des courses au pas gymnastique.

La deuxième partie de la leçon comprend des mouvements divers sur place. Le maître dispose les élèves sur un ou plusieurs rangs, et il leur fait prendre les distances nécessaires à la série d'exercices qu'ils vont exécuter.

Avant de commander un exercice, on doit :

1° En indiquer brièvement le but,

2° L'expliquer en le décomposant,

3° Le faire exécuter par un élève sous les yeux de ses camarades.

Vient ensuite l'exécution d'ensemble, qu'on fait recommencer autant qu'il est nécessaire ; or, toutes les fois qu'un exercice n'a pour but que le développement rationnel du corps, il faut le répéter plusieurs fois, alors même qu'il n'aurait pas laissé à désirer sous le rapport de l'ensemble. L'exécution est annoncée et commandée par le maître ; celui-ci, après avoir indiqué le mouvement, tient chacun sur le qui-vive en criant : *Attention!* Puis il ajoute le mot : *Commen...ces!* dont il prolonge un peu l'avant-dernière syllabe, pour frapper subitement sur la dernière et donner ainsi le signal de l'exécution. Pour finir, le maître crie : *Ces...sez!* de manière à prononcer la dernière syllabe au dernier temps d'un mouvement.

On peut aussi remplacer par un coup de sifflet les expressions : *Commencez... Cessez...*

Quant aux marches, elles sont commandées par les mots : *Marche!* et *Halte!* Pour tous les commandements, on peut adopter ces deux mots qui offrent l'avantage d'être très brefs, et de pouvoir être prononcés avec beaucoup d'énergie.

Le maître pourrait, de temps en temps, grouper les élèves en différentes sections qu'il confierait à des moniteurs exercés, et qu'il surveillerait lui-même très attentivement. Il peut aussi se faire suppléer par un élève pour les commandements qui annoncent les exercices d'ensemble; cela présente l'avantage de beaucoup intéresser les écoliers à la leçon.

On mettra beaucoup de variété dans les exercices, et, pour ne pas trop fatiguer les enfants, on fera succéder un mouvement facile à un autre plus pénible. En général, on placera vers le milieu de la leçon les exercices qui réclament le plus d'effort. Les moments d'arrêt seront fréquents, mais non prolongés, car, dans certaines conditions de température ou de locaux, ils pourraient amener des refroidissements dangereux.

La *gymnastique aux appareils*, tels que trapèze de voltige, cheval, etc., n'entre pas dans le programme de l'enseignement primaire. Les exercices aux échelles verticales, horizontales ou inclinées, aux barres parallèles, mobiles et graduées, sont plus utiles ; mais ils ne sont pas un complément indispensable des exercices élémentaires dont il vient d'être question.

Remarque. — Dans les écoles où l'on croirait devoir se servir d'appareils et agrès de gymnastique, le cours sera confié à un professeur séculier, et le maître s'en réservera simplement la surveillance.

IVe PARTIE

LA DISCIPLINE

La discipline d'une école est un ensemble de prescriptions combinées pour y assurer le bon esprit, l'ordre et le travail. Elle est nécessaire à l'enfant, dont elle gouverne la volonté en la soumettant au joug d'une autorité respectée, et aux salutaires contraintes de la surveillance. Elle est nécessaire à l'école, où elle excite, par l'émulation, une sorte d'enthousiasme pour l'étude et la vertu, en même temps qu'elle s'oppose, par des répressions morales, à la violation du règlement. L'autorité du maître, les moyens d'émulation, la surveillance et la répression, conditions mêmes de la discipline, feront le sujet des chapitres suivants.

CHAPITRE I

L'AUTORITÉ DU MAITRE

I. **Nature et fondements de l'autorité du maître** : L'autorité vraiment éducatrice est une autorité morale. Elle a pour fondements : l'estime, le respect et l'affection des élèves pour les maîtres ; l'art de commander et l'appui des familles. — II. **Précautions contre l'affaiblissement de l'autorité** : Éloigner ce qui nuit à la considération des élèves pour le maître. Éloigner ce qui nuit à l'ordre. Recourir aux signes en usage dans les écoles chrétiennes.

I. — CONSIDÉRATIONS SUR L'AUTORITÉ DU MAITRE.

Nature de l'autorité. — Lorsqu'il s'agit de l'autorité qu'un éducateur doit exercer sur ses élèves, il ne saurait évidemment être question d'une action coercitive qui violente les volontés, les assujettit de gré ou de force à un règlement, et qui, en un mot, les domine, les dompte ou les brise. Seule, l'autorité morale dirige librement les âmes vers le bien ; seule, elle fait l'éducation des enfants.

L'autorité véritable est une puissance d'action assez complexe en ses éléments constitutifs : sans doute la résolution dans les décisions à prendre, la sûreté du coup d'œil, l'aptitude naturelle au commandement, favorisent l'exercice de l'autorité; mais avant tout, elle est l'ascendant que donnent au maître ses qualités intellectuelles et professionnelles, et surtout l'élévation de son caractère et ses vertus, c'est-à-dire sa supériorité morale.

Fondements de l'autorité morale du maître. — L'autorité s'établit et se soutient à certaines conditions, parmi lesquelles nous signalerons : le respect et l'estime des élèves pour leur maître; l'affection qui les unit à lui; la douceur et la fermeté; le tact et la constance dans l'exercice du commandement; enfin l'appui que son action rencontre dans les familles de ceux dont il fait l'éducation.

Respect et estime des élèves pour le maître. — Les enfants ont sans cesse les yeux sur leur maître; et sans qu'ils s'expliquent à eux-mêmes cette disposition, ils ne s'abandonnent à sa direction qu'en raison de ce qu'ils voient en lui de vertu et de dévouement, de savoir et de talent. S'il leur présente en sa conduite le modèle constant de la perfection morale, ils le respectent, l'estiment, et se laissent entraîner au bien par les exemples de vertu dont ils sont témoins. Et d'autre part, bien que le savoir de l'éducateur ne suffise pas à lui assurer sur les âmes une autorité féconde, s'il est joint aux qualités morales, il augmente la confiance des élèves pour leur guide, et accroît d'autant son influence.

Affection réciproque entre le maître et les élèves. — Le dévouement et l'affection surnaturelle d'un maître pour ses élèves sont le grand secret de son action sur les âmes. Cette charité active et calme, tendre sans faiblesse ni partialité, généreuse et universelle, dilate les cœurs et triomphe des résistances obstinées. Les enfants ne peuvent refuser leur affection à celui qui se donne à eux ; et non seulement ils l'aiment et lui permettent de les diriger à son gré, mais ils aiment l'école et leur classe ; ils la fréquentent avec assiduité, parce qu'ils y sont comme en famille.

Sage exercice du commandement. — Les principales qualités du commandement exercé avec sagesse sont : la douceur et la fermeté, le tact et la constance.

La douceur, le calme, la modération dans le commandement disposent à l'obéissance, ou, du moins, mettent les rebelles dans leur tort, en ne leur laissant aucune excuse pour se disculper de leurs fautes. Cette possession de soi fait éviter au maître les injustices et les excès de sévérité ; elle révèle en son autorité une force et une noblesse qui subjuguent les malintentionnés eux-mêmes.

A la douceur qui attire, l'éducateur doit unir la fermeté qui ne permet pas aux enfants de mépriser impunément son autorité, mais qui leur inspire la crainte d'enfreindre le devoir. Ils craignent à la fois de contrister celui qu'ils aiment, et de s'attirer une répression à laquelle ils savent ne pouvoir échapper, en cas de faute volontaire.

Mais il ne suffirait pas au maître de commander avec douceur et fermeté, s'il n'était homme de tact. C'est le tact, c'est-à-dire une disposition habituelle à savoir ce qui convient, qui lui fait sentir s'il doit agir ou différer, parler ou se taire ; qui lui indique quelle mesure il doit apporter dans les ordres, le blâme ou l'éloge, suivant les personnes et leurs dispositions, et suivant les circonstances de temps et de lieu.

Enfin, la constance affermit l'autorité en s'opposant à la mobilité des enfants, en supprimant leurs hésitations sur ce qu'ils ont à faire ou à éviter, et leurs doutes sur la certitude des récompenses promises ou de la répression qui suivrait leurs fautes.

Appui des familles. — Sans trop s'en rendre compte, les enfants ont le sentiment intime que l'autorité de leur maître est une délégation du droit primordial qu'ont leurs parents de les élever. Si donc les directions et les conseils donnés à l'école sont fortifiés par une complète unanimité de vues dans la famille, l'enfant n'ose guère se soustraire, même intérieurement, à l'influence du maître. Mais il en va tout autrement quand les enseignements de l'école sont affaiblis par des paroles imprudentes, des plaintes indirectes ou des blâmes formels qu'auraient fait entendre les parents. La formation du caractère est alors compromise ; peut-être même est-elle rendue impossible.

On cherchera à réaliser cette entente entre l'école et la famille : 1° par la correction régulière et sérieuse des devoirs ; 2° par la communication des carnets hebdomadaires ; 3° par la remise des billets de semaine et des billets d'honneur; 4° par l'affabilité dans les rapports nécessaires avec les parents.

II. — PRÉCAUTIONS CONTRE L'AFFAIBLISSEMENT DE L'AUTORITÉ.

L'autorité de l'éducateur peut s'affaiblir, se perdre même, par des causes nombreuses et diverses : les unes nuisent à la considération des élèves pour leur maître, les autres tendent à laisser l'indiscipline et le désordre s'introduire en classe.

Précautions pour conserver l'estime des élèves. — 1° Préparer si bien les leçons, qu'en les donnant, des erreurs ou des hésitations ne viennent pas faire douter les élèves de la science de leur maître.

2° Ne pas se montrer versatile dans les jugements, les résolutions et les goûts, ni inconstant dans l'application des moyens pour atteindre une même fin.

3° Se garder des appréciations inconsidérées ou peu charitables; du manque de gravité, de dignité et de modestie.

4° Contenir les mouvements d'impatience et d'humeur, afin de ne pas se répandre en paroles amères, sarcastiques ou violentes, et de ne pas infliger des punitions inopportunes, exagérées ou injustes; en un mot, agir et parler dans ces circonstances comme si les parents des élèves étaient présents.

5° Veiller sur soi pour ne pas tolérer, sans s'y opposer, des manquements isolés mais sérieux, ou des infractions légères dont la répétition tend à passer en habitude.

6° Ne pas exiger le devoir avec trop de rigueur, ni avec la même inflexible égalité de la part de tous les élèves, sans vouloir accepter les excuses légitimes.

7° Ne pas rechercher la popularité au milieu des élèves, et cela par des concessions contraires au règlement.

8° Témoigner à tous un égal dévouement, et ne s'attacher à aucun par une amitié trop particulière ou exclusive.

9° Ne pas irriter les élèves par une sorte de défiance inquiète et soupçonneuse, par des investigations indiscrètes, qui feraient naître en eux le désir de déjouer une surveillance si pesante.

10° Par dessus tout, veiller sur soi pour n'être jamais une cause de mauvais exemple.

Précautions pour maintenir l'ordre. — L'expérience signale les remarques suivantes, comme dignes de toute l'attention du maître :

1° Placer les élèves de manière que tous soient bien surveillés, et qu'ils aient le moins possible des occasions de dérangement : en conséquence, éviter de placer l'un près de l'autre, ou deux écoliers d'âge trop différent, ou deux enfants dissipés, surtout s'ils sont éloignés du maître.

2° Donner les leçons avec zèle, lucidité et d'une manière intéressante, afin que l'attention des enfants soit toujours soutenue.

3° Commencer les leçons exactement à l'heure prescrite, sans perdre une minute, et bien employer tout le temps consacré à chacune.

4° S'il y a dans la classe plusieurs divisions, n'en jamais laisser aucune dans le désœuvrement.

5° Distribuer promptement et avec ordre les objets que l'on doit remettre aux élèves : cahiers visités, copies de compositions, modèles, etc... Le mieux serait de charger de cette distribution le premier élève de chaque table.

6° Prendre toutes les précautions possibles pour que chacun des enfants ait les objets qui lui sont nécessaires : livres, cahiers, plumes, etc.

7° Ne pas établir des moyens d'émulation capables d'occasionner des dérangements, du bruit, ou encore des disputes entre les élèves.

8° Ne pas accorder de permission lorsque, pour la demander, les élèves se dérangent ou font quelque bruit; ne rien répondre à ceux qui demandent des explications à haute voix, avant que le maître les ait autorisés à parler.

Également, lorsqu'un élève se trompe et que plusieurs s'offrent pour rectifier ce qu'il a mal dit, refuser la parole à ceux de ces derniers qui occasionnent du dérangement et se lèvent de leur place.

9° Eviter soi-même de faire du bruit, non seulement en parlant trop ou trop haut, mais encore en marchant, en fermant les portes, en frappant sur le livre avec le signal.

10° Faire rarement usage du signe qui doit appeler l'attention des élèves ; éviter de s'en servir dans les moments où ils sont bien occupés de leur leçon.

11° Ne pas laisser entre les mains ou sous les yeux des écoliers quelque objet qui puisse les distraire.

12° Ne pas donner de pénitences capables de troubler l'ordre, par leur nature ou leur inopportunité.

13° Être prompt à désigner l'élève à qui l'on permet de sortir, s'il arrive que plusieurs le demandent en même temps.

14° Ne pas permettre de parler au maître pendant les changements d'exercices.

15° Si la classe dont on prend la conduite n'est pas en ordre, il faut étudier quelles causes d'indiscipline y subsistent ; les attaquer, en commençant par les plus considérables, et passer ensuite à celles qui le sont moins, jusqu'à ce que toutes aient disparu.

Emploi des signes en usage dans les écoles chrétiennes. — En dehors des leçons orales, explications et interrogations, le maître sera très discret dans l'usage de la parole : le juste souci de sa santé, ainsi que le bon ordre de la classe, lui en fait une loi. Il devra donc user fréquemment de signes et il les fera, pour la plupart, à l'aide du petit instrument nommé *signal.*

Voici quelques-uns de ces signes :

1° Par un seul coup de signal, le maître attire l'attention des élèves, fait commencer ou suspendre un exercice, ou bien encore interrompt la lecture pour surprendre un écolier qui paraît inattentif.

2° Deux coups précipités avertissent l'élève qu'il a fait une faute en lisant, et qu'il doit se reprendre ; dans un autre moment, le même signe est employé pour rappeler les écoliers au devoir.

3° Un premier coup pour attirer l'attention, suivi de deux autres coups, signifie que l'élève doit lire posément.

4° Pour faire signe de parler plus haut, le maître attire l'attention des élèves et dresse la pointe du signal ; au contraire, il la baisse verticalement pour faire signe de parler plus bas.

5° Veut-on prescrire aux élèves de faire moins de bruit en étudiant ou en lisant, on porte le signal vers l'oreille ou bien l'on frappe un coup pour suspendre l'exercice.

6° Pour faire changer d'exercice, on frappe trois coups successifs.

7° Quand un élève s'appuie trop sur la table ou se tient mal en écrivant, on lui fait signe de prendre une position plus convenable.

8° Lorsqu'un élève ne tient pas bien sa plume, le maître l'en avertit en lui montrant comment il doit placer ses doigts. S'il remarque quelqu'un qui n'écrit pas, il lui fait signe d'écrire et, pour cela, il lève la main en faisant le mouvement des doigts.

9° Pour faire cesser d'écrire, le maître frappera trois coups de signal : au premier, les élèves fermeront leurs cahiers après y avoir inséré la feuille de papier buvard, puis ils les placeront dans l'enveloppe ou le carton destiné à les recevoir ; au second, ils les feront passer à l'un des bouts de la table ; au troisième, un élève ramassera par paquets les cahiers de toute la classe.

On suivra l'ordre inverse pour la distribution des cahiers aucommencement de la leçon.

10° Pour faire signe à un élève de poser les bras sur la table, le maître le regardera, et lui-même posera les siens ; quand un élève n'aura pas bien fait le signe de la croix, le maître portera lui-même la main au front pour le lui faire recommencer. En un mot, dans ces occasions et dans beaucoup d'autres semblables, il fera, en regardant les élèves, ce qu'il veut obtenir d'eux.

CHAPITRE II

L'ÉMULATION

I. Considérations générales sur l'émulation : Nature et but. Nécessité et direction. — **II. Moyens d'entretenir l'émulation :** 1° L'encouragement et ses deux modes généraux : la parole réconfortante et l'éloge. 2° La formation des camps rivaux. 3° Les privilèges ou bon points. 4° Les avancements de places. 5° Les billets hebdomadaires. 6° Les billets d'honneur ou témoignages mensuels. 7° La proclamation des notes et du résultat des compositions. 8° Les distinctions honorifiques : croix d'honneur, inscription au tableau d'honneur. 9° Les récompenses proprement dites et les prix.

I. — CONSIDÉRATIONS GÉNÉRALES SUR L'ÉMULATION.

Nature et but. — L'émulation a pour objet d'exciter la volonté des élèves au parfait accomplissement du devoir. Elle établit entre eux une concurrence ardente et pacifique pour la conquête des récompenses les plus enviées, et des meilleures places dans les compositions et les examens : c'est l'*émulation au travail* ; elle anime aussi les cœurs à la pratique du bien, par le spectacle des actes vertueux : c'est l'*émulation à la vertu*.

Le résultat que doit produire l'émulation n'est certes pas de développer dans une classe l'amour-propre, la suffisance des élèves les mieux doués, et de fomenter ainsi la jalousie, les animosités, les divisions ; elle cherche à exciter chez tous les enfants l'activité intellectuelle et morale, en leur proposant comme motif d'action, beaucoup moins l'espoir du succès et de la récompense, que le désir de mériter l'approbation de leur conscience et de Dieu, ainsi que celle de leurs parents et de leurs maîtres.

Nécessité et direction. — Dans une classe, il n'y a guère de milieu entre l'émulation au travail et à la vertu, et l'excitation mutuelle à l'indiscipline et au désordre. Les influences réciproques et continues qu'exercent les élèves les uns sur les autres, déterminent parmi eux des courants généraux qui entraînent la majorité vers le bien ou vers le mal : la classe est bonne ou mauvaise, suivant la nature de ces courants.

L'émulation à la vertu affaiblit chez les écoliers l'empire du respect humain ; elle les dispose à écouter avec docilité les instructions et les conseils du maître. L'émulation au travail entretient l'ardeur pour l'étude ; elle contribue ainsi au développement des facultés et prépare le succès.

Afin que le sentiment si louable de l'émulation ne dévie pas de son vrai but, on aura soin de le bien diriger. En insistant sur les motifs d'action qui doivent inspirer un chrétien, le maître aura égard aux conseils suivants :

1° Il répétera aux élèves que le mérite ne consiste pas à dépasser leurs condisciples, mais à se surpasser eux-mêmes par de continuels efforts vers le mieux : c'est là une émulation très noble et exempte de danger.

2° Dans ses appréciations, il montrera qu'il estime l'effort persévérant plus que le succès : en conséquence, il n'affichera pas de préférence pour les élèves les mieux doués sous le rapport intellectuel, et il ne punira jamais les plus faibles, s'ils ont fait preuve de bonne volonté et d'application au travail.

3° Il n'attribuera jamais de récompenses uniquement au succès.

II. — MOYENS D'ENTRETENIR L'ÉMULATION.

Pour apprécier un moyen d'émulation, il faut examiner si les sentiments qu'il excite sont légitimes, s'il est réellement efficace pour maintenir l'ordre et le travail, enfin s'il n'occasionne pas trop de fatigue ou de dérangement.

En général, un moyen d'émulation, quelque bon qu'il soit, ne produit pas indéfiniment les mêmes effets ; à la longue, les enfants s'y habituent et finissent par n'en être que très peu stimulés. Il importe donc d'en avoir plusieurs à sa disposition et de les employer en allant des plus faibles aux plus puissants. On sera très discret dans l'emploi des plus efficaces, et l'on n'en abandonnera aucun avant d'en avoir tiré le meilleur parti possible.

Bien qu'il faille préférer les moyens d'émulation propres à obtenir des élèves une application soutenue et permanente, on peut néanmoins se servir de temps en temps de ceux qui produisent un effet de circonstance ; par exemple, si l'on désirait faire procéder promptement à une récapitulation, on pourrait en proposer, comme par assaut, l'étude des diverses parties à tous les élèves.

Les principaux moyens d'émulation en usage dans les écoles chrétiennes sont : l'encouragement, la formation des camps rivaux, les privilèges ou bons points, les avancements de places, les billets ou mentions hebdomadaires, les billets d'honneur ou témoignages mensuels, la proclamation des notes et des résultats des compositions, les distinctions honorifiques, les récompenses proprement dites et les prix.

Encouragement. — Savoir encourager les élèves est l'un des meilleurs secrets pour les diriger facilement et faire ainsi leur éducation. Les principales formes de l'encouragement sont la parole réconfortante et l'éloge.

Lorsque, dans le travail ou la soumission au règlement disciplinaire, l'enfant éprouve de la défaillance, de l'ennui, du découragement, c'est la parole affectueuse du maître qui lui fait reprendre cœur et ranime en lui la confiance.

L'éloge excite chez les élèves le sentiment de l'honneur : s'en servir est donc légitime; mais il convient de prendre certaines précautions pour atteindre le résultat cherché, qui est de faire produire de plus généreux efforts.

1° L'éloge doit être juste, c'est-à-dire motivé, proportionné au mérite.

2° L'éloge ne saurait, sans de graves inconvénients pour l'ensemble de la classe, être prodigué à certains élèves et refusé à d'autres qui en sont également dignes.

3° Lorsque l'éloge est public, il doit être relatif à un fait connu et qui impose l'approbation, même aux élèves portés à la jalousie.

4° Le maître se montrera mesuré dans la fréquence des éloges qu'il adresse, et discret dans leur forme. S'il loue trop souvent et avec exagération, ses louanges perdent de leur prix ; s'il loue trop rarement ou froidement, il risque de décourager.

5° En louant un élève, il convient de lui faire entendre

qu'il est capable de nouveaux efforts pour atteindre des résultats encore meilleurs.

Formation des camps rivaux. — Un moyen d'émulation qui a ses avantages, mais aussi ses inconvénients, consiste à ranger les élèves en deux camps rivaux, ayant les mêmes chances de réussite. On établit une solidarité entre ceux du même camp, et dès lors, tous veulent le travail et l'ordre, s'y intéressent et stimulent leurs condisciples plus apathiques ou indisciplinés.

Il ne faut pas, dans l'usage de ce moyen, établir une solidarité trop grande, comme serait, par exemple, de donner une pénitence à tous les élèves du camp qui aurait perdu, ou même de ne donner aucune récompense à ceux de ce camp qui auraient bien travaillé, ou qui se seraient efforcés de garder l'ordre : agir ainsi serait injuste et décourageant. Cependant la solidarité doit être suffisante pour donner de la force au moyen. On pourrait donc l'établir de la manière suivante : le maître aurait à sa disposition une boîte fermée, ayant une ouverture par dessus; tout élève qui tomberait en faute, ou qui, dans les interrogations, les devoirs ou les compositions, aurait une note inférieure à une moyenne donnée, serait tenu d'y mettre un bon point; le dimanche matin, tous ces bons points seraient donnés au camp gagnant.

Relativement à ce moyen d'émulation, on peut établir les règles suivantes :

1° Il faut souvent recomposer les camps rivaux et changer les chefs, en les choisissant parmi les élèves qui se placent en tête de la classe et qui ont une certaine influence sur leurs condisciples.

2° On prendra garde que la rivalité n'aille trop loin entre les élèves des deux camps, et qu'elle n'occasionne des contestations ou des querelles. De même, il ne faut pas permettre que les premiers d'un camp molestent les plus faibles de leur parti, sous prétexte qu'ils les ont fait perdre.

3° Si, avec de justes raisons, des enfants étaient accusés de négligence ou de mauvaise volonté par leurs compagnons, qui craindraient qu'ils ne les fissent perdre, le chef du camp les désignerait au maître, qui les déclarerait exclus du concours; le chef du parti adverse exclurait aussi les plus faibles des siens, et en pareil nombre, mais ces derniers auraient part aux bons points si leur parti gagnait et s'ils avaient eux-mêmes bien travaillé.

Privilèges ou bons points. — Dans nos écoles, on appelle *privilèges* ou *bons points*, des empreintes sur papier ou carton auxquelles on attribue une certaine valeur. Il y a des privilèges de cinq, dix, vingt bons points ordinaires, et même plus.

Le maître attachera une grande importance aux bons points, afin que les élèves les apprécient : il ne donnera que très rarement des privilèges de vingt, et même de dix, afin de ménager les moyens les plus efficaces pour les temps de lassitude.

Si l'on sait mettre de l'habileté dans l'usage des bons points, on peut être sûr, d'après une longue expérience, qu'il aura les plus heureux résultats. Que de punitions n'évitera-t-on pas par ce moyen! Des enfants, ordinairement bons élèves, mais qui se sont oubliés un moment, peuvent ainsi, en présentant des bons points, satisfaire pour une faute qu'on ne punirait qu'à regret. L'obtention des bons points excite une grande émulation parmi les élèves. Les parents même y prennent intérêt, et l'on en trouve qui conservent avec soin les bons points de leurs enfants et ne les leur rendent que pour l'achat des récompenses. On peut affirmer que l'emploi judicieux et constant de ce seul moyen suffirait pour obtenir, à la grande satisfaction des familles, l'ordre et les progrès.

Voici quelques conseils relatifs à l'usage des bons points :

1° L'enfant attache aux bons points une importance proportionnée aux avantages qu'ils lui procurent; si donc il n'en retirait que de minimes ou seulement de très éloignés, il se mettrait moins en peine d'en mériter.

2° Les bons points servent à l'élève pour participer aux récompenses que l'on donne à la fin de chaque mois ou de chaque trimestre, et pour s'exempter de quelque pénitence ou satisfaire pour certaines fautes.

3° Il ne faut pas fixer ni trop haut ni trop bas le taux de rachat des pénitences; on se conformera aux usages de la maison où l'on réside.

4° A moins de fautes d'une exceptionnelle gravité, les bons points doivent toujours être admis à titre de compensation pour la pénitence encourue.

5° Les bons points sont ordinairement distribués à la fin des différents exercices; dans les dernières classes, on en donne aussi pendant les leçons, afin de prévenir l'inconstance si naturelle aux petits enfants.

6° Les bons points sont accordés tantôt au succès et tantôt à l'application, de sorte que les élèves studieux et de bonne conduite peuvent tous y prétendre.

7° Un double écueil doit être évité dans l'usage des bons points : se montrer si parcimonieux, que les élèves ne puissent en gagner suffisamment pour se racheter d'une pénitence ordinaire; ou bien les prodiguer au point que les enfants viennent à ne plus les estimer.

8° Il serait bon que le frère Directeur eût à sa disposition des bons points d'une espèce particulière, dont il se servirait pour récompenser les premiers élèves dans les examens et les compositions mensuelles. Les enfants qui auraient obtenu et conservé le plus grand nombre de ces points concourraient pour des prix spéciaux, vers Pâques ou à la fin de l'année.

9° Il est utile de surveiller certains élèves portés à faire le trafic des bons points, soit pour s'en procurer, soit pour les céder à des camarades, même à prix d'argent. On prévient en partie cet inconvénient en donnant aux bons points de chaque classe une couleur ou une forme différentes.

Avancements de place. — Dans les spécialités où les enfants sont rangés par ordre de place, on peut employer avec fruit ce moyen d'émulation : chaque fois que l'un d'eux acquiert un avantage sur celui ou ceux qui le précèdent immédiatement, il passe avant eux.

Les changements de place ont lieu surtout dans les petites classes, pour les leçons de lecture. Aux cours supérieur et moyen, la place peut être donnée chaque mois, d'après le résultat général des compositions.

Dans l'usage de ce moyen, il faut éviter :

1° De faire trop avancer un élève d'un seul coup.

2° De le faire passer d'une section à une autre, cela étant réservé au frère Directeur ou à l'Inspecteur.

3° De le faire avancer pour des motifs étrangers à la spécialité qui fait l'objet de la leçon.

Billets hebdomadaires. — Le concours des parents étant indispensable pour obtenir des élèves le travail et la bonne conduite, on ne négligera rien pour se le procurer; parmi les moyens qu'on peut employer à cette fin, celui des billets hebdomadaires et des mentions honorables est des plus efficaces.

Les billets hebdomadaires sont de trois sortes, suivant les notes *très bien*, *bien*, *assez bien ;* le samedi, le frère Directeur remet à chaque élève le billet qu'il a mérité.

Dans quelques petites classes, les billets hebdomadaires sont distribués d'après le nombre de bons points obtenus pendant la semaine.

Billets d'honneur. — L'enfant qui a obtenu chaque semaine le billet *très bien* a droit, à la fin du mois, à la *mention honorable* ou *billet d'honneur*.

Celui qui a obtenu dans le mois plus de billets *bien* que d'*assez bien*, a droit à un *témoignage de satisfaction*.

Les billets d'honneur seront donnés par le frère Directeur, vers la fin de chaque mois, immédiatement après les examens.

Ces billets pourront être ainsi conçus :

ÉCOLE CHRÉTIENNE

BILLET D'HONNEUR

Délivré à M , en témoignage de sa bonne conduite et de son application au travail durant le mois d 19 .

Le Directeur de l'école,

Dans plusieurs classes, où le *carnet hebdomadaire* est adopté, le billet d'honneur est décerné d'après le total des notes portées sur ce carnet, joint au résultat des compositions mensuelles.

Proclamation. — Dans quelques écoles qui possèdent un local convenable, on a établi l'usage de proclamer, devant toutes ou un certain nombre de classes réunies, les billets d'honneur ainsi que le résultat des compositions et examens mensuels.

La proclamation des notes hebdomadaires est faite dans chaque classe par le frère Directeur; avec beaucoup de discrétion, il l'accompagne d'un éloge ou d'un blâme, dans certains cas dont il est juge.

Croix d'honneur. — Les croix d'honneur sont attribuées aux élèves qui ont mérité les premières places dans les compositions de semaine, à la condition toutefois que le total des notes journalières atteigne un minimum déterminé. Dans certaines écoles, on donne la croix au premier dans chaque spécialité; mais on n'en remet pas plusieurs au même élève. Dans les petites classes, les croix d'honneur sont accordées aux enfants qui ont gagné le plus de bons points pendant la semaine.

La croix d'honneur exempte de punition une première fois. En cas de récidive, elle est retirée.

Comme ce n'est pas la valeur intrinsèque des croix qui en fait le mérite aux yeux des élèves, on évitera d'en avoir d'un trop grand prix, afin que les parents n'aient pas à faire une dépense considérable dans le cas où leurs enfants viendraient à les perdre.

Tableau d'honneur. — Les élèves qui ont rempli les conditions requises par le règlement de l'école sont inscrits au tableau d'honneur. Pendant le mois, ils sont exempts de pensums et de pénitences humiliantes. Une faute grave entraîne la radiation de l'élève, et elle le replace, pour les punitions, dans les conditions ordinaires.

L'inscription pendant un mois entier au tableau d'honneur est récompensée, dans quelques écoles, par un bon point spécial qui, outre sa valeur pour les récompenses trimestrielles, sert à déterminer le prix de bonne conduite et de travail.

Récompenses proprement dites. — A la fin de chaque mois pour les petites classes, et chaque trimestre pour les autres, le frère Directeur distribue des récompenses aux écoliers. Leur valeur totale pourra être proportionnée au nombre des enfants, à leur application, à leurs progrès, et au bon ordre de la classe.

Un maitre qui veut exciter l'émulation parmi ses élèves ne donnera jamais de récompenses qu'en échange des bons points qu'il distribue journellement. Cela peut se faire de la manière suivante, sans aucun dérangement pour l'ordre de la classe :

A la fin du mois ou du trimestre, le maître, ayant fixé un jour pour la *vente* des récompenses, recommande aux enfants d'apporter tous leurs bons points dans une enveloppe, sur laquelle ils devront écrire leur nom et le nombre de points qu'elle renferme; deux ou trois élèves seront chargés de vérifier l'exactitude des nombres indiqués.

Le moment de la distribution venu, le maître établit une sorte d'enchères. Il place les récompenses en un lieu apparent; puis il prend la plus belle et il la montre aux élèves en la fixant à un certain nombre de bons points : ceux qui atteignent ce nombre se lèvent, s'ils désirent la récompense présentée, et le maître continue à augmenter le prix jusqu'à ce qu'il arrive à l'enfant qui en offre le plus.

Le second procédé est encore plus simple. Les récompenses étant exposées sur une table, le maître fait avancer, par ordre du nombre des bons points qu'ils possèdent, autant d'enfants qu'il a d'objets à donner; alors, le premier se présente et, déposant ses bons points, il prend ce qui lui plaît; le suivant fait de même, etc.

Les enfants qui auraient l'espoir d'obtenir une plus belle récompense à une autre *vente*, seraient libres de garder leurs points.

Objets à donner en récompense. — Les objets à distribuer ne doivent pas être d'un prix élevé, afin qu'un plus grand nombre d'enfants puissent y participer.

Donner à profusion des images pieuses serait un abus dont les suites pourraient être une sorte de mépris et même de profanation : on remarque généralement que ces distributions d'images n'ont que des résultats bien faibles pour la piété. Il serait donc à souhaiter qu'on les remplaçât, du moins en partie, par des crucifix en cuivre, des médailles, des statuettes du Sacré-Cœur, de la très sainte Vierge, de saint Joseph, de saint Jean-Baptiste de la Salle, etc.; par de petites brochures historiques et morales, d'un prix très modéré. On pourrait également donner quelques livres classiques, des articles de dessin, et autres objets utiles.

Distribution des prix. — Les Frères feront tout le possible pour obtenir de donner les prix en leur particulier et sans cérémonie, du moins dans les endroits où l'usage des distributions publiques n'est pas introduit.

Si les autorités ou les bienfaiteurs demandaient que la distribution fût publique, il faudrait soigneusement éviter tout ce qui sentirait l'ostentation. La partie récréative de la cérémonie serait limitée à quelques chants et poésies de bon goût. On devrait surtout s'abstenir de toute déclamation ou chansonnette triviale, grotesque, et de toute représentation théâtrale.

Dans le choix des ouvrages distribués aux élèves, le frère Directeur s'inspirera d'abord d'une pensée de zèle. Il fera donc une part notable aux récits édifiants, aux biographies des grands hommes dont la vie chrétienne demeure un modèle. Les autres ouvrages seront instructifs : livres de voyages, de récits historiques, d'histoire naturelle, de découvertes scientifiques et industrielles, le tout suivant l'âge des enfants auxquels on les destine.

Il faut ordinairement consulter l'esprit de la localité, tant pour le nombre des prix à donner que pour la manière de le faire ; cependant il convient de se rapprocher, autant que possible, des règles suivantes :

1° On donne deux prix pour chaque spécialité.

2° En cas d'égalité, on double le premier ou le second prix.

3° Les prix attribués aux différentes spécialités doivent être donnés aux élèves qui les ont mérités, alors même que leur conduite aurait été répréhensible.

4° Les plus beaux prix sont donnés pour la bonne conduite et le catéchisme.

5° Il faut éviter de remettre en public des prix d'assiduité, d'application, et autres de cette nature, surtout au cours supérieur.

Voici comme on procède, dans certaines écoles, pour l'attribution des prix aux écoliers :

Pendant toute l'année, des notes sont données à la conduite, à la discipline, à l'assiduité, au travail, aux examens mensuels, ainsi qu'aux devoirs et compositions pour chacune des spécialités du programme. Ces notes, en s'accumulant, forment en quelque sorte le *capital scolaire* de l'élève, et c'est à ce capital seul que sont attribuées les récompenses de fin d'année, pourvu que sa valeur atteigne un minimum fixé. Au-dessous de ce minimum, l'élève ne reçoit aucune récompense. Les prix et les accessits, obtenus par les premiers élèves de chaque spécialité, sont simplement proclamés.

CHAPITRE III

LA SURVEILLANCE

I. **Considérations générales sur la surveillance** : Nature et nécessité de la surveillance. Qualités d'une surveillance efficace. — II. **Pratique de la surveillance** : Surveillance en classe. Surveillance hors de la classe.

I. — CONSIDÉRATIONS GÉNÉRALES SUR LA SURVEILLANCE.

Nature et nécessité. — La surveillance est l'exercice actif et continu de la sollicitude d'un maître qui ne perd pas de vue ses élèves, afin de les préserver de tout danger physique et moral, et de former leur conscience par le rappel au devoir. Il n'est donc pas seulement ici question d'une surveillance extérieure qui se bornerait à empêcher l'acte répréhensible ou à le punir, mais surtout d'une action intime de l'éducateur qui, par sa présence, maintient ses élèves dans l'accomplissement volontaire de leurs obligations.

Pour l'éducateur religieux, l'absolue nécessité de la surveillance est un principe essentiel. Il ne suffit pas, en effet, de chercher à éclairer la conscience de l'enfant par des instructions, il faut le surveiller dans l'action, pour le garantir de sa propre faiblesse et des influences pernicieuses auxquelles il serait exposé. C'est une utopie ou une négligence qui leur est fatale, que de laisser des enfants ou des jeunes gens sans surveillance, sous prétexte d'exciter ainsi leur initiative personnelle. « N'abandonnez jamais l'enfant seul à la puissance de lui-même », dit l'Esprit-Saint au livre des *Proverbes*. « Ayez bien de la vigilance sur les enfants, écrit saint Jean-Baptiste de la Salle, car il n'y a d'ordre dans une école qu'autant qu'on veille sur les écoliers. » D'ailleurs l'expérience atteste que, dans une classe et une école, il n'y a ni moralité, ni piété, ni bon esprit, ni discipline, ni ardeur constante au travail, sans une surveillance consciencieuse.

Qualités d'une surveillance efficace. — La surveillance efficace a les qualités suivantes : elle est générale, constante et active, prévoyante, ferme et calme, loyale et discrète.

Surveillance générale. — La surveillance doit être générale, quant aux enfants, et quant à leurs actes. Tous les enfants ont besoin de se savoir surveillés, car tous sont faibles. Un maître expérimenté ne se relâche pas d'une sollicitude attentive, même à l'égard des élèves dont le naturel est paisible, ou dont la piété est exemplaire : la douceur des uns cache parfois de violentes passions, et la vertu naissante des autres mérite d'autant plus de soins, qu'elle les rend plus agréables à Dieu. Sans doute, le surveillant varie son action sur les élèves selon la connaissance qu'il a de leurs dispositions, mais sa vigilance s'étend à tous.

Surveillance constante et active. — Il faut surveiller constamment, car les enfants et l'ennemi invisible qui les tente seraient habiles à profiter de la lassitude des maîtres. Autant que possible, un bon surveillant ne perd pas de vue ses élèves : les regards, les jeux de physionomie, les mouvements et la tenue, lui disent si leur attention est distraite, si leur imagination s'égare et s'ils se disposent à manquer au règlement. Le maître ne s'occupera donc pas en classe d'un travail personnel, si court et si peu absorbant soit-il ; et s'il est obligé de s'absenter de son poste, il priera un confrère de vouloir bien l'y remplacer.

Surveillance prévoyante. — Pour mieux surveiller, le maître cherche à prévoir les occasions où les enfants tenteraient d'échapper à son contrôle. Il détermine si bien toutes choses par avance, les ordres à donner, les défenses à faire, qu'il n'est jamais pris au dépourvu ou du moins très rarement. Toutefois, il n'a pas l'air de calculer ses dispositions avec finesse, car certains esprits malicieux seraient par trop inclinés à déjouer ses plans.

Surveillance ferme et calme. — L'éducateur doit se rappeler qu'il n'est pas commis à la garde des élèves pour être le témoin résigné de leur indiscipline, mais pour l'empêcher de se produire ou pour la réprimer avec vigueur. D'autre part, il ne faut pas que la surveillance soit inquiète, défiante, embarrassée, car elle serait irritante pour les élèves. Cette application à les surveiller doit être paisible, calme, sans agitation ni trouble, sans crainte et sans affectation.

Surveillance loyale. — La surveillance est loyale si elle n'emprunte rien aux procédés tracassiers d'un zèle inquiet, ou d'une défiance soupçonneuse. Sans se départir d'une attention vigilante sur leur conduite, un éducateur habile fait comprendre aux élèves qu'il ne doute pas de leur bonne volonté, de leur loyauté ou de leur droiture, mais qu'il craint leur faiblesse, et qu'il est comme leur conscience vivante. Il ne se cache pas pour les épier, et il ne recourt à aucun de ces moyens clandestins dont s'irritent les âmes franches. Loin que les enfants puissent jamais surprendre sur son visage la satisfaction de les avoir trouvés en faute, ils y lisent la contrariété d'avoir à les punir.

La loyauté exige encore que l'éducateur n'érige jamais la délation en système. Sauf le cas où un enfant, accomplissant un devoir de conscience, l'avertit d'une faute grave, certaine et qui constitue un mauvais exemple, le surveillant repousse énergiquement les dénonciateurs; pour l'ordinaire, ce sont des esprits méchants, flatteurs, faux ou jaloux.

Surveillance discrète. — La surveillance ne saurait, sans danger ni faute, se faire inquisitoriale ou médisante. Que le maître voie tout, s'il se peut; mais d'une part, qu'il évite de relever des minuties sans conséquence d'aucune sorte, et, de l'autre, qu'il n'éveille pas, par un manque de circonspection, la science prématurée du mal en des âmes candides. Il doit montrer beaucoup de prudence et garder un silence absolu sur ce que lui a révélé de grave l'exercice de la surveillance; il n'en peut informer que le frère Directeur ou le frère Inspecteur.

Pour résumer les obligations du maître, dans l'exercice de la surveillance, que sa devise soit donc celle-ci : « Tout voir, beaucoup prévenir et peu punir. »

II. — PRATIQUE DE LA SURVEILLANCE.

En classe. — Une préparation sérieuse des leçons permet au maître de les donner sans trop se laisser absorber par un livre ou des notes ; et s'il travaille au tableau ou s'il interroge, il n'est pas à ce point préoccupé qu'il néglige toute surveillance.

Lorsqu'il parle, il exige que les élèves aient toujours une bonne tenue et les mains sur la table. Pendant les changements de leçons, il ne fait aucune observation et n'admet personne à venir lui parler ; il faut alors que les écoliers gardent le silence de parole et le silence d'action, lequel consiste à marcher sans bruit, à ouvrir et fermer de même portes et pupitres, à placer doucement sur la table les livres, règles, cahiers et autres objets dont ils ont besoin. Enfin si, dans le cas d'une absolue nécessité, le maître s'absente même pour peu de temps, il prie le professeur de la classe contiguë de surveiller les deux classes à la fois.

Le placement des élèves en classe importe à leur conduite, à leur application au travail, et à l'efficacité de la surveillance. Autant que possible, il ne faut pas éloigner de l'estrade du maître les enfants légers ou turbulents ; et ceux dont la vue est mauvaise seront rapprochés du tableau noir. Si l'on assigne aux élèves une place qu'ils occupent pendant toutes les leçons, on doit éviter de mêler les plus jeunes aux plus âgés ; de grouper dans une même table ceux dont la légèreté est notoire, sans les séparer les uns des autres par des enfants sérieux et attentifs. A un écolier calme, mais d'intelligence peu développée, on donne pour voisin un condisciple d'esprit ouvert et de caractère charitable. Enfin, le placement sera modifié non seulement d'après les compositions et examens mensuels, mais aussi souvent qu'on croira devoir le faire.

Aucune brochure, aucun livre étrangers à la classe, ne doivent être introduits dans l'école sans permission du frère Directeur; on n'y tolère aucun journal, même servant de couverture aux livres ou aux cahiers : toute infraction à ce point du règlement mérite une sévère répression. Les élèves seront prévenus que la mise en circulation d'un livre immoral constitue une faute dont la punition est réservée au frère Directeur.

Hors de classe. — La surveillance du maître suit les élèves partout : dans les mouvements généraux, les allées et venues, les récréations, et à l'église pendant les offices paroissiaux[1].

Dans les mouvements généraux, les élèves défilent en rang et ils gardent le silence. Pour bien surveiller, le maître se place de manière à voir le plus d'élèves possible, c'est-à-dire vers les deux tiers du rang. Son attention est particulièrement vigilante dans les escaliers et les endroits qui, par leur disposition, favoriseraient l'indiscipline.

Il faut tendre à restreindre le plus possible, dans l'école, les allées et venues individuelles. On ne peut interdire absolument aux enfants, surtout à ceux des petites classes, de sortir pendant les leçons ; cependant on ne leur en accorde la permission qu'à bon escient. On veille à ce que les absences soient courtes, et que deux élèves d'une même classe ne soient pas dehors en même temps. Si les élèves connaissent les exigences de leur maître à ce sujet, et si toute classe de trois heures est coupée par quelques minutes de récréation, les demandes de sortie seront très réduites.

Pendant les récréations, comme partout ailleurs, il faut, autant qu'il se peut, avoir tous les élèves en vue, observer leurs mouvements, leurs regards et leurs conversations. Il ne faut pas souffrir que quelques-uns, et toujours les mêmes, soient trop souvent ensemble et surtout à l'écart ; ceux qui cherchent à se cacher doivent être tenus pour suspects. Le surveillant devra interdire d'une façon formelle les tiraillements et les jeux de mains, empêcher certains élèves de s'éloigner de la cour, ou d'entretenir des conversations qui semblent équivoques.

---

[1] Il a été parlé ailleurs de la surveillance pendant les offices paroissiaux.

CHAPITRE IV

LA RÉPRESSION

I. **Considérations générales sur la répression :** Nature et modes généraux de la répression. Opportunité de la correction. — II. **Moyens de répression en usage dans les écoles chrétiennes :** Punitions ordinaires : l'avertissement; la réprimande ; la menace; le retrait de bons points ; les mauvais points ; la consigne et l'isolement relatif; les pensums; la présentation d'excuses. Punitions réservées : l'avis aux parents ; le renvoi temporaire ; l'expulsion. — III. **Conditions qui doivent accompagner la correction :** Conditions de la correction, quant au maître qui l'inflige. Conditions de la correction, quant à l'élève qui la reçoit.

I. — CONSIDÉRATIONS GÉNÉRALES SUR LA RÉPRESSION.

Nature et modes généraux. — La répression, ou correction, est un acte d'autorité par lequel le maître s'oppose aux infractions à la discipline, et parfois les punit, afin d'en empêcher le retour et d'obtenir l'amendement des coupables.

Le devoir de la répression s'impose au maître. Il a pour mission de guider ses élèves vers le bien ; or la persuasion n'est pas toujours suffisante pour les retenir dans le devoir. De plus, s'il ne réprime pas les infractions notables, il s'expose à voir un certain nombre d'enfants s'autoriser de sa faiblesse pour violer plus gravement encore le règlement.

Les trois modes généraux de la répression sont :

1° L'avertissement, ou simple rappel de la prescription enfreinte.

2° La menace, c'est-à-dire l'annonce de la punition qui suivrait une faute, si elle était commise.

3° La punition ou pénalité infligée à l'élève, pour mieux lui faire sentir la nécessité où il est de ne plus retomber dans la faute qu'on lui reproche.

Opportunité de la répression. — De ce que la répression est un devoir pour le maître, on ne saurait conclure qu'il puisse y recourir pour toutes sortes de manquements. Il en est qu'il convient de ne pas punir ; plusieurs méritent un simple avertissement ; contre d'autres, il faut sévir par la punition.

Le maître ne punira pas : 1° pour les manquements causés par une ignorance excusable du règlement, comme est celle d'enfants nouvellement admis à l'école ; 2° pour le peu de succès dans les études, lorsque d'ailleurs la bonne volonté est notoire ; 3° pour une faute douteuse ; 4° pour une faute dont un enfant s'accuse sans y être contraint, à moins qu'il n'y retombe fréquemment ; 5° pour les fautes commises par les enfants dans la famille, alors même que les parents le réclameraient.

S'ils ne sont pas habituels, les petits manquements à l'ordre, au silence, à l'exactitude, au bon emploi du temps, n'attirent à l'élève qu'un simple avertissement. Cette répression modérée maintient la vigueur de la discipline ; elle prévient les fautes notables, et combat le laisser-aller qui tendrait à s'établir dans la classe.

Les fautes qu'il convient de punir sont : la dissipation persistante, le manque ordinaire d'application, les taquineries et les violences entre écoliers, la désobéissance, le mensonge, les murmures, et à plus forte raison des infractions plus graves encore dont un enfant se serait rendu coupable.

II. — MOYENS DE RÉPRESSION EN USAGE DANS LES ÉCOLES CHRÉTIENNES.

Les moyens ordinaires de répression en usage dans les écoles chrétiennes sont : l'avertissement, la réprimande, la menace, le retrait de bons points, les mauvais points, la consigne, l'isolement relatif, les pensums et la présentation d'excuses. Les punitions réservées au frère Directeur sont : l'avis aux parents, le renvoi temporaire et l'exclusion.

Avertissement. — Les avertissements sont efficaces lorsqu'ils sont faits avec bonté et modération. Il convient de tenir une juste mesure entre la trop grande indulgence qui ferme les yeux sur toutes les fautes légères, et le rigorisme qui n'en laisse passer aucune, si minime soit-elle, sans la relever par une observation.

Réprimande. — La réprimande, ou blâme, est une admonestation adressée en public ou en particulier à un ou plusieurs élèves coupables. Elle est d'un grand effet lorsque le maître est aimé, lorsqu'il a ordinairement des manières et une parole douces, et qu'il est exact observateur du silence.

Voici quelques conseils sur la manière de réprimander :

1° La réprimande doit être adressée avec calme, dignité, bonté, fermeté, sans flot de paroles inutiles, mais en précisant nettement au coupable ce qu'on lui reproche.

2° L'humiliation qu'inflige la réprimande n'est salutaire que si elle est contenue en de justes limites, et si elle laisse entrevoir à l'élève la facilité de se réhabiliter pleinement dans l'esprit du maître.

3° Pour qu'une réprimande soit utile, l'éducateur peut bien montrer un visage sévère, mais non un air chagrin ou qui exprime, soit le ressentiment, soit le dépit. Ses paroles ne seront, ni ironiques, ni hautaines; il évitera soigneusement toute épithète injurieuse, ainsi que toute expression qui, de près ou de loin, serait blessante pour les parents.

4° Il ne faut pas laisser l'enfant sous le coup d'une sèche réprimande; mais après lui avoir reproché ses manquements, il est à propos de lui indiquer les moyens de se corriger.

5° Pour les caractères orgueilleux ou vaniteux, la réprimande est une des plus fortes punitions. Elle peut avoir plusieurs degrés qui en augmentent l'effet : ordinairement c'est un regard ou une parole s'adressant en particulier à l'élève coupable; quelquefois, c'est un reproche qu'il reçoit en public et qui l'humilie aux yeux de ses condisciples; ou bien, c'est une admonition faite en présence du frère Directeur, et quelquefois même par ce dernier, d'après les notes hebdomadaires ou mensuelles.

6° Les reproches adressés à un élève seront plus efficaces si, en même temps, on donne quelques louanges à ceux qui se sont bien conduits, et surtout si on lui en donne à lui-même pour tel de ses actes qui le mérite.

7° Les réprimandes ne doivent pas atteindre les élèves en général : elles n'auraient pour effet que de les indisposer tous contre le maître; mais on les adresse à des particuliers, deux ou trois au plus, soit qu'on les nomme, soit qu'on ne les désigne que d'une manière indirecte.

8° Il va sans dire que plus la réprimande devient humiliante, plus elle doit être rare; celle qui est faite par le frère Directeur ne doit reprendre qu'un très petit nombre d'élèves à la fois.

9° Lorsque la classe est visitée par le frère Directeur ou par quelque personne étrangère, et que le maître est appelé à donner en public une appréciation sur la conduite de ses élèves, il n'exprimera jamais un blâme général, parce que cela irriterait les esprits et nuirait à son autorité; au contraire, il manifestera de la satifaction. Cependant s'il y avait lieu, il ferait quelques plaintes, mais portant sur très peu d'élèves, trois ou quatre au plus, et encore s'abstiendrait-il de les nommer, à moins que le frère Directeur ne demandât à les connaître de suite.

Menace. — La menace annonce la punition : on ne menacera donc que pour de justes raisons, et jamais sans avoir examiné si l'on pourra et si l'on devra en venir à l'exécution. Mais la menace sera suivie de son effet, si la faute qu'elle a voulu prévenir est commise.

Retrait de bons points; mauvais points. — Le retrait d'un ou plusieurs bons points est une répression très efficace entre les mains d'un maître expérimenté. Puisque les bons points servent à la fois d'exemptions pour les pensums et de monnaie pour acquérir des récompenses, en demander aux élèves quand ils manquent au règlement, c'est leur imposer une punition sensible. D'autre part, puisque les enfants n'ont qu'à s'appliquer au travail pour en mériter de nouveaux, ils ne s'irritent pas de la punition, si elle est contenue en de justes bornes, et ils s'efforcent de réparer les pertes que leur ont fait subir leur négligence ou leur dissipation.

Les mauvais points infligés pour une infraction retiennent la plupart des élèves dans le devoir. Après un rappel à l'ordre pour les manquements au silence, par exemple, le maître marque ou fait marquer un ou deux mauvais points auprès du nom du délinquant. Cinq ou six de ces mauvais points équivalent à une mauvaise note, c'est-à-dire à la diminution d'une note sur le total de celles qui donnent droit au billet hebdomadaire. A la fin de la semaine, les notes perdues peuvent être rachetées, en tout ou en partie, au moyen des bons points.

Consigne et isolement relatif. — Quelquefois, pour punir un enfant inattentif, on le fait tenir debout, à sa place, pendant trois ou quatre minutes; s'il récidive, on lui prescrit de passer au milieu de la classe.

Le maître peut imposer cette pénitence pour toute autre faute ; mais il doit éviter de laisser debout le même enfant pendant trop longtemps, et de recourir souvent à cette punition, car elle nuit au bon ordre.

Dans quelques classes, on se sert avantageusement de ce moyen de répression pour punir les élèves qui viennent tard à l'école : le premier qui arrive après l'heure fixée va se mettre debout dans un endroit désigné ; il y demeure jusqu'à ce qu'un deuxième vienne et le remplace ; celui-ci y reste à son tour jusqu'à l'arrivée d'un troisième, ainsi de suite ; le dernier est passible d'une pénitence.

Lorsque, pour punir une faute un peu considérable, on a recours à la consigne, on place l'élève dans un coin de la classe, le visage tourné vers le mur, sans lui permettre de s'appuyer ni de tourner la tête. Cette pénitence ne convient qu'aux jeunes enfants, et elle ne doit être imposée que très rarement, afin qu'ils y attachent une forte idée de honte.

L'isolement complet, qui consisterait à reléguer un délinquant dans un endroit de l'école où il se trouverait seul, est formellement interdit.

L'isolement relatif est infligé à l'élève qui se conduit mal envers ses condisciples, ou qui est une cause de dérangement : on le place dans un endroit de la classe auquel on a attaché une idée de confusion.

L'élève qui subit la peine de l'isolement suit les leçons comme les autres ; mais, tout le temps qu'il est ainsi puni, aucun de ses condisciples ne peut lui parler sans encourir une pénitence. Pour certains caractères, l'isolement est l'une des plus grandes punitions qu'on puisse infliger. Il faut avoir soin de ne l'imposer que pour des fautes très notables, et de ne pas la faire subir plus de deux jours consécutifs à un même enfant.

Pensums. — On appelle *pensum* un surcroît de travail donné à l'élève sous forme de pénitence. Dans nos classes, nous désignons par ce mot cinq lignes à écrire, cinq lignes à apprendre de mémoire ou un exercice de calcul à faire.

Il ne faut donner que peu de pensums à un élève : un, deux, trois au plus ; mais il faut exiger : 1° qu'ils soient très bien écrits ; 2° qu'il n'y ait pas une seule faute d'orthographe, pas même l'omission d'un signe de ponctuation ; 3° que toutes les lignes en soient bien remplies ; 4° qu'ils aient été copiés dans le livre et à la page indiqués. Un pensum auquel manquerait une de ces qualités doit être recommencé en entier.

On ne saurait trop blâmer les maîtres qui poussent le ridicule jusqu'à donner au même élève plusieurs centaines de lignes à écrire, ou l'équivalent en verbes, en leçons à copier. Ces exagérations, nées du caprice, de la mauvaise humeur ou d'un manque de tact, ne se justifient jamais aux yeux des gens sensés. Les maîtres qui usent de ces procédés aigrissent le caractère des enfants ; ils sont peu estimés des parents, et ils se font souvent une triste célébrité parmi les anciens élèves d'une école.

Si quelque élève refusait de s'acquitter de ses pensums, on en augmenterait le nombre successivement d'un, de deux ou de trois. Si, par suite de cette augmentation, il avait dix pensums, ou cinquante lignes à écrire, il devrait prier ses parents de mettre leur signature sur le cahier où il s'acquitterait de sa pénitence ; et dans le cas où le délinquant refuserait, soit de faire les pensums, soit de solliciter la signature de ses parents, le frère Directeur ferait avertir ceux-ci de venir lui parler. Il pourrait leur remettre l'enfant jusqu'à ce que le travail imposé soit terminé et accepté.

Il ne faut pas faire copier des pensums dans un livre de piété, ni imposer pour pénitence l'étude des prières ou du catéchisme, à moins que ce ne soit pour revenir sur des leçons qui n'auraient pas été sues.

Le *devoir de réflexion* est une forme de pensum que l'on peut employer à l'égard des élèves les plus avancés. Voici en quoi il consiste : l'écolier coupable doit écrire quelques réflexions sur la faute qu'il a commise, sur ses conséquences, surtout si l'infraction lui est habituelle, et sur les moyens qu'il veut prendre pour n'y plus retomber. Cette sorte de punition est très morale, et l'application peut en être variée à volonté, selon les circonstances et le développement intellectuel des enfants.

Présentation d'excuses. — La présentation d'excuses s'impose à un écolier qui s'oublie jusqu'à manquer de respect à son maître ; et, dans ce cas, il est préférable que ce soit le frère Inspecteur ou le frère Directeur qui signifie la punition au coupable. La forme que revêt cette présentation d'excuses dépend de la faute commise, ainsi que de l'âge et des dispositions de l'élève puni. Elle est publique ou privée, selon la nature de la faute dont elle est la réparation.

Par sa bonté, le maître aura toujours soin de rendre moins pénibles les excuses auxquelles il croit devoir condamner le délinquant.

Punitions réservées. — Les punitions réservées au frère Directeur sont : l'avis aux parents, le renvoi temporaire et le renvoi définitif ou expulsion.

Avis aux parents. — Lorsqu'un élève néglige tout à fait ses devoirs classiques, s'absente de l'école, ou laisse accumuler les pensums, le frère Directeur en avertit les parents par une lettre spéciale.

Renvoi temporaire. — Le renvoi temporaire consiste à interdire à l'élève de rentrer en classe avant d'avoir fait tels devoirs écrits qui lui sont imposés. Cette punition ne peut être infligée que pour des fautes excessivement graves, et même seulement pour le refus de faire les autres pénitences. Lorsque le frère Directeur jugera devoir prononcer le renvoi temporaire d'un enfant, il en préviendra les parents par un billet analogue au modèle ci-après :

M

Le Frère Directeur de l'École chrétienne se croit obligé d'avertir les parents de N. que cet élève, ayant gravement manqué à ses devoirs, ne peut revenir en classe avant d'avoir accompli la pénitence qui lui a été imposée.

Frère ...

Le maître ne fera jamais passer un enfant à la porte de la classe, parce que cette mesure n'étant qu'un public avou de faiblesse ou d'impuissance, est nuisible à son autorité, et aussi parce qu'elle place ordinairement cet enfant en dehors de toute surveillance. De plus, en certaines saisons de l'année, il peut y avoir de graves inconvénients physiques à laisser un enfant dehors, et le maître en serait rendu responsable.

A plus forte raison le maître ne saurait-il, sans imprudence manifeste, renvoyer un enfant chez ses parents pendant la classe. Pour quelque motif que ce soit — sauf le cas d'indisposition, et alors on ferait accompagner l'élève — aucun écolier ne peut être mis en demeure de rentrer dans sa famille avant l'heure réglementaire de la sortie de l'école.

Renvoi définitif ou expulsion. — Cette punition, mesure extrême, est infligée par le frère Directeur lorsque l'élève est notoirement dangereux pour ses condisciples, et qu'on a employé en vain les moyens de le corriger.

Le frère Directeur prendra, pour l'expulsion d'un élève, toutes les précautions que prescrit la prudence, relativement à l'enfant et à ses parents. Il la notifiera à ces derniers en termes très respectueux ; mais il évitera de la prononcer en classe, afin de ne point froisser la famille et de sauvegarder la réputation du coupable.

Il n'est pas permis au maître d'obliger un élève à quitter la classe en usant de trop de rigueur envers lui; cela équivaudrait à un renvoi, or le renvoi est une punition réservée.

III. — CONDITIONS QUI DOIVENT ACCOMPAGNER LA CORRECTION.

Punir un enfant, c'est lui imposer une pénalité disciplinaire dans le but de fortifier sa volonté, d'augmenter en lui le sentiment de la responsabilité, et ainsi de le tenir en garde contre les rechutes. Pour que la correction produise ce résultat, elle doit réunir certaines conditions : les unes sont relatives au maître qui l'inflige, et les autres à l'élève qui la reçoit.

Conditions de la correction, relativement au maître qui l'inflige. — De la part du maître, la correction doit être désintéressée, charitable, juste, modérée, paisible et prudente.

La correction est *désintéressée*, si le maître l'inflige uniquement en vue d'arrêter l'indiscipline et de maintenir l'ordre dans la classe, sans que l'aversion, la vengeance ou l'humeur y aient aucune part. Des motifs si peu chrétiens seraient d'ailleurs bien éloignés de ceux dont doivent s'inspirer des éducateurs qui, à raison de leur état, sont obligés d'agir par esprit de foi et de religion.

La correction est *charitable* lorsque le maître ne cherche que le bien de l'enfant, et qu'il tempère par la bonté ce que la répression peut avoir de trop pénible. On ne doit donc jamais infliger une punition sans avoir examiné si elle sera utile au coupable, et si l'on ne pourrait pas obtenir les mêmes résultats par d'autres moyens. Pour le même motif, on omettra toutes celles qui ne seraient propres qu'à inspirer aux spectateurs un certain sentiment de crainte, sans être utiles au délinquant. Quelle que soit la faute commise, il ne faut ni s'irriter, ni reprocher à l'enfant la malice de ses intentions, ni surtout lui laisser croire que désormais on doute de sa conscience et de sa loyauté. La punition faite, le maître ne gardera pas rancune de la faute; il évitera même d'en rappeler le souvenir.

Une correction est *juste* si elle est infligée pour une faute certaine, réelle, dépendante de la volonté de l'élève, et non pour un manquement douteux ou involontaire. Les enfants savent aussi bien que personne ce qu'ils méritent; ils connaissent si c'est à tort ou à raison qu'on les punit, et ils ne se démoralisent pas moins par une répression injuste que par l'impunité.

La justice exige aussi que les punitions soient proportionnées à la gravité de la faute, à l'âge des élèves, à leurs dispositions morales et à leur développement intellectuel. Donner des lignes à un enfant qui sait à peine former ses lettres, une longue étude à tel autre qui ne peut presque rien retenir, à un troisième des problèmes qu'il est incapable de résoudre, ce sont des procédés qui discréditent un maître auprès des écoliers et de leurs parents.

Les corrections doivent être *modérées* quant à leur rigueur et à leur fréquence.

En les proportionnant aux fautes qui les motivent, on les infligera plutôt moins fortes que trop sévères. Et pour pouvoir raisonnablement exiger qu'elles soient très bien faites, on ne donnera en général que des punitions courtes.

La modération du maître paraîtra aussi dans la rareté des punitions; l'expérience prouve d'ailleurs que rien ne contribue davantage à établir le bon ordre dans les classes et à l'y maintenir. Pour arriver à peu punir, il est nécéssaire d'employer quelques moyens dont les principaux sont : 1° faire connaître aux élèves, leur expliquer et leur rappeler le règlement de l'école; 2° exercer une surveillance active et constante; 3° bien préparer les leçons, afin de les rendre très intéressantes; 4° suivre avec exactitude le règlement journalier; 5° n'imposer jamais une tâche trop longue ou trop difficile; 6° ne pas faire légèrement de menaces, surtout n'en faire aucune qu'on ne puisse exécuter et qu'on ne soit résolu à tenir, si les enfants y donnent lieu; 7° n'en point faire s'adressant à un grand nombre d'élèves; 8° ne pas demander quelque chose de pénible à un enfant dans un moment où il est mal disposé, lorsque, par exemple, il est sous l'influence de la colère ou du dépit.

Pour que la correction soit *paisible* et *digne*, on ne punira jamais lorsqu'on se sent ému. Sans cette précaution, les enfants s'apercevraient qu'on agit par humeur, par emportement, et non par raison; le prestige de l'autorité s'affaiblirait, car les enfants mésestiment ou méprisent les maîtres que la passion conduit. Dans les circonstances où il faut montrer de la fermeté, et même témoigner de l'indignation, il importe de paraître inflexible sans être violent, et d'avoir l'attitude d'un juge en conservant le cœur d'un père.

On doit aussi différer de punir un enfant lorsqu'il est sous l'impression d'un mouvement d'humeur : il n'a pas l'esprit assez libre pour avouer sa faute, pour vaincre sa passion, pour sentir l'importance des avis qu'on lui donne et la nécessité de la répression qu'il mérite. Le réprimander ou le punir lorsqu'il est en de telles dispositions, ce serait l'exposer à manquer de respect, et à faire de nouvelles fautes. Le maître attendra donc le retour du calme, tant en soi que dans ses écoliers, persuadé que seules, les pénitences infligées dans ces conditions sont bien reçues et produisent d'heureux résultats.

La correction est *prudente* si elle est sérieuse et si elle n'est pas afflictive. L'usage de certaines pénitences humiliantes, autrefois tolérées dans les classes, ne l'est plus aujourd'hui. Comme en châtiant l'élève coupable, on cherche aussi à maintenir l'ordre général dans la classe, ce but serait manqué si la nature de la punition portait à rire ceux qui la voient accomplir.

Les punitions afflictives sont formellement interdites par nos Règles et par la loi civile. Non seulement elles déconsidèrent le maître, mais elles sont une preuve qu'il manque d'autorité morale.

Conditions de la correction, relativement à l'élève qui la reçoit. — L'élève puni doit recevoir la correction dans une attitude *respectueuse*, c'est-à-dire avec soumission et respect. S'il arrive qu'un élève puni se révolte, ou fasse quelque autre faute à l'égard de son maître, il vaut mieux l'engager à reconnaître ses torts et à se corriger, que d'aggraver sa punition pour avoir ainsi manqué à son devoir. Et quand même on serait obligé d'en venir là, à cause du mauvais exemple qu'il aurait pu donner, il conviendrait de prendre un autre motif pour sévir contre lui, comme serait celui d'avoir été opiniâtre, d'avoir causé du désordre et du scandale.

Enfin la correction n'opère l'amendement du coupable que s'il l'accepte sans récriminations ni murmures, et si elle devient en quelque sorte *volontaire*. Par son attitude, ses paroles et la nature même de la punition imposée, le maître cherchera à convaincre l'enfant que l'on veut son bien et qu'il mérite des reproches encore plus sévères que ceux qu'il vient d'entendre. Autant les punitions mal reçues aigrissent le caractère des élèves et leur sont peu utiles, autant deviennent efficaces celles dont les coupables reconnaissent la justice, la modération et la nécessité. Que se propose l'éducateur en punissant, sinon de prévenir les rechutes en de nouvelles fautes? Si donc, en cela, la volonté de l'enfant s'unit à celle du maître, la punition a vraiment corrigé, c'est-à-dire amélioré, celui qui l'avait encourue.

On ne peut sans doute prétendre à supprimer dans une classe toutes les punitions : l'inconstance et la légèreté naturelles aux enfants font tomber les meilleurs en des fautes qui doivent être réprimées. Mais si les corrections sont infligées et reçues avec les dispositions qui viennent d'être signalées, elles deviennent plus rares, parce que, selon la pensée de saint Jean-Baptiste de la Salle, les écoliers en profitent et Dieu y donne sa bénédiction.

TABLE DES MATIÈRES

Ire PARTIE

L'ÉCOLE CHRÉTIENNE ET SON RÈGLEMENT INTÉRIEUR

CHAPITRE I

ORGANISATION MATÉRIELLE

CHAPITRE II

FRÉQUENTATION SCOLAIRE

CHAPITRE III

BONNE ÉDUCATION ET ORDRE GÉNÉRAL

IIe PARTIE

L'INITIATION DE L'ENFANT A LA VIE CHRÉTIENNE

CHAPITRE I

L'ÉDUCATEUR RELIGIEUX

CHAPITRE II

L'INSTRUCTION CHRÉTIENNE

CHAPITRE III

LA VIE CHRÉTIENNE A L'ÉCOLE

IIIe PARTIE

L'ORGANISATION PÉDAGOGIQUE ET LES PRINCIPES GÉNÉRAUX D'ENSEIGNEMENT

CHAPITRE I

COURS ET PROGRAMMES

CHAPITRE II

RÈGLEMENT JOURNALIER

CHAPITRE III

REGISTRES ET CAHIERS SCOLAIRES

CHAPITRE IV

MODES ET MÉTHODES D'ENSEIGNEMENT

CHAPITRE V

PROCÉDÉS GÉNÉRAUX D'ENSEIGNEMENT

CHAPITRE VI

LA LEÇON ORALE

IVe PARTIE

L'ENSEIGNEMENT DES DIVERSES SPÉCIALITÉS DU PROGRAMME PRIMAIRE

CHAPITRE I

ENSEIGNEMENT DE LA RELIGION

CHAPITRE II

LECTURE

CHAPITRE III

ÉCRITURE

I. **Directions pour l'enseignement de l'écriture** : Le but à atteindre. Les deux moyens : la leçon d'écriture et la constance à exiger que tous les devoirs des élèves soient bien écrits. Procédés d'enseignement : les modèles, le calque intermittent, les cahiers-modèles. Emploi des ardoises, 117. — II. **Principes généraux d'écriture** : Position du corps et de la main ; tenue du cahier et de la plume ; pente et régularité de l'écriture, 121. — III. **La leçon d'écriture** : Explication des principes par le maître. Application des principes par les élèves. Correction de l'écriture : conditions d'une belle écriture ; quelques défauts de l'écriture et leurs causes ordinaires ; manière de corriger l'écriture, 123.

CHAPITRE IV

LANGUE MATERNELLE

I. **Exercices d'élocution** : Leur but. Les moyens principaux : faire parler les enfants et enrichir leur vocabulaire, 127. — II. **Grammaire et exercices grammaticaux** : La leçon de grammaire ; deux procédés. L'analyse aux cours élémentaire, moyen et supérieur. Exercices de conjugaison, 129. — III. **Orthographe** : Orthographe d'usage et orthographe de règles. Procédés pour enseigner l'orthographe : cours préparatoire, élémentaire, moyen et supérieur. Dictée : comment on donne la dictée ; comment on corrige la dictée, 133. — IV. **Rédaction** : Procédés pour la rédaction aux cours élémentaire, moyen et supérieur. Correction de la rédaction, 137. — V. **Étude des textes choisis** : Choix des morceaux à étudier. Cours préparatoire et élémentaire. Cours moyen et supérieur, 144.

CHAPITRE V

LEÇONS DE CHOSES

NOTIONS USUELLES DE SCIENCES PHYSIQUES ET NATURELLES.

I. **Généralités sur les leçons de choses** : Une première initiation aux sciences expérimentales, donnée sous forme d'entretiens familiers. Sujets à traiter. Moyens. Préparation. Résultat éducatif, 146. — II. **Marche de la leçon** : Indications générales. Application à une leçon de choses pour le cours moyen ; à une leçon élémentaire de sciences pour le cours supérieur, 148. — III. **Remarques sur l'adaptation des leçons de choses** : Adaptation d'un

CHAPITRE VI

HISTOIRE

CHAPITRE VII

GÉOGRAPHIE

CHAPITRE VIII

ARITHMÉTIQUE

CHAPITRE IX

GÉOMÉTRIE ÉLÉMENTAIRE

CHAPITRE X

DESSIN

CHAPITRE XI

AGRICULTURE

CHAPITRE XII

CHANT

CHAPITRE XIII

GYMNASTIQUE

Vᵉ PARTIE

LA DISCIPLINE

CHAPITRE I

L'AUTORITÉ DU MAITRE

CHAPITRE II

L'ÉMULATION

CHAPITRE III

LA SURVEILLANCE

CHAPITRE IV

LA RÉPRESSION

I. Considérations générales sur la répression : Nature et modes généraux de la répression. Opportunité de la correction, 235. — **II. Moyens de répression en usage dans les écoles chrétiennes :** Punitions ordinaires : l'avertissement ; la réprimande ; la menace ; le retrait de bons points; les mauvais points ; la consigne et l'isolement relatif ; les pensums ; la présentation d'excuses. Punitions réservées : l'avis aux parents ; le renvoi temporaire ; l'expulsion, 236. — **III. Conditions qui doivent accompagner la correction :** Conditions de la correction, quant au maître qui l'inflige. Conditions de la correction, quant à l'élève qui la reçoit, 242.

VERSAILLES. — HENRY LEBON, IMPRIMEUR DE L'ÉVÊCHÉ, 17, RUE HARDY.

Documents manquants (pages, cahiers...)
NF Z 43-120-13

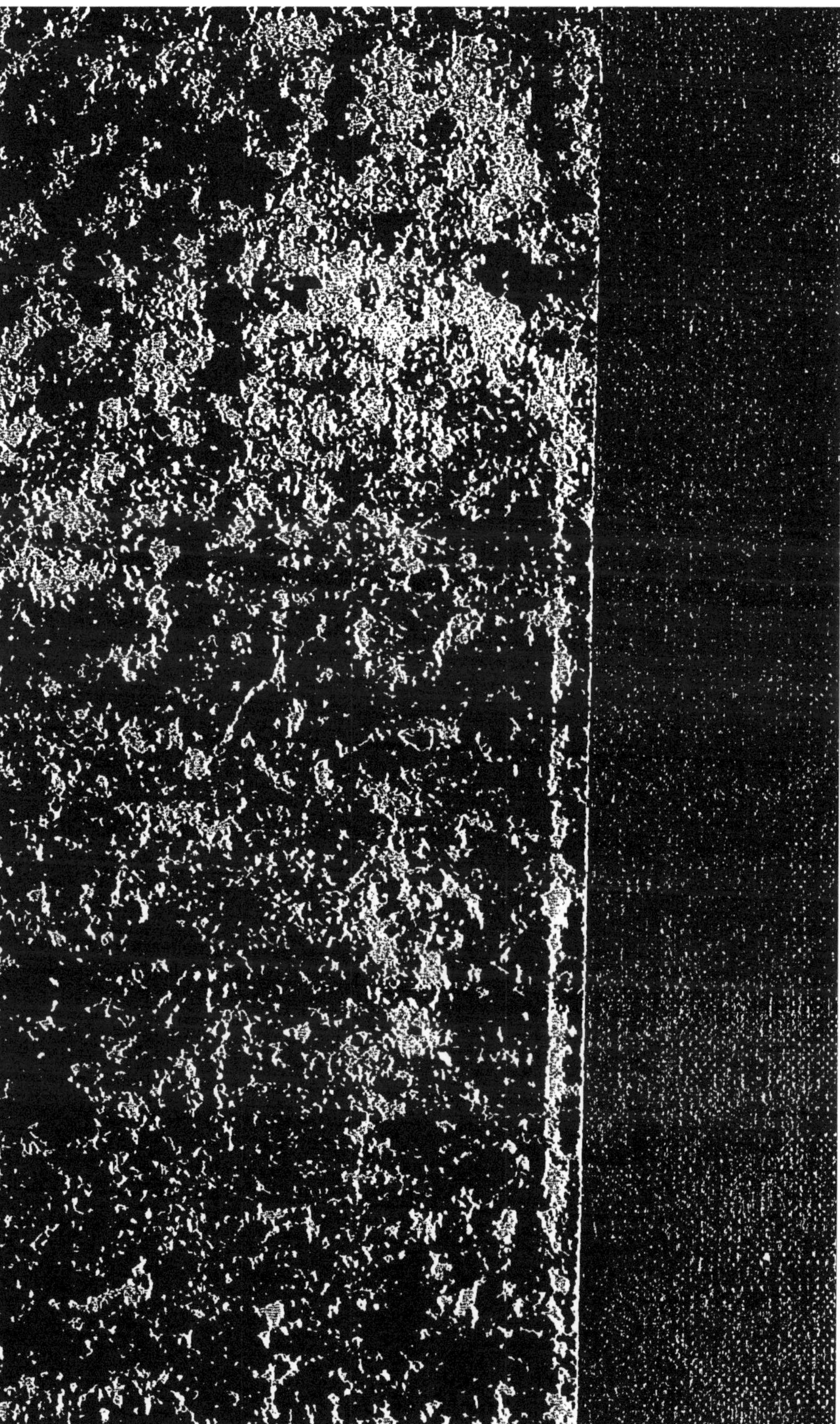

www.ingramcontent.com/pod-product-compliance
Ingram Content Group UK Ltd.
Pitfield, Milton Keynes, MK11 3LW, UK
UKHW020555230726
13926UKWH00005B/2032

9 782016 117965